린
스타트업
바이블

린 스타트업 바이블

개정 초판 1쇄 발행 2020년 11월 20일
개정 초판 2쇄 발행 2023년 09월 11일

지은이 | 조성주
펴낸이 | 이종두
펴낸곳 | (주)새로운 제안

책임편집 | 이도영
본문 디자인 | 박정화
표지 디자인 | 이지선
마케팅 | 문성빈, 김남권, 조용훈
영업지원 | 이정민, 김효선

등록 | 2005년 12월 22일 제2020-000041호
주소 | (14556) 경기도 부천시 조마루로 385번길 122 삼보테크노타워 2002호
전화 | 032-719-8041   팩스 | 032-719-8042
홈페이지 | www.jean.co.kr
쇼핑몰 | www.baek2.kr (백두도서쇼핑몰)
e-mail | newjeanbook@naver.com

ISBN 978-89-5533-596-5 (13320)
ISBN 978-89-5533-597-2 (15320) 전자책

린
스타트업
바이블

Lean
ean
Startup Bible

새로운 제안

머리말

"그런 걸 누가 원하죠? 별로 필요 없을 것 같은데….."

"제가 예전에 비슷한 일을 해봐서 아는데요. 그게 시장에서 먹힐 거라고 생각하세요?"

"그런 기능까지 필요한가요? 쓸데없이 고사양 아닌가요?"

어느 행사에서 한 창업자가 자신의 창업 아이디어를 발표한 뒤 소위 '멘토'라고 불리는 사람들로부터 질문 세례를 받고 있다. 행사 순서상으로는 멘토링이라고 되어 있는데, 정작 나오는 이야기들은 멘토링이 아니라 훈계와 비난에 가깝다. 누군가는 이 과정을 '해부되고 있다'고 표현했다. 창업자는 당황한 표정이 역력하지만 애써 태연한 표정을 지으며 답변하고 있다. 결국 창업자는 어느 것 하나 제대로 답변하지 못했다. 고객이 필요로 한다고 말해도, 시장에 먹힐 것이라고 말해도, 꼭 필요한 기능이라고 말해도 청중은 이미 질문하고 있는 멘토들 편에 서 있는 것을 느꼈기 때문이다. 결국 창업자는 무대에서 내려오며 마음속으로 되뇐다.

"내 말이 맞다는 것을 꼭 증명해 보이겠다."

사업은 창업자가 세운 가설을 하나씩 검증해 나가는 과정이다. 그 아이템이 시장에서 먹힐 것 같으냐는 질문, 그걸 누가 필요로 하느냐는 질문, 묻는 사람이 믿지 않겠다고 마음먹으면 어쩔 도리가 없다. 그들을 이해시키기 위해 사업을 하는 것도 아니다. 다만 그들의 이야기를 통해 내가 잘못 생각하는 부분은 없는지, 좀 더 체크해야 할 것은 없는지 생각하면 된다. 마음 상할 필요도 없다. 창업자가 할 일은 단지 누구의 말이 맞는지 고객들로부터 확인하면 된다. 고객이 '아니다'라고 하면 아닌 것이고, '그렇다' 하면 그런 것이다. 그렇게 가설을 검증하면서 성장해 나가는 것이다. 그러한 가설을 보다 체계적으로, 보다 신속하게, 보다 효과적으로 할 수 있게 가이드 해주는 방법론이 바로 '린 스타트업(Lean Startup)'이다.

'린 스타트업' 전략은 우리나라에도 이미 많이 알려져 있다. 또한 여러 스타트업들이 이에 기반을 두어 사업을 진행해 나가고 있다. 하지만 많은 스타트업들이 린 스타트업의 컨셉은 이해했지만 실제로 적용하는 데에는 어려움을 겪고 있었다. 그러다 보니 한두 번 시도해보고 포기하는 경우도 많았다.

필자는 여러 곳에서 린 스타트업 강의를 진행했었다. 그 가운데 이 책을 집필해야겠다고 마음먹은 것은 SK텔레콤에서 몇 년간 진행했던 중장년 기술 창업지원사업인 '브라보! 리스타트(BRAVO! RESTART)'의 워크숍을 통해서였다. 창업자 각자의 방식으로 수립된 사업계획을 가지고 고객정의, 고객 문제, 문제대안, 솔루션 등 기본부터 짚어나가자 사업의 핵심 내용이 명확해지기 시작했다. 또 이 사업의 가장 큰 리스크가 무엇인지, 무엇을 어디서부터 어떻게 확인해나가야 할지 우선순위가 구체화되었다. 군더더기들이 빠지자 스타트업이 해야 할 일들이 '린(lean, 기름기를 뺀, 군살 없는)'하게 변해갔다. 다만 이 과정의 완성도를 높이려면 기존에 출간된 린 스타트업 번역서가 아닌 좀 더 우리 실정에 맞는 친절한 안내서가 필요하다는 생각을 하게 됐다. 그래야 제반 이해를 바탕으로 더 좋은 린 스타트업 전략을 실행할 수 있을 것 같았다.

린 스타트업 전략은 에릭 리스(Eric Ries)의 저서 《린 스타트업(The Lean Startup)》이 출간되면서 알려지기 시작했다. 그리고 유사한 개념의 책 서너 권이 더 나왔다(최근에는 '린 스타트업'이라는 용어 사용 여부와 상관없이 대부분의 창업 프로세스가 '린 스타트업'의 기본 컨셉을 따르고 있다).

이 책에서는 앞선 저자들이 설명하는 린스타트업 개념을 포함하여 필자의 사업경험, 창업가 양성 교육 경험, 창업지원(멘토링, 인큐베이팅, 투자) 경험, 전략경영 박사 과정에 이르기까지의 경험을 바탕으로 해석한 린 스타트업 프로세스를 제시하고자 한다.

무엇보다 린 스타트업의 이론적 기반을 만든 스티브 블랭크, 에릭 리스, 애시 모리아에게 감사함을 전한다. 이 책이 창업자들이 세운 사업모델을 검증해 나가는 데 좋은 가이드가 되기를 바란다. 여러분의 사업이 더 나은 세상을 만드는 데 크게 기여하기를 소망한다.

저자 조성주

"그런 걸 누가 원하죠? 별로 필요 없을 것 같은데…."

"제가 예전에 비슷한 일을 해봐서 아는데요. 그게 시장에서 먹힐 거라고 생각하세요?"

"그런 기능까지 필요한가요? 쓸데없이 고사양 아닌가요?"

이런 질문을 한 사람에게 어떻게 대답해야 할까?

'사람들에게 반드시 필요합니다', '시장에서 수요가 있을 것입니다', '이 기능이 반드시 필요합니다'같은 대답은 창업자의 주장으로 비춰질 뿐, 상대방의 신뢰를 얻지 못한다.

가장 확실한 대답은 '현재 많은 매출이 발생하고 있다'고 말하는 것이다. 매출이 발생한 시점이 아니라면, '고객 유입 비용 대비 높은 수준의 고객 유입과 성장이 일어나고 있다'는 것을 수치로 보여줄 수도 있다. 아직 고객이 사용할 상품(서비스)이 나올 만큼 사업 진도가 나가지 않았다면, '43명의 고객을 만나 문제에 대한 인터뷰를 했더니, 41명이 이러한 불편이 크다고 공감했다', '37명의 고객과 솔루션 인터뷰 결과 대부분 우리 솔루션이 기존 대안보다 훨씬 효과적으로 문제를 해결해 줄 수 있다고 했다'처럼 고객 데이터를 기반으로 말하는 것이다.

이런 대답은 창업자의 주장 혹은 가설이 아니다. 모두 사업 계획대로 실행해본 현재까지의 결과, 고객 반응에 관한 것이다. 사업은 고객을 상대로 하는 것이니 심사위원의 질문에 대한 대답 또한 고객 입장에서 하는 것이 최선이다. 사업이 제대로 되고 있는지에 대해 고객 반응만큼 확실한 자료는 없을 것이다. 아울러 긍정적인 고객 반응은 창업자에게 자신감을 줄 것이다.

우리는 앞으로 린 스타트업(Lean Startup) 프로세스를 통해 이러한 접근 방식을 학습해 나갈 것이다.

차례

왜 린 스타트업인가?

스타트업은 창업 초기의 벤처기업이다. 스타트업도 기업이니 가치 있는 무언가를 만들어서 고객에게 파는 일을 할 것이다. 따라서 스타트업은 시작과 함께 창업자가 생각하는 무언가를 만들기 시작한다. 짧게는 몇 달, 길면 해를 넘기기도 한다. '이 제품은 세상에 꼭 필요한 것이기 때문에 나오기만 하면 사람들이 좋아할 것'이라는 자신감으로 열심히 만들어서 시장에 내놓는다. 고객을 제대로 이해했다면 창업자의 생각대로 성공적인 제품이 될 수 있을 것이다. 하지만 현실은 그렇게 만만치 않다. 성공하는 기업보다 실패하는 기업이 더 많은 것을 보면 알 수 있다.

스타트업의 실패요인은 무엇일까? 이장우, 이성훈의 논문 〈벤처기업의 실패요인에 관한 연구〉(2003)에서는 창업기업의 실패요인을 생존 기업과 대비하여 창업자 특성, 경쟁전략, 자원과 능력, 환경 특성으로 구분하여 조사했다. 이 중 경쟁전략 측면을 보면 실패 기업의 경우 시장세분화 정도가 낮고, 마케팅 차별화 노력은 더 많이 한 것으로 나타났다. 이는 목표시장이 명확하지 않으면 실패 확률이 높다는 것이고, 과도한 마케팅 투자는 한정된 자원의 고갈로 이어져 실패 확률을 높인다는 것이다. 신중경, 하규수의 논문 〈창업실패 요인 분류 및 실패 패턴 분석〉(2013)에서는 한국 창업기업의 주요 실패를 '사업준비 부족형(경영의 어려움-기업가 요인)'으로 보았다. 사업 준비 부족형 실패는 사업 타당성 분석이 미흡한 상태에서 창업하여 결국 불완전 제품을 출시했다가 시장에서 실패하게 되는 경우를 의미한다. 창업자가 제품이나 서비스를 내놓았으나 시장이 원하는 상품이 아니었다는 게 원인이라고 하겠다.

그렇다. 그동안 우리는 가장 기본적인 것을 잊고 있었다. 고객을 위해 제품이나 서비스를 만든다고 하면서도 정작 고객을 제대로 이해하지 못하고 자신의 생각만으로 제품을 만들고 있었던 것이다. 생각보다 많은 창업기업들이 제품이 나오고 난 다음에야 비로소 무엇이 잘못되었는지를 알게 되고 개선하려고 한다.

이것은 비단 우리만의 문제가 아니다. 스타트업 창업의 메카라고 할 수 있는 미국 실리콘밸리도 마찬가지다. 마이크로소프트, 미국 PC 통신망 아메리카 온라인, 세계적 규모의 게임 개발업체 일렉트로닉 아츠 등에 투자했었던 IVP의 벤처캐피털리스트 루산 퀸들린 (Ruthann Quindlen)은 그의 책 《어느 벤처 투자가의 고백》에서 이렇게 기술했다.

"어떤 기업이 제품수요에 대한 확인 없이 기술을 개발하는 경우를 생각해보자. 이것은 시장을 공부한 사람에게 터무니없는 짓으로 보일 것이다. 하지만 실리콘밸리에서는 늘 이런 일이 일어난다. 많은 제품들이 꼭 필요해서가 아니라, 만들 수 있기 때문에 만들어지고 있다."

린 스타트업은 스타트업의 가장 큰 위험을 '고객이 원하지 않는 것을 만드는 것'이라고 규정한다. 그래서 고객이 원하는 것을 만들 수 있는 방법을 제시한다.

이렇게 출발한 린 스타트업은 실리콘밸리에서 시작된 스타트업 전략이다. 스타트업이 해야 할 핵심적인 일을 '린(lean)'이 의미하는 바처럼 '낭비 없이, 빠르게' 할 수 있는 방법을 제시하고 있다.

린 스타트업 방법론의 핵심은 사업 아이디어부터 제품이 판매되기까지 사업 전반을 고객의 확인을 거쳐 진행한다는 것이다. 지극히 당연한 이야기지만 지금까지 그러한 방법론이 체계적으로 제시되지 못했다. 우리는 그동안 기존 기업의 신사업 경영방식이나 성공 창업자의 개별적인 성공 사례를 들으며 스타트업 전략을 배웠다.

스타트업의 가장 큰 리스크를 줄여주고 성공 가능성을 높일 수 있는 창업 바이블 '린 스타트업'이 지금 우리나라 창업자들에게도 필요한 이유이다.

린 스타트업 전략은 창업자에게 어떤 일에, 어떻게 집중해야 할지 알려준다. 고객에게는 가치를 제공하고, 스타트업에게는 수익을 얻을 수 있는 방법을, 낭비 없이 빠르게 실행할 수 있도록 할 것이다.

■ ■ ■

2020년 2월에 발행된 경영과학 학회지 「Management Science」에 〈창업가적 의사 결정에 대한 과학적 접근 방식(A Scientific Approach to Entrepreneurial Decision Making: Evidence from a Randomized Control Trial)〉[1]이라는 논문이 실렸다. 이 연구는 이탈리아의 스타트업 116개를 대상으로 진행했다. 참가한 스타트업들을 A, B 두 그룹으로 나누어 스타트업의 개념, 비즈니스 모델, 고객 인터뷰, 최소기능제품, 프로토타입 개발 등을 이해할 수 있도록 교육했다. 단, B 그룹에게는 비즈니스 모델 항목들에 대해 '불확실성'을 강조하며 각 항목마다 검증해야 할 가설을 수립하고 그것을 검증해보도록 했다. 이것은 마치 과학 실험에서 가설을 세우고 그것을 검증하는 접근 방식과 유사했다. 연구자들은 각 그룹을 1년간 지켜본 결과 과학적 방식을 적용한 스타트업일수록 사업 변경을 두 배 이상 자주 하며 비즈니스 모델을 변경했고, 그렇게 하지 않은 곳보다 더 많은 고객 확보와 수익을 올렸다는 것을 통계적으로 제시했다.

---

1 Arnaldo Camuffo et al.(2020), A Scientific Approach to Entrepreneurial Decision Making: Evidence from a Randomized Control Trial, Management Science, 66(2)

Start

누가 린 스타트업을
활용해야 하는가

창업자 : 해야 할 우선순위를 알려준다

사업에 성공하려면 '고객이 지불하는 비용 이상의 가치를 제공해야 한다.' 이 명제에 찬성하지 않고 사업을 시작하는 사람은 없을 것이다. 그런데 고객에게 충분한 가치를 제공할 수 있는지 어떻게 알수 있을까? 막상 제품을 출시했는데 고객이 가치 있다고 느끼지 않으면 어떻게 될까? 대부분의 창업자는 제품을 출시하고 나서 그 반응을 확인하려고 한다. 하지만 제품을 만들고 난 후에 고객가치가있는지 알아보는 것은 너무 위험하지 않은가?

적지 않은 스타트업들이 사업계획을 수립하고 제품을 개발하는단계에서 고객 검토를 소홀히한다. 사업계획을 수립하느라, 제품을개발하느라, 자금을 조달하느라 바쁘다. 또 나에게 필요한 것은 고객들도 필요할 것이라는 믿음을 기반으로 고객을 만나보지도 않는다. '안 만나도 안다'는 것이다. 그러나 린 스타트업에서 가장 강조하는 것 중 하나가 바로 '고객개발'이다. 고객이 해당 이슈에 대해 불편함을 가지고 있는지 확인하고, 창업자는 그것을 해결할 수 있는 솔루션을 제공할 수 있는지 파악해야 한다. 고객 개발은 사업 가능성이 있는지를 가장 빠르게 파악할 수 있는 수단이다. 린 스타트업 전략은 창업자가 해야 할 우선순위를 알려준다. 제품 개발보다 고객 개발이 먼저다.

사업 멘토 : 멘토링 프로세스를 제공한다

주위에서 쉽게 들을 수 있는 용어 중 하나가 '멘토(mentor)'다. 먼저 경험해본 사람이 그 경험을 바탕으로 조언과 도움을 주는 것이 멘토 역할의 핵심이라고 할 수 있다. 대부분의 젊은 창업자들은 창업에 대한 경험이 없고 체계적인 학습을 한 적이 없어 실전에서 많은 문제에 봉착하고 시행착오를 겪게 된다. 이런 부분을 줄이기 위해 경험이 풍부하고 적절한 조언을 해줄 수 있는 사업 멘토가 필요하다.

그러다 보니 각종 창업지원 행사에서는 사업 멘토와 창업자 멘티를 연결하여 경험을 공유할 수 있도록 프로그램을 운영하고 있다. 긍정적인 효과가 있을 것이라고 생각하지만, 더 나은 멘토링 모델을 만들기 위해 생각해볼 점이 있다.

첫째, 먼저 창업에 성공한 멘토라 하더라도 그 경험은 일반화하기 어려운 개인적인 경험이다. 창업에 실패한 이유도 수만 가지이지만, 성공한 이유도 다양하다. 워낙 복합적이라 그 이유를 정확히 판단하지 못할 수도 있다. 이런 개인적인 경험을 한두 번 나누는 것이 도움은 되겠지만, 사업내용이나 사업환경이 달라서 단순한 경험 전달로는 한계가 있다. 아무리 큰 회사를 일군 멘토라 하더라도 멘토링에서는 도움이 되지 않을 수도 있다. 올림픽 금메달리스트가 선수 생활을 은퇴하고 감독을 맡았을 때, 자신이 맡은 선수들을 금메달리스트로 만들지 못하는 것과 비슷하다. 반대로 수영의 박태환 선수나 피겨스케이팅의 김연아 선수를 맡았던 감독이 왕년에 최고의 선수였느냐고 하면 그렇지 않은 것과도 마찬가지이다. 즉, 창업에 성공한 멘토라 하더라도 멘토링에 있어 체계적인 방법론을 가지고 있을 필요가 있다.

둘째, 멘티의 사업 중간중간 문제해결 차원에서 조언을 해줄 수는 있는데, 멘티 기업의 사업 전반을 체계적으로 점검해줄 어떠한 프로세스를 가지고 있지 못한 경우가 많다. 대부분 멘토링 프로그램에서 멘토-멘티를 연결할 때 '사업 진행이 잘되도록 잘 좀 봐주세요'가 요구사항이고, 멘토링 보고서를 작성해달라는 수준이지 구체적인 멘토링 방법이 제시되지 않는다. 그러다 보니 멘토의 개인적 역량에만 의존하게 된다. 또한 멘토링 프로그램의 기간이 길어지고 멘토-멘티 간 특별히 잘 어울리는 경우가 아니면 멘토링 프로그램의 성과가 떨어지게 된다. 이런 의미에서 멘토 역할을 할 사람도 방법론에 대한 학습을 할 필요가 있고, 그러한 프로세스 중 한 가지로 검토할 수 있는 것이 '린 스타트업'이라고 할 수 있다.

셋째, 창업기업 혼자서는 '린 스타트업' 프로세스를 제대로 수행하기 힘들다. 필자가 만난 상당수의 스타트업 CEO들이 린 스타트업 방법론을 들어본 적이 있고, 적용해보려고 한 적이 있다고 한다. 하지만 구체적으로 어떻게 해야 할지 몰라 중간에 포기했다고 한다. 그 이유를 들어보면 우선 린 스타트업을 체계적으로 가이드 할 교재가 부족하다는 점이다. 국내에 번역되어 있는 에릭 리스의 책은 개념적으로는 좋지만 실천적 프로세스가 조금 약하다. 애시 모리아가 쓴 책은 구체적인 프로세스가 기술되어 있지만, 웹서비스에만 초점이 맞추어져 있다. 그 밖에도 관련 도서들이 있지만 창업 경험이 부족한 창업자들에게 체계적인 도움을 주기에는 아쉬움이 있다. 본서도 완벽할 수는 없을 것이다.

바로 이런 점을 해결해줄 수 있는 사람이 멘토다. 멘토의 풍부한 경험과 린 스타트업 프로세스를 통해 창업자들이 핵심을 잘 짚을 수 있도록 도와줄 필요가 있다.

인큐베이터/액셀러레이터 : 스타트업 비즈니스 모델 검증하기

최근에는 스타트업 기업을 발굴하여 초기단계부터 성장을 돕는 스타트업 인큐베이터, 액셀러레이터, 창업기획사라는 새로운 영역이 생겨나고 있다. 각 기관마다 실행 내용에 약간의 차이가 있겠으나 기본적으로는 초기단계의 좋은 스타트업을 발굴하고, 이들이 비즈니스 모델을 수립하여 스케일-업(scale-up, 규모를 키우는) 할 수 있도록 돕는다. 스케일-업은 비즈니스 모델이 검증되었을 때부터 하는 것이다. 비즈니스 모델이 제대로 돌아가는지 검증되면 그다음부터는 홍보, 영업, 프로모션, 자금조달 등 각종 경영 자원들을 투입해서 본격적으로 비즈니스를 키워 나가는 것이다. 린 스타트업 전략은 비즈니스 모델을 검증하는 데 유용한 방법이 될 것이다.

사회적 기업가 : 고객가치를 점검할 수 있도록 한다

영리기업과 다르게 사회적 가치를 우선시하는 사회적 기업에 관심을 가진 기업가들이 많다. 여기서 중요한 것은 사회적 기업도 기업이라는 점이다. 따라서 이윤을 창출해야 지속가능하다. 지속가능해야 사회적 가치도 실현할 수 있다. 그렇기 때문에 사회적 기업이 영리기업보다 더 어려운 일일 수 있다. 일반 영리기업도 이익을 창출하기가 어려운데 사회적 가치를 우선시하며 이익까지 창출해야하기 때문이다.

실제로도 국내 사회적 기업의 현실은 만만치가 않다. 2010년 자유기업원에서 발행한 인제대 배진영 교수의 리포트 〈한국 사회적 기업의 실체와 평가〉를 보면 사회적 기업 대부분이 영업손실 상태에 있다고 한다. 하지만 사회적 기업가들도 사업을 계속하려면 수익을 내야 한다. 수익을 낸다는 것은 고객가치를 실현해야 한다는 것이다. 그러려면 고객이 어떤 불편을 느끼는지, 그것을 어떻게 해결해줄 것인지 방법이 명확해야 한다. 그게 수반되지 않은 채 사회적 가치만 내세운다면 지속가능하기 어려울 것이다. 하지만 적지 않은 사회적 기업가들이 고객가치보다 사회적 가치를 우선시하고 있는 것으로 보인다. 고객가치가 담보되지 않으면 어떠한 기업도 지속할 수 없는데 말이다. 사회적 기업가는 두 마리 토끼를 다 잡아야 한다. 누구보다 투철한 기업가 정신으로 두 개의 가치를 실현해야 한다. 따라서 고객 가치를 중요하게 생각하는 린 스타트업이 누구보다도 더 필요하다.

신사업 기획자 : 기존과 다른 사업일수록 고객을 알아야 한다

기업에서 의미하는 신사업(혹은 신제품)은 몇 가지 종류로 나누어 볼 수 있다. 기존 제품을 새로운 시장에 진출시키는 신사업(시장 개발, Market Development), 기존 시장을 대상으로 새로운 제품을 내놓는 신사업(제품 개발, Product Development), 새로운 시장에 새로운 제품을 시도하는 신사업(다각화, Diversification)으로 말이다. 아무래도 기존 제품이나 기존 시장을 기반으로 하는 경우 그동안의 경험과 시장 통찰력을 가지고 있기 때문에 성공 가능성이 높을 것이다. 하지만 기존 제품, 기존 시장이라 하더라도 경쟁 강도가 높고 사업 환경의 불확실성이 높은 경우, 아예 새로운 시장에 새로운 제품을 내놓는 경우라면 실패 위험이 상당히 높아진다. 바로 이러한 경우에 사업의 가장 큰 위험부터 검증해 가는 린 스타트업 전략이 필요해진다.

대기업이라고 해도 다각화에 해당하는 신사업을 시작하는 경우 성공여부를 가늠하기가 쉽지 않다. 국내 대기업에서 웹 기반 서비스를 신규 사업으로 시작하여 성공한 곳이 있을까? 다섯 손가락으로 꼽는 게 쉽지 않을 것이다. 성공한 대부분의 웹기반 서비스들은 스타트업으로 시작했다. 현재 대기업이 운영하고 있는 인터넷 서비스는 대부분 인수한 경우들이다. 대기업이 웹 서비스를 시작한 적이 없어서 그랬을까? 기억에서 지워졌을 뿐 대기업들도 자체적으로 인터넷팀을 꾸려 시작한 서비스가 적지 않다. 하지만 대부분 실패했다(SK플래닛의 11번가 정도가 유일한 성공 사례가 아닐까?). 대부분 두껍고 완벽한 사업 계획서를 승인받고, 그 계획 하에 수십 명의 팀원을 구성하고, 완성도 높은 서비스를 제공하기 위해 오랜 기간 개발에만 몰두해서 만든 결과물을 시장에 내놓았다. 하지만 고객 반응은 그다지 좋지 않았다. 고객과의 상호작용도 빠르지 않았다. 관료화된 조직체계는 유연한 서비스 제공을 방해했다. 회사 측은 빠른 성장을 기대했는데, 그렇지 못하자 얼마 못 가 이내 사라지고 만 것이다. 빠르고 큰 성과를 기대하는 대기업의 속성으로 인해 어쩔 수 없었을 것이다. 이런 방식은 린 스타트업이 추구하는 방향과 반대였다.

기업의 신사업 기획자들 역시 린 스타트업 전략에 대해 학습할 필요가 있다. 대규모의 투자 전에 최소의 자원으로 성공 가능성을 확인할 수 있는 방식이기 때문이다. 스타트업이라면 성공 가능성을 확인하더라도 많은 자원을 투입하려면 외부 투자를 받아야 하는데, 기존 기업은 보유 자원을 이용할 수 있기 때문에 훨씬 좋은 조건에서 사업을 확장할 수 있다. 이는 기존 기업이 가지고 있는 장점이다. 린 스타트업을 진행하며 이 장점을 십분 살리면 훨씬 더 큰 성과를 거둘 수 있을 것이다.

**Action
01**

스타트업과
비즈니스 모델

Startup Bible

스타트업(Startup)이란?

1990년대 후반 인터넷의 등장과 함께 시작된 닷컴 회사들은 벤처기업이라고 불렸다. 벤처기업이라고 하면 보통 높은 성장성과 부가가치가 기대되는 창업 초기의 기술기반 기업을 의미한다. 그런데 그 당시의 벤처기업들이 현재 중소기업, 중견기업 수준으로 성장하면서 창업한 지 얼마 되지 않은 벤처기업, 기술기반으로 성장한 창업기업을 부를 만한 새로운 단어가 필요해졌다. 그 단어가 바로 '스타트업(Startup)', 혹은 '스타트업 기업'이다. 이 용어는 지난 몇 년 사이 창업 초기 벤처기업을 지칭하는 용어로 자리 잡았다.

한편, 에릭 리스(Eric Ries)의 《린 스타트업》에서는 스타트업을 다음과 같이 정의했다.

"극심한 불확실성 속에서 신규 제품이나 서비스를 만들기 위해 구성된 사람들의 조직이다(A startup is a human institution designed to create a new product or service under conditions of extreme uncertainty)."

에릭 리스는 스타트업의 정의를 창업 기업 뿐만 아니라 무언가를 새로 만드는 조직으로 넓게 해석한 대신, 환경적으로 '극심한 불확실성'에 놓인 상황이라는 전제를 달았다. 그는 린 스타트업을 불확실성이 높은 환경에서 성공 확률을 높이는 방법론으로 제시한 것이다.

에릭 리스의 스타트업에 관한 정의는 내용 그대로 이해할 수는 있지만 구체적인 방향성을 제시해 주지는 않는다. 린 스타트업의 이론적 토대를 만든 스티브 블랭크(Steve Blank)는 '스타트업'을 다음과 같이 정의했는데, 스타트업이 집중해야 할 우선순위를 제시했다고 보여진다.

"스타트업은 반복가능하고 확장시킬 수 있는 비즈니스 모델을 찾기 위해 구성된 임시조직이다(A startup is a temporary organization designed to search for a repeatable and scalable business model)."[2]

스타트업이란 비즈니스 모델을 찾기 위한 임시 조직이다. 비즈니스 모델을 찾지 못하면 없어질 조직이다. 이때 찾아야 할 비즈니스

---

2 http://steveblank.com/2012/03/05/search-versus-execute

모델에 전제 조건이 있다. 반복가능하고 확장시킬 수 있어야 한다.
여기서 비즈니스 모델은 무엇이고, 반복가능하고 확장시킬 수 있는
비즈니스 모델이란 무엇일까?

비즈니스 모델(Business Model)이란?

비즈니스 모델이라는 말처럼 흔하게 사용되는 경영 용어도 드물 것이다. "당신의 비즈니스 모델은 무엇인가요?", "이제 비즈니스 모델을 말해주세요." 사업 아이템을 이야기하고 나면 흔히 되돌아오는 질문이다.

인터넷 시대 이전에는 비즈니스 모델이라는 용어가 일상적으로 사용되지 않았다. 비즈니스 모델이라는 용어를 붙일 만큼 독특한 비즈니스 구조가 별로 없었기 때문이다. 수요가 공급을 초과하던 시기에는 좋은 제품을 만들어 팔면 되었고, 공급이 수요를 넘어선 때부터는 원가를 낮추거나 제품을 차별화시키는 전략을 이용했다.

하지만 정보기술의 발달 즉, 인터넷의 등장과 함께 기존에 볼 수 없었던 새로운 방식의 사업 모델들이 생겨나기 시작했다. 검색이나 포털사이트처럼 디지털콘텐츠를 고객에게 무료로 제공하고 광고주로부터 돈을 받는 비즈니스 모델, 이베이 · 프라이스라인 · 옥션처럼 경매나 역경매 방식으로 상품을 판매하도록 하고 수수료를 받는 모델, 하다못해 골드뱅크³처럼 사용자가 광고를 보면 돈을 주는 모델까지 생겼다. 어떤 모델들은 인터넷 시절 이전부터 있었던 것이지만, 인터넷을 통해 더 활성화되고 크게 성장했다.

'비즈니스 모델'의 가장 일반적인 정의는 1998년 G8 글로벌 중소기업시장협회의 총재였던 폴 티머스(Paul Timmers) 박사가 쓴 논문 〈Business Model for Electronic Markets〉이 자주 인용된다. 티머스 박사는 '비즈니스 모델'을 '다양한 비즈니스를 운영하는 주체와 역할을 합하여 제품, 서비스, 정보 흐름에 대한 구조를 설명하는 것'이라고 정의했다.

비즈니스 모델과 관련하여 최근에 인기를 얻고 있는 것은 스위스 로잔대학교의 예스 피그누어(Yves Pigneur) 교수와 알렉산더 오스터왈더(Alexander Osterwalder)가 쓴 《비즈니스 모델의 탄생(Business Model Generation)》이라는 책이다. 이 책의 저자 알렉산더 오스터왈더는 "비즈니스 모델이란 하나의 조직이 어떻게 가치를 창조하고 전파하며 포착해내는지를 합리적이고 체계적으로 묘사해낸 것"으로 '수익 창출의 원리를 그려낸 것'이라고 정의하고 있다.

특히 여기서 제시한 비즈니스 모델 캔버스(Business Model Canvas)는 비즈니스 구조를 9개의 블록으로 시각화하여 제시하고 있다. '고

---

3 90년대 후반 닷컴 붐과 함께 혜성처럼 등장하여 코스닥에 상장 16일 연속 상한가를 기록했던 기업명이자 서비스명

객, 가치 제안, 유통채널, 고객관계, 수익, 핵심자원, 핵심활동, 핵심파트너, 비용구조' 등 9가지 비즈니스 블록으로 돼 있는 비즈니스 모델 캔버스는 기업이 어떤 고객을 대상으로 어떤 가치 제안을 할 것인지, 가치 제안을 위한 핵심 활동 · 핵심자원 · 핵심파트너가 누구인지, 그 가치를 어떻게 전달하고 관계를 맺을 것인지, 그 결과 수익과 비용이 어떻게 발생되는지를 하나의 표에 정리함으로써 해당 기업의 비즈니스 모델을 한눈에 알아볼 수 있게 했다.

<그림 1-1> 비즈니스 모델 캔버스 구조

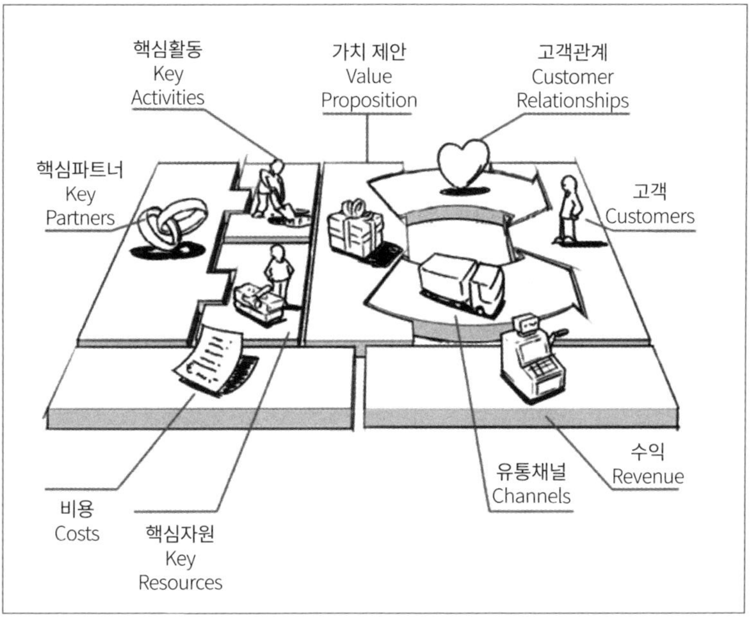

* 출처 : 디자인 JAM

Action

반복가능하고 확장시킬 수 있는
(Repeatable and scalable)

비즈니스 모델은 사업계획서를 작성할 수 있는 사람이라면 누구나 만들 수 있다. 중요한 것은 비즈니스 모델이 제대로 돌아가느냐 하는 것이다.

스타트업의 비즈니스 모델은 모든 항목이 가설로 되어 있다. 가설이란 '어떤 사실을 설명할 때 설정한 가정'이다. 즉, 스타트업에서는 비즈니스 모델에서 말하는 대상 고객도 가설이고, '고객에게 자사 제품이 필요할 것이다'라는 생각도 가설이다. 어떻게 유통할 것인지도 가설이고, 고객과 어떤 관계를 유지해야 할지도 가설이다. 이를 통해 얼마만큼의 수익이 날지, 비용이 들어갈지 모두 가설이다.

일반기업을 생각해보자. 일반기업에서 사업을 확장시켜 나갈 때는 과거의 데이터, 고객의 니즈, 사업 경험을 통한 통찰력을 바탕으로 근거 있는 계획을 세울 수 있다. 과거의 경험을 통해 검증된 부분

<그림 1-2> 가설로 이루어진 비즈니스 모델

핵심파트너 Key Partners	핵심활동 Key Activities	가치 제안 Value Proposition	고객관계 Customer Relationships	고객 세그먼트 Customer Segments
Guess	Guess	Guess	Guess	Guess
	핵심자원 Key Resources		유통채널 Channels	
	Guess		Guess	
비용구조 Cost Structure	Guess		수익의 흐름 Revenue Streams	Guess

이 많고, 의사결정을 할 때 참고할 데이터가 많다. 또한 사업 확장에 대한 투자를 적절히 조정한다면 실패하더라도 기존 사업으로 회사를 경영해 나갈 수 있다. 하지만 스타트업은 그렇지 않다. 사업계획의 대부분이 가설로 되어 있기 때문에 무턱대고 제품부터 개발했다가 가설과 현실의 차이가 생기면 실패로 연결되는 것이다.

린 스타트업에서 스타트업이란 "반복가능하고 확장시킬 수 있는 비즈니스 모델을 찾기 위해 구성된 임시조직"이라고 말했다. 즉, 가설로 이루어진 비즈니스 모델의 각 항목을 반복적으로 실행하면 비즈니스가 확장되어야 제대로 된 비즈니스 모델이고, 스타트업은 이것을 찾아가는 임시조직인 것이다. 비즈니스 모델 검증이 되지 않으면 조직이 생존하지 못할 것이고, 비즈니스 모델이 검증되어 수익을 내기 시작한다면 임시 조직이 아니라 진짜 '기업'이 되는 것이다.

Action 01

토론해봅시다

1. 당신이 가지고 있는 사업 아이디어는 어디에서 어떻게 얻은 것입니까?

2. 당신이 가진 사업 아이디어를 '고객들이 원할 것이다'라고 생각하는 근거는 무엇입니까?

3. '스타트업은 ○○○이다'라고 한다면 ○○○에 어떤 단어를 넣겠습니까? 또 그 이유는 무엇입니까?

Action
02

실패를 최소화하라

Startup Bible

스타트업의 위험은
'아무도 원하지 않는 것을 만드는 것'

2019년 통계청에서 발표한 '기업생멸 행정통계'에 따르면 2018년 기준 우리나라 신생기업의 평균 생존율은 창업 1년 후 65.05%, 2년 후 52.8%로 나타났다. 회사가 새로 만들어진 지 2년 안에 절반 가까이가 문을 닫는다는 얘기다(통계청, 2019).

하버드 비즈니스 스쿨의 시카르 고쉬(Shikhar Ghosh) 교수의 연구에 따르면 벤처캐피탈이 투자한 기업 중 75%는 투자자에게 원금을 돌려주지 못했다고 한다.[4] 또 투자금 회수의 구체성에 대해 좀 더 엄격한 기준을 적용한다면 회수 확률은 5% 정도이고, 기업공개(IPO)를 하는 창업기업은 1% 미만이라고 한다.

실패의 원인은 그야말로 다양하다. 많은 이유가 있겠지만 그중에

---

4 〈The Wall Street Journal〉, Sept. 20, 2012(http://on.wsj.com/1fDK2DV)

서 가장 확실한 이유는 《린 스타트업(Running Lean)》의 저자 애시 모리아(Ash Mauria)의 말일 것이다.

"대부분의 스타트업에서 가장 큰 위험은 아무도 원하지 않는 것을 만드는 것이다."

실제로 미국 벤처캐피털 전문 조사 기관인 CB 인사이트에서는 스타트업의 실패 원인을 조사했다. 실패한 스타트업 101개사를 대상으로 그 원인을 물어본 것이다. 조사 결과 창업자의 42%가 '시장이

<표 2-1> 벤처기업이 실패하는 사례 Top 20

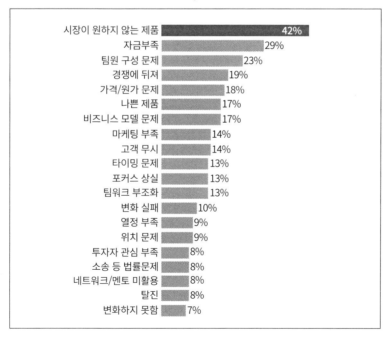

* 출처 : CB 인사이트

원하지 않는 제품'이 원인이라고 대답했다.[5]

결국 시장에 상품을 내놓았는데 고객들이 돈을 지불하고 구입하지 않은 것이다. 고객이 돈을 내고 살 만큼 충분한 가치를 제공하지 못했기 때문이라고 할 수 있다. 그렇다면 스타트업이 해야 할 가장 중요한 일은 제공하고자 하는 제품이나 서비스가 고객에게 충분한 가치를 제공할 것인지 파악하는 일이 될 것이다.

---

5 https://www.cbinsights.com/blog/startup-failure-reasons-top/

Action

스타트업이
잘못 생각하고 있는 것

우리는 대부분 창업에 대해 제대로 배워본 적이 없다. 학교의 정규 과목도 아니고 그런 것을 가르쳐주는 학원도 없다. 대학의 경영학과도 다르지 않다. 경영학과에서는 대부분 마케팅, 재무, 회계, 경영정보, 생산, 서비스 등 이미 설립된 기업의 각 부서에서 해야 할 일을 배우게 된다. 그러다 보니 창업은 각자 알아서 생각해봐야 할 과제가 되었고, 그 과정에서 수많은 시행착오를 겪게 된다.

지난 몇 년 동안 스타트업 기업에 대한 투자와 멘토링을 진행하다 보니 빠르게 성장하는 기업도 있었지만 제자리를 못 찾고 어려움을 겪는 곳을 누구보다 많이 보게 되었다. 그 가운데 스타트업이 잘못 생각하고 있는 대표적인 사례 몇 가지를 소개한다.

자신에게 필요하면 고객도 필요할 것이란 생각

창업자들은 자신에게 필요하면 고객도 필요할 것이라고 생각한다. 따라서 대부분의 창업 아이템은 창업자의 경험에서 찾기 마련이다. 창업자가 불편하다고 생각했던 것을 개선한 것이 창업 아이템이 되는 경우가 많다.

미국 동영상 전문 사이트 유튜브(YouTube)의 공동창업자 스티브 첸(Steve Chen)은 2004년 어느 날 동영상을 공유할 만한 사이트가 없다는 것을 알아챘다. 향후 공동창업자가 될 친구들과 이야기하는 과정에서 친구를 사귀는 데 도움이 되는 동영상 공유 사이트를 만들기로 한다. 사이트를 만들고 여러 동영상을 올릴 수 있게 한 다음, 해당 동영상 밑에 '좋아요', '안 좋아요' 버튼을 만들었다. '좋아요' 버튼이 눌린 동영상은 순위가 올라가고, '안 좋아요' 버튼이 눌린 동영상은 순위가 내려가게 했다. 그리고 동영상 게시자 간에 친구를 맺을 수 있도록 했다. 창업자들은 이러한 서비스를 환상적이라고 생각했다. 다른 사람들도 당연히 좋아할 것이라고 생각했다. 하지만 현실은 그렇지 않았다. 사람들의 반응은 시큰둥했고, 당황한 창업자들은 이 문제를 어떻게 헤쳐 나가야 할지 고민했다.

결국 사이트는 본인들이 만들었지만 활용은 고객에게 맡기기로 했다. 고객 니즈를 확인하기 위해 몇 가지 테스트를 거쳤다. 고객들은 동영상 보는 것은 좋아했지만 동영상을 올린 모르는 사람들과 친구를 맺고 싶어 하지는 않았다. 스티브 첸과 동료들은 고객이 원하는 핵심가치, 즉 편리한 동영상 공유에 집중하기로 했다.

이것이 오늘날 유튜브가 있게 된 과정이다. 창업자는 자신이 필요하면 남들도 필요할 것이라는 생각으로 자신의 기준에 맞춰 제품이나 서비스를 만든다. 그러다 보니 사용할 고객에게는 물어보지도 않고 자신만의 생각으로 상품을 만드는 경우가 많다.

그런데 간혹 혼동을 주는 이야기를 듣기도 한다. 전 세계 1억 명이 사용한다는 인기 메모 앱 '에버노트'의 창업자 필 리빈(Phil Libin)은 이렇게 말했다. "창업자는 경쟁자와 고객을 신경 쓰지 말고 자신이 만들고 싶은 것을 만들어라. 내가 좋아하는 것을 만든다면 1억 명 정도는 좋아할 것이고, 그것이면 충분하다." 많은 창업자들이 이 말에 공감했다. 하지만 이 말을 곧이곧대로 믿어서는 안 된다. 이 말은 성공한 창업자만이 할 수 있다. 나에게 필요한 것을 만들다 보면 고객이 좋아할 수도 있고, 좋아하지 않을 수도 있다. 좋아해주면 정말 행운이지만, 그렇지 않을 수도 있다.

50%(?)의 확률을 가지고 비즈니스 모델을 만들고 도전하는 것은 결코 합리적이지 않다. 자신의 사업을 운에 맡길 수는 없지 않은가. 그렇다면 어떻게 해야 할까? 내 생각에 근거할 것이 아니라 고객에게 물어야 한다. 고객이라고 생각하는 사람에게 그것이 필요한지 물어보면 된다. 아직 제품이 나오지 않아서 대답을 얻기 어렵다면 비슷하게라도 만들어서 테스트 해보면 된다.

창업자가 제공하려는 제품이나 서비스가 자신만 관심 있는지, 많은 사람이 관심을 갖고 있는지, 그 해결책이 자신만의 해결책인지, 다른 사람들도 돈을 내고 사용할 만한 해결책인지 알아야 한다. 그러기 위해서는 물어봐야 한다. 너무나 당연한 이야기인데, 많은 창업자들이 그렇게 하지 않는다. 주위에 있는 한두 명에게만 물어보고 제품 개발에 나서는 사람들이 정말 많다는 사실이 놀라울 뿐이다.

기술이 뛰어나면 고객이 선택할 것이라는 생각

"기술이 뛰어난 제품이므로 사람들에게 충분한 가치를 줄 수 있을 것이다."

기술기반 창업자나 기업들이 주로 하는 착각이다. 자신의 기술은 너무 훌륭하므로 좋은 제품이 나올 것이고, 사람들은 이것을 꼭 필요로 할 것이라고 생각한다. 그런데 좋은 제품이란 게 무엇인가? 창업자의 생각처럼 기술이 뛰어나면 좋은 제품인가? 좋은 제품은 고객이 판단하는 것이다. 고객은 선택의 대안을 가지고 있다. 기능이 좋아도 너무 비싸면 좋은 제품이 되기 어렵다. 기능이 떨어져도 가격이 싸다면 그것이 좋은 제품이 될 수 있다.

실제로 스타트업들은 기술을 구현하여 상품을 만들고 난 후 마땅한 수요처를 찾지 못해 고민하는 경우가 많다. 사업의 출발점이 고객을 관찰하며 고객이 가진 불편함을 해결하는 쪽에서 시작된 게 아니라, 자신이 가진 기술로 고객이 필요할 것이라고 생각하여 제품화한 경우에 더욱 그렇다. 때때로 기업 대상의 기술 제품을 개발하면서 한두 회사의 관계자로부터 '그런 제품이 나오면 좋겠다.'라는 말에 착안하여 무턱대고 기술개발을 하는 경우가 있다. 하지만 막상 그런 제품이 나왔을 때 그 관계자는 '이런 기능이 좀 더 보완되면 좋겠다'든지, '도입하면 좋은데 위에서 반대한다. 미안하다'라든지, '다른 곳도 사용한다는 레퍼런스가 있으면 좋겠다'는 등의 이유로 구매를 유보하는 경우가 적지 않다. 창업자는 그때서야 다른 시장을 찾아 나서기 바쁘다.

무엇을 만들려면 기술이 있어야 하지만, 기술이 사업을 성공시키는 것은 아니다. 고객의 문제를 해결하는 것은 뛰어난 기술에만 있는 것이 아니다. 고객이 원하는 더 나은 방법을 찾아야 하는 것이다.

모두에게 필요하므로 모두가 구입할 것이라는 생각

"모두에게 필요한 것이므로 모두가 구입할 것이다."

스타트업을 준비하는 창업자에게 고객이 누구냐고 물어보면 '20, 30대 여성'이라거나, '전 국민', 더 넓게는 세상 사람 누구에게나 필요한 상품이라는 대답을 종종 듣는다. 맞는 말이다. 하지만 스타트업이 집중해야 할 고객이라고 하기엔 범위가 너무 넓다.

한 창업자가 구두를 신어도 통풍이 잘되는 신개념 양말을 개발했다. 통풍이 잘된다고 해서 제품명이 '통발'이다. 통풍만 잘되는 게 아니라 땀이 나면 발가락을 뽀송뽀송하게 해주는 효과도 있다. 이 정도면 성능이 뛰어나고 차별화된 제품이라고 자부할 만하다. 가격 또한 한 켤레에 2,000원으로 저렴하다. 이 제품을 만든 창업자는 국민 모두에게 필요하고, 가격도 적당해 제품이 출시되면 날개 돋친 듯

팔릴 것이라고 판단했다. 과연 그럴까.

1,000원짜리 양말을 선호하는 사람이 있고, 명품 양말만 신는 사람도 있다. 또 다양한 컬러의 패션양말을 선호하는 사람도 있다. 심지어 양말을 안 신는 사람도 있고 '통발'이라는 제품명을 싫어하는 사람도 있다. 때문에 모든 사람들에게 필요할지라도 모두가 구입하지는 않을 것이다. 시장에는 이미 수많은 양말들이 있기 때문이다.

그렇다면 창업자는 어떻게 해야 할까. 가장 먼저 이 제품을 좋아할만한 대상을 찾아야 한다. 창업자가 '통발'이란 제품을 만들게 된 계기는 본인이 무좀환자였기 때문이다. 구두를 신으면 증상이 더욱 심해졌는데 주변에 무좀을 앓는 이들이 대부분 같은 고민을 갖고 있는 것을 알게 됐다. 창업자는 이 문제를 해결하기 위해 '통발'을 개발한 것이다. 그렇다면 이 양말을 꼭 필요로 하는 고객군을 '무좀으로 고민하는 사람'으로 잡으면 어떨까. 이 양말을 신으면 구두를 신어도 무좀 치료에 도움이 된다는 컨셉으로 어필하는 것이다. 정말 효과가 있다면 좀 더 높은 가격에라도 구입하고자 할 것이다. 고객이 명확해지면 마케팅 방식도 구체화된다. 무좀 환자들을 찾아나서는 것이다. 인터넷 무좀 커뮤니티에서 공동구매를 제안하거나 피부과나 약국에서 홍보나 판매를 고려할만하다. 무좀환자들이 신어보고 효과를 본다면 이들은 곧 이 제품의 팬이 될 것이다.

무좀 특효 양말이라는 소문이 퍼지면 많이 걸어야 하는 영업 사원, 택시 운전기사, 입대를 앞 둔 예비군인들도 관심을 가질 것이다. 추후 등산양말이나 골프양말로 제품군을 늘릴 수도 있다.

이렇게 목표 고객을 좁히고, 이들 고객군을 사로잡을 수 있는 제품으로 시작한다면 시장을 확대하는 것은 시간문제다. 혹자는 이런 방법이 너무 많은 시간이 걸리는 불합리한 일이라고 말할지 모르겠다. 하지만 '통발'을 아무나에게 무작위로 판매하는 전략을 세운다고 해보자. 짧은 시간에 더 많은 성과를 낼 것 같지만, 현실은 그저 그런 상품이 될 가능성이 크다.

스타트업은 인적, 금전적 자원이 한정적이어서 자사 제품을 충분히 포지셔닝하기 어렵다. 또한 모든 사람들을 처음부터 만족시키기는 더더욱 어려운 것이 현실이다. 하지만 여전히 전 국민을 대상으로 마케팅하려는 스타트업이 적지 않은 것 또한 현실이다.

완벽한 사업계획을 세운 후에 실행하려는 생각

대기업에서 일해본 경험이 있는 창업자는 완벽한 사업계획을 수립한 후 실행하려고 한다.

기업에서 신사업에 진출할 때 수십 장에서 많게는 수백 장의 계획서를 작성한다. 제품 컨셉부터 수년간의 재무계획, 낙관적 시나리오, 중립적 시나리오, 비관적 시나리오까지 작성한다. 그렇게 기안을 올려 승인이 떨어지고 나서야 본격적인 사업이 시작된다. 이러한 경험을 가진 창업자들은 스타트업 사업계획서도 완벽하게 작성하려는 경향이 있다. 물론, 완벽하게 작성하면 좋지만 아무리 해도 완벽할 수 없다는 것을 알아야 한다. 스탠퍼드 대학과 UC 버클리 대학에서

앙트러프러너십(Entrepreneurship)을 가르치고 있으며, 실리콘밸리에서 여덟 곳의 스타트업을 시작하거나 참여하여 성공시킨 경험이 있는 스티브 블랭크는 이렇게 말한다.

"첫 번째 고객을 만나고 나서도 그대로인 사업계획서는 없다(No Business Plan Survives First Contact with a Customer)."

스타트업의 사업계획서는 대부분 가설로 이루어져 있다. 때문에 사업계획서는 계속해서 수정되기 마련이다. 따라서 모든 것을 완벽히 정의하고 사업을 시작하는 것은 불가능하다. 계속 변화하기 때문이다. 플래닝(planning)은 중요하지만 플랜(plan) 그 자체는 그다지 중요한 게 아니다. 즉, 사업계획을 작성하는 그 과정은 중요하지만, 그렇게 해서 나온 사업계획서 자체는 지속적으로 수정·보완될 것이다. 고객의 요구에 맞추어 고쳐져야 한다. 고객의 요구에 맞게 변화시킬 수 있는 플래닝 과정이 가장 중요하다.

규모부터 키우려는 생각

창업자는 늘 시간에 쫓긴다. 본인의 생각을 빠른 속도로 구현해야 하기 때문이다. 또한 창업자금이 떨어지기 전에 상품이나 서비스를 세상에 내놓아야 한다. 자신과 동일한 사업을 시작하는 경쟁자가 나오기 전에 제품을 출시해야 한다.

투자를 받아 자금 여유가 있는 스타트업도 마찬가지이다. 투자자에게 약속한 사업 속도가 있으므로, 진도를 신속히 나가려다 보니 일손이 부족하다. 그래서 사람을 늘리는 데 힘을 쏟는다. 때때로 마케팅을 더욱 강화해서 사업의 규모를 빨리 키우려고 시도한다. 그래서 영업사원을 뽑고 광고홍보에 예산을 투입한다. 스타트업은 '반복가능하고 확장시킬 수 있는 비즈니스 모델을 찾기 위해 구성된 임시 조직'이다. 그런데 반복가능하고 확장시킬 수 있는 비즈니스 모델을 찾기 전에 규모부터 키우면 리스크가 커진다. 더 많은 돈이 필요해지고 신속한 변화도 어려워지기 때문이다.

고객은 회사의 성장속도에 관심 갖지 않는다. 고객은 회사가 얼마나 빨리 성장하느냐가 아니라 회사와의 관계 속에서 만족할 만한 경험을 얻는 것만 중요하게 생각한다. 1:1의 관계인 것이다. 이 관계에서 만족하는 고객이 많아지고 이것이 반복가능하고 확장시킬 수 있는 모델이 되어야 한다. 비즈니스 모델이 완성되기 전까지는 최소한의 자원으로 신속하게 테스트해야 한다. 비즈니스 모델이 검증되지 않은 상태에서 자원만 투입하는 것은 올바르지 않은 방향으로 뛰어가는 것과 다름없다. 앞만 보고 달리다가 '이 길이 아닌가 봐' 라고 깨닫는 순간 이미 달려온 만큼 손해도 막심하다. 뛰기만 했으면 다시 되돌아오면 되지만, 뛰면서 돈까지 써 버렸다. 이렇게 지출한 돈은 회수가 되지 않는다는 게 문제다. 사격을 할 때 영점을 잡기 전까지는 한 발씩 쏴서 맞춰야 하는데, 한 번에 10발씩 발사되는 총을 쐈다가는 총알만 낭비하게 된다.

Action

실패 최소화 전략,
린 스타트업

린 스타트업은 앞서 언급한 기존의 창업자들이나 스타트업이 잘 못 생각하고 있는 것에 주안점을 둔다.

첫째, 창업자에게 필요한 제품이라 해도 고객에게 가치가 있어야 한다.

둘째, 기술이 뛰어난 제품은 단지 기술이 뛰어난 제품일 뿐이다. 고객은 뛰어난 기술을 사는 게 아니라 가치 있는 제품을 산다.

셋째, 모두에게 필요한 것이라 해도 사람마다 필요함을 느끼는 정도가 다르다. 더 급하게 필요로 하는 고객을 찾아야 한다.

넷째, 완벽한 사업계획이란 없다. 계획은 고객을 만나는 과성에서 계속 수정될 것이다.

다섯째, 성장에 신경 써야 하지만, 억지로 되는 게 아니다. 비즈니스 모델이 제대로 돌아가는지 충분히 확인한 후 본격적인 투자를 진행해야 한다.

Q & A

린 스타트업 전략을 실행하면 사업에 실패하지 않습니까?

당연히 그럴 리 없다. 사업에 성공하는 요인은 여러 가지이다. 사업전략을 비롯하여 창업팀, 창업자의 리더십, 기술개발 능력, 시장상황, 관련 법령 등 수없이 많다. 이런 요인들이 갖추어졌다 해도 운이 따라주지 않으면 안 된다. 따라서 린 스타트업 전략을 실행한다고 해서 성공이 보장되지는 않는다. 외부 결정요인들이 많기 때문이다.

하지만 린 스타트업 전략은 고객을 찾지 못해 실패하는 스타트업의 가장 큰 위험을 방지하는 데 중요한 역할을 한다. 현실에서의 스타트업 생활은 힘들고 피곤하다. 그 고단함을 견딜 수 있게 만드는 힘은 고객들이 자사의 제품이나 서비스를 좋아해주는 것이다. 그것이 스타트업이 지탱할 수 있는 힘이자 경쟁사나 큰 회사를 이길 수 있는 유일한 방법이다. 아무도 원하지 않는 것을 만드는 건 시간만 낭비할 뿐이다.

린 스타트업은 오히려 빠른 실패를 권장한다. 여기서 실패란 사업 자체의 실패를 의미하는 것이 아니다. 비즈니스 모델의 핵심 가설들을 우선 검증하다 보면 그 가설들이 적절하지 않다는 것을 알게 될 것이다. 가설이 실패했음을 당연하게 받아들인다. 중요한 것은 그 과정에서 고객이 원하는 방향의 가설을 수립해 진행하는 것이다.

토론해봅시다

1. 창업실패 원인이 '창업에 대한 준비가 부족해서'라는 말을 합니다. 창업에 대한 준비는 무엇을 말하는 것일까요? 어떻게 해야 창업에 대한 준비를 잘할 수 있을까요?

2. 스타트업이 잘못 생각하고 있는 것 중에 혹시 당신의 생각과 일치하는 사항은 없는지요? 있다면 어떤 항목이고, 어떻게 하면 그러한 위험에서 빠져나올 수 있을까요?

3. 당신이 생각하는 사업 아이템을 고객들이 원하지 않을 수 있습니다. 이런 경우 고객이 원하는 방향으로 바꾸어주면 됩니다. 그런데 때에 따라 고객이 원하는 것에 대해 창업자가 동의하지 못하는 경우가 있습니다. 또는 고객이 잘못 알고 있다고 생각하는 경우가 있습니다. 만약 이런 경우에 창업자는 어떻게 해야 할까요?

Action
03

핵심개념을 이해하라

Startup Bible

Action

스티브 블랭크의 고객개발방법론

기업의 전통적인 신제품 개발 프로세스를 떠올려보자. 신제품 개발 과정은 늘 비슷하다.

① 산업에 대한 경험이나 고객의 요구에 의해 신제품 컨셉을 잡는다.

② 컨셉을 제품으로 개발한다.

③ 완벽한 제품 출시 전 알파테스트와 베타테스트를 진행한다.

④ 테스트가 끝난 후 제품을 출시한다.

⑤ 기존의 영업조직과 유통망을 통해 판매한다.

이것이 일반적인 신제품 개발 모델이다.

스타트업의 경우도 제품 개발부터 제품 출시까지는 유사한 구조

<그림 3-1> 전통적인 신제품 개발 모델

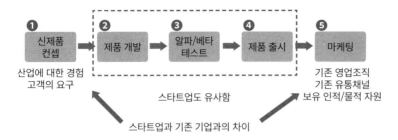

를 갖는다. 차이가 많이 나는 부분은 신제품 컨셉과 마케팅 부분이다. 스타트업은 일반적으로 산업에 대한 경험이 부족하다. 아직 고객이 없으니 고객의 니즈를 정확히 반영하는 것도 어렵다. 또한 제품이 없는 상태에서 마케팅 역량을 기대하는 것도 어렵다. 마케팅 역량이 있더라도 영업조직, 유통채널들을 처음부터 만들어야 하므로 추가적인 시간과 자원이 필요하다.

이러한 문제의식이 린 스타트업 전략의 출발점이 되었다. 스티

<그림 3-2> 스티브 블랭크의 고객개발 모델[6]

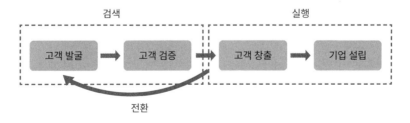

---

6 〈Why the Lean Start-up Changes Everything〉, 하버드 비즈니스 리뷰, 2013년 5월호

브 블랭크 교수는 《깨달음에 이르는 4단계(The Four Steps to the Epiphany)》와 《기업 창업가 매뉴얼(The Startup Owners manual)》에서 스타트업이 참고할 만한 고객개발방법론을 제시했다.

(1) 고객 발굴

창업자는 자신의 아이디어를 비즈니스 모델로 변환하여 가설 검증을 위한 실험을 설계한다. 이를 위해 고객을 만나 자신의 사업 아이디어를 설명한다. 고객 발굴에서 가상 중요한 것은 현장에서 고객을 만나는 것이다. 아이디어는 말로 설명할 수 있고, 글로 설명할 수 있으며, 시제품을 만들어 설명할 수도 있다. 이 과정을 통해 해당 아이디어가 고객에게 필요한 것인지 검증하고 이들의 문제를 파악하고 해결방법을 검증하게 한다.

(2) 고객 검증

고객 발굴 단계에서 비즈니스 모델에 대한 검증과 반복을 거쳤다. 고객 검증에서는 아이디어가 고객에게 필요한 것이라고 판단되면 비즈니스 모델을 확장할 수 있는지 검증한다. 최소한의 비용으로 마케팅 채널을 활용하여 투자효과를 검토한다. 이 과정에서 가설과 다른 부분이 있다면 가설을 수정하거나 고객 발굴 단계에서 다시 시작할 수 있다.

(3) 고객 창출

고객 검증 단계에서 어떻게 고객을 확보하는지 테스트하고 학습했으므로 이 단계에서는 적절한 마케팅 예산을 사용하여 비즈니스를 확장시킨다.

(4) 기업 설립

반복가능하고 확장할 수 있는 비즈니스 모델이 검증되면 비로소 '기업 설립' 단계로 들어가게 된다. 여기서 '기업 설립'은 주식회사를 설립한다는 개념보다는 스타트업을 졸업하고 일반기업이 된다는 의미로 이해하는 것이 적합할 듯하다. 이는 블랭크 교수가 스타트업을 어떻게 정의했는지 생각해보면 알 수 있다. 그는 스타트업을 '반복가능하고 확장시킬 수 있는 비즈니스 모델을 찾기 위해 구성된 임시조직'이라고 표현했다. 따라서 임시조직이 실제 기업조직이 된다는 의미로 '기업 설립'이라고 한 것이다.[7]

스티브 블랭크 교수의 고객개발방법론에 나오는 '고객 발굴', '고객 검증'을 문자 그대로 이해하려면 조금 어색하게 느껴질 수 있다. 가령 '고객 발굴'이라고 하면 고객을 찾는 것이고, '고객 검증'이라면

---

7 스티브 블랭크 교수는 '스타트업은 대기업의 축소판이 아니다'라고 주장했다. 대기업에는 마케팅, 회계, 인사, 총무, 영업, 개발, 연구 등 다양한 부서가 있는데, 스타트업은 그러한 부서의 축소판이 아니라, 고객팀과 개발팀으로 구성하여 빠르고, 집중적으로 고객 니즈를 반영·개발하는 조직이 되어야 한다고 했다. 비즈니스 모델이 검증되면 비로소 일반기업처럼 부서를 체계화한다는 의미라고 할 수 있다.

발굴한 고객을 대상으로 무언가 검증하는 것이라고 생각될 것이다. 하지만 블랭크 교수의 고객개발방법론에서 '고객 발굴'은 대상 고객을 찾는 것뿐만 아니라 고객의 문제와 문제 해결에 대한 요구 사항을 검증하는 것, 고객에게 제품을 처음 선보이고 제품이 문제를 해결하거나 고객의 요구 사항을 충족시켜 구매 여부까지 확인하는 것을 의미한다고 되어있다. 그가 이렇게 주장한 내용이니 그대로 이해하면 될 것이다. 여기서 중요한 것은 기존의 방식이 제품부터 만든 후 고객을 유치하는 것이었다면 고객개발방법론은 고객개발을 먼저 하라는 발상의 전환일 것이다.

Action

에릭 리스의
린 스타트업

블랭크 교수의 고객개발 모델은 실리콘밸리의 창업자들에게 중요한 통찰력을 주었다. 하지만 이 개념이 지금처럼 널리 알려진 것은 아니었다. 블랭크 교수는 2004년 어느 모임에서 에릭 리스(Eric Ries)를 만나게 된다. 에릭 리스는 IMVU라는 스타트업의 공동창업자이자 CTO(최고기술책임자)였다. 블랭크 교수는 에릭 리스가 자신의 고객개발방법론 수업에 참여하는 조건으로 IMVU에 투자하기로한다. 리스는 해당 수업에 청강생으로 참가했다. 리스는 이 수업을들으며 블랭크 교수의 고객개발방법론을 자신의 사업에 적용해 나갔고, 여기에 몇 가지 방법론을 덧붙였다. 이 과정에서 리스는 그가업계 구루(guru, 스승 또는 지도자) 반열에 올라갈 수 있는 기막힌 컨셉을 만든다. 고객개발 방법론에 몇 가지 이론을 더해 '린 스타트업(Lean Startup)'이라는 단어를 만든 것이다.

'린(lean)'은 원래 일본 도요타자동차의 '도요타생산시스템(Toyota Production System)'에서 출발한 것이다. 그리고 이것을 미국에서 체계화시킨 이론이 '린 생산방식(Lean Production System)'이었다. 여기서 린(Lean)의 사전적 의미는 '기름기를 쫙 뺀'이란 뜻이고, 린 생산방식에서의 린은 '낭비요소를 최소화하여 생산성을 높인다'는 의미를 가진다. 또한 '린'이라는 단어는 일본 도요타자동차의 성공 원동력으로 미국에서 잘 알려진 개념이었다. 그런 린 생산방식을 스타트업에 적용한다니, 호기심을 유발하기에 충분했다.

린 스타트업은 앞에서 언급한 〈그림 3-1〉의 전통적인 신제품 개발 모델에서 스타트업에게 부족한 두 단계의 해결방안을 내놓았다. 리스는 IMVU의 사례를 바탕으로 '린 스타트업' 개념을 정립했고, 2011년 《린 스타트업(The Lean Startup)》을 출간했다. 출간과 함께 에릭 리스는 업계에서 유명인사가 되었다. 에릭 리스는 사업도 사업이지만 사람들이 원하는 유행어를 만드는 데도 탁월한 재능이 있었던 것 같다. 린 스타트업이라는 용어도 신선했지만 그 안에 등장한 피봇(농구 경기에서 한 발을 붙이고 나머지 한 발로 방향전환을 한다는 용어로 고객 검증과정을 통한 사업 전략의 전환을 의미한다), 핵심지표/허무지표, 유효한 학습, 만들기-측정-학습 피드백 순환 등도 인기를 끌었다. 특히 '피봇'이라는 단어는 실리콘밸리에서 유행어처럼 사용될 정도였다.

린 스타트업의
핵심개념

블랭크 교수는 린 스타트업의 핵심개념을 "고객개발방법과 애자일 개발방법론의 조합"이라고 했다. 애자일(Agile)의 사전적 의미는 '기민한, 좋은 것을 빠르고 낭비 없게 만드는 것'[8]이다.

애자일(Agile) 개발 방법론은 2001년 제프 서들랜드(Jeff Sutherland)를 포함한 17명의 소프트웨어 개발자들이 미국 유타주에 모여 기존의 전통적 소프트웨어 개발 방식과 구별되는 개발 철학을 '애자일 소프트웨어 개발 선언'에 담아 발표하면서 생긴 개념이다.[9]

전통적인 소프트웨어 개발은 계획을 세우고 그에 맞춰 완성된 프로그램을 만드는 방식이었다. 반면 애자일 개발 방법은 일정한 주기를 가지고 고객의 요구사항과 피드백을 반영하여 수정, 보완해 가는

---

8 http://en.wikipedia.org/wiki/Agile_software_development, 위키피디아
9 http://agilemanifesto.org/

방식이라 할 수 있다.

가령, 웹 사이트를 만든다고 할 때 전통적인 방식은 필요한 모든 기능을 기획하고 목표로 한 기간 동안 완성시키는 방식이다. 이런 방식을 보통 폭포수 모델(Waterfall Model)이라 부른다. 폭포수가 아래로 흐르듯 요구사항, 설계, 코딩, 테스트, 유지보수 등을 순차적으로 진행하며 끝내는 것이다. 반면, 애자일 개발 방식은 가장 필수적인 기능부터 만들어 고객이 사용할 수 있도록 하고, 그다음은 다시 고객의 최우선 요구사항부터 일정 주기로 개발하고 피드백을 반영하는 방식이라고 이해하면 될 것이다. 실제 현실에서도 고객은 자신이 무엇을 원하는지 잘 모르는 경우가 많고, 개발은 무엇이 고객에게 적합한지 모르는 경우가 많은데, 서로 간의 오류를 줄이며 최적의 결과물을 지향하는 방법론이라 할 수 있다. 린 스타트업의 컨셉과 일치하는 방식이다.

최근에는 애자일방법론이 소프트웨어 개발에서만 사용되는 것이 아니라, 다양한 전문분야에서 실용주의적 사고를 가진 사람들이 애자일 철학을 가지고 적용하는 시도를 애자일방법론이라 부르기도[10]한다.

에릭 리스는 린 스타트업을 "린 생산방법, 디자인 중심사고, 고객개발, 애자일개발 같은 기존 경영방법 및 제품 개발방법론의 토대 위에서 만들어졌다. 지속적인 혁신을 만들어내는 새로운 방식인 이것을 '린 스타트업'이라고 부른다"고 했다.

---

10 디자인 중심사고는 좋은 아이디어와 제품은 반복적인 시행착오를 통해 더욱 완벽하게 다듬을 수 있다는 원칙을 가진 디자인 전략을 의미한다.

Action

비즈니스 모델 캔버스와
린 캔버스

2010년 알렉산더 오스터왈더와 예스 피그누어는 《비즈니스 모델의 탄생》이라는 책을 출간했다. 이들은 이 책에서 '비즈니스 모델 캔버스(Business model canvas)'라는 개념을 제시했다. 그 이전에는 비즈니스 모델을 표현할 때 각자 개별적인 방식으로 작성했고, 포함되는 내용도 각양각색이었다. 이러한 상황에서 비즈니스 모델 캔버스가 인기를 얻자 대부분의 사람들이 비즈니스 모델을 여기에 작성하기 시작했다.

오스터왈더는 비즈니스 모델 캔버스를 전파하면서 내용을 작성하는 것 자체가 중요한 게 아니라, 작성된 모델이 제대로 돌아가는지 확인하는 것이 더욱 중요하다고 했다. 따라서 창업기업은 비즈니스 모델에 자신의 사업 가설을 기재한 후 정기적으로 그 가설을 검증하여 수정할 것을 주장했다. 이러한 주장은 린 스타트업 개념과 부합

<그림 3-3> 비즈니스 모델 캔버스(Business Model Canvas)

핵심파트너 Key Partners	핵심활동 Key Activities	가치 제안 Value Proposition	고객관계 Customer Relationships	고객 세그먼트 Customer Segments
	핵심자원 Key Resources		유통채널 Channels	
비용구조 Cost Structure			수익의 흐름 Revenue Streams	

했다. 또한 린 스타트업에서 말하는 사업 가설을 시각적으로 수립할 수 있는 유용한 도구가 될 수 있었다. 블랭크 교수는 오스터왈더의 비즈니스 모델 캔버스를 린 스타트업 교육 커리큘럼의 핵심도구로 사용하게 되었다. 비즈니스 모델 캔버스에 작성한 항목들을 고객개발과 애자일개발 방법론으로 검증하며 실행해 나가는 것이다.

그런데 비즈니스 모델 캔버스는 애초에 스타트업 기업을 위해 만들어진 게 아니다. 이미 설립된 기업의 비즈니스 모델을 한눈에 볼 수 있도록 하고, 비즈니스 모델 개선 또는 혁신을 목적으로 하고 있다. 그러다 보니 창업 초기 스타트업이 중요하게 살펴봐야 하는 '고객 가치 창출' 여부를 구체적으로 확인하기 어려운 면이 있었다.[11]

---

11 동 저자들은 2014년 《Value Proposition Design》이라는 책을 한 권 더 출간했다. 여기에서는 가치 제안 캔버스(Value Proposition Canvas)를 제시하여 고객에게 제공하는 가치를 구체화할 수 있도록 했다. 만약 비즈니스 모델 캔버스를 이용해서 가설 검증을 해 나가고자 하는 스타트업이 있다면 가치 제안 캔버스를 먼저 이용해볼 것을 권장한다.

<그림 3-4> 린 캔버스(Lean Canvas)

문제 가장 중요한 세 가지 문제	솔루션 가장 중요한 세 가지 기능	고유의 가치 제안 제품을 구입해야 하는 이유와 다 른 제품과의 차 이점을 설명하는 알기 쉽고 설득 력 있는 단일 메 시지	경쟁 우위 다른 제품이 쉽게 흉내 낼 수 없는 특징	고객군 목표고객
	핵심지표 측정해야 하는 핵심 활동		채널 고객 도달 경로	
비용구조 고객 획득 비용, 유통 비용, 호스팅 인건비 등		수익원 매출 모델, 생애 가치, 매출, 매출총이익		

필요하다고 생각되면 그 일을 실행하는 사람이 나타나기 마련이다. 바로 스파크59의 창업자 애시 모리아(Ash Maurya)였다. 모리아는 비즈니스 모델 캔버스를 응용하여 그의 저서《린 스타트업(Running Lean)》에서 '린 캔버스(Lean Canvas)' 모델을 제시했다. 그리고 린 캔버스를 통해 린 스타트업을 실행하는 방법과 사례를 제시하고 있다.

Action

린 스타트업의
운영구조

에릭 리스는 린 스타트업의 핵심 모델로 '만들기-측정-학습 순환 (Build, Measure, Learn feedback-loop; BML)'을 제시했다. 어떠한 사업 아이디어가 있다면 이것을 완벽히 만들어서 시장에 내놓는 게 아니라, 일단 조금이라도 만들어서 고객에게 보여주고, 고객 반응을 측정하여 배우고 적용하는 것이다.

만들기-측정-학습 순환 모델은 〈그림 3-5〉와 같이 평면적이라기 보다 〈그림 3-6〉과 같이 위로 올라가는 나선형 모델에 더 가깝다. 만들기-측정-학습 피드백 순환과정이 사업 중 한 번만 돌아가는 것 이 아니라 사업과정 내내 반복 순환되며 단계를 넘어서 발전해 나가 기 때문이다. 또한 이 순환과정을 빠르게 돌려 시간을 단축하는 것 이 린 스타트업의 핵심목표가 된다. 순환주기를 한 번씩 돌려서 위 로 올라갈수록 사업 모델이 검증되는 것이라고 보면 된다.

<그림 3-5> 만들기-측정-학습 순환 모델

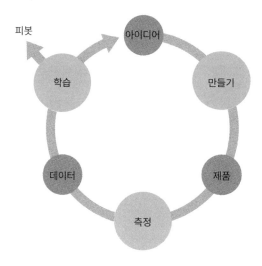

<그림 3-6> 만들기-측정-학습(BML) 나선형 모델

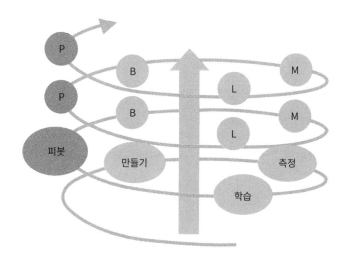

그런데 이 모델이 아주 새로운 것은 아니다. 품질관리 기법의 하나인 PDCA 사이클을 들어본 적이 있을 것이다. PDCA는 '계획(Plan)-실행(Do)-평가(Check)-개선(Act)'의 약자이다. 계획하고 실행하고 평가한 후 개선한다는 것이다. 리스가 말하는 만들기-측정-학습 모델과 유사하지만 중요한 차이점이 있다. PDCA는 사업 전체를 계획하고 그에 맞추어 실행한 후 평가와 개선하는 방식인 반면(앞에서 소개한 폭포수 개발 방식에 가까움), '만들기-측정-학습' 모델은 사업계획을 여러 난계로 나누고 각 단계마다 가설을 수립하고 그것을 고객 대상으로 측정(애자일 개발 방식에 가까움)한 후 검증 여부에 따라 계속할 것인지, 변경할 것인지 학습하는 프로세스다.

나선형 BML 모델이 린 스타트업의 핵심 요소라면 어디서부터 무엇을 BML 할 것인지 순서가 필요해진다. 결론부터 말하면 '사업에서 위험이 가장 큰 부분에 대한 가설'부터 BML한다. 인터넷 의류 쇼핑몰을 만든다고 생각해보자. 일반적인 창업 프로세스는 사업자등록증을 내는 것부터 시작해 함께 일할 사람들을 모으거나 채용하고, 쇼핑몰 사이트를 만들고, 판매할 의류를 사들이고, 배송 방식과 배송사를 선정하는 등의 준비를 마치면 사이트를 론칭하고 마케팅에 들어간다. 이 프로세스에서 가장 큰 리스크는 무엇일까?

판매 상품에 따라 여러 가지 요인이 있겠지만 고객이 해당 의류를 구매하지 않는 것이 가장 큰 리스크일 것이다. 고객들이 구매하지 않는다면 지금까지 준비해왔던 모든 것이 물거품이 될 것이다. 이런 경우를 방지하기 위해 린 스타트업에서는 판매하려는 의류가 목표 고객이 원하는 것인지 먼저 확인할 것을 제안한다. 제품 개발이 아니라 고객 개발부터 먼저 하라는 의미다. 웹 사이트를 먼저 만드는 것이 아니라, 고객들이 원하는지 확인하는 게 우선이다. 확인하는 방식은 옷을 직접 보여줄 수도, 사진을 찍어 보여줄 수도, 말로 설명해도 된다. 이처럼 뭔가를 보여주기 위해 만드는 것이 BML의 B(Build, 만들기)가 되는 것이다. 이것을 고객에게 보여주고 결과를 측정하고(Measure), 그에 따라 어떻게 해 나갈지 학습(Learn)한다. 리스크가 큰 부분부터 계속 확인해 가며 사업을 진행하는 것이 기본 순서라고 할 수 있다. 다만, 사업 내용에 따라, 창업자의 생각에 따라, 대상 고객에 따라 리스크에 대한 판단 기준이 다를 수 있다. 사업을 처음 시작하는 경우에는 더욱 그럴 것이다. 가장 일반적인 고객 검증 우선순위를 〈표 3-1〉에 정리했다.

1단계는 문제/솔루션 검증이다. 창업자의 아이디어가 사업화할 만한 가치가 있는지, 문제해결의 솔루션은 적절한지 확인하는 것이다. 즉, 사업 아이디어를 검증하는 것이다.

2단계는 제품·서비스 검증이다. 창업자가 만들고자 하는 제품이나 서비스가 해당 문제를 해결하기 위해 적절한 기능으로 구성되어 있는지 확인하는 것이다.

3단계는 비즈니스 모델 검증이다. 창업자의 사업이 지속가능한

<표 3-1> 단계별 검증 목표

단계	검증 목표	내용
1단계	문제/솔루션 검증	• 창업자의 사업 아이디어가 사업화할 만한 가치가 있는 것인지 확인 • 사업 아이디어 검증
2단계	제품·서비스 검증	• 제공하고자 하는 제품·서비스의 기능이 적합하게 구성되어 있는지 검증
3단계	비즈니스 모델 검증	• 수익 모델, 채널 적용 등을 통해 핵심지표 측정 • 이에 따른 결과가 예상 또는 목표 범위에서 진행되고 있는지 확인 • 지속가능한 비즈니스로서의 가능성 검증

비즈니스로 성장할 수 있느냐에 대한 사항이다. 이것이 검증되면 사업을 확장해 나갈 수 있다.

각 단계에 해당하는 가설을 한눈에 알아볼 수 있도록 〈그림 3-7〉과 같은 표를 이용할 것이다. 〈그림 3-7〉은 알렉산더 오스터왈더가 만들고, 애시 모리아가 수정한 린 캔버스를 필자가 실제 워크숍을 진행하며 수정·보완한 것이다. 캔버스 항목이 일부 달라졌기 때문에 새로운 이름이 필요한데, 이를 '린 보드(Lean Board)'[12]라 부르기로 한다.

이 책에서 린 스타트업 활용을 위한 순서는 〈그림 3-8〉의 린 스타트업 실행 순서에 따른다. 린 보드에 작성한 가설을 기반으로 만들기-측정-학습 사이클에 맞추어 '문제/솔루션 검증, 제품·서비스

---

12 린 보드는 비즈니스 모델 캔버스(http://www.businessmodelgeneration.com)를 수정한 린 캔버스(http://leanstack.com/)를 한 번 더 수정한 것으로 크리에이티브 커먼스 저작자 표시 – 동일 조건변경 허락 3.0 Un-ported 라이선스에 따라 사용했다.

<그림 3-7> 린 보드

고객 문제	솔루션	고유가치 제안	수익 모델	대상 고객
대상 고객이 가지고 있는 문제 (3가지 정도)	문제해결 방법/ 기능 (3가지 정도)	제품이 추구하는 핵심가치 (한 문장)	수익을 올리는 패턴, 가격 정책	전체고객, 유효 고객, 목표고객
문제 대안	핵심지표	카테고리	채널	최우선 거점 고객
문제를 해결하기 위한 고객의 대안	매출 발생까지의 과정에서 체크할 중요지표	일반적으로 알려진 제품 분류	고객 도달 방법	가장 필요로 하는 고객, 파급력이 높은 고객, 접근이 쉬운 고객
손익분기 계획		3년간 손익계획		
손익분기점 도달 시점, 도달 방법		향후 3년간 추정손익계산		

검증, 비즈니스 모델 검증'의 순서로 진행해 나갈 것이다. 각 검증 목표에 해당하는 항목이 린 보드의 어느 부분인지 별, 동그라미, 세모로 표시했다.

지금부터 린 스타트업 방식으로 여러분의 사업 아이디어를 어떻게 검증하고, 제품 개선에 반영해 지속가능한 비즈니스 모델을 만들수 있는지 구체적으로 알아보자.

<그림 3-8> 린 스타트업 구조도

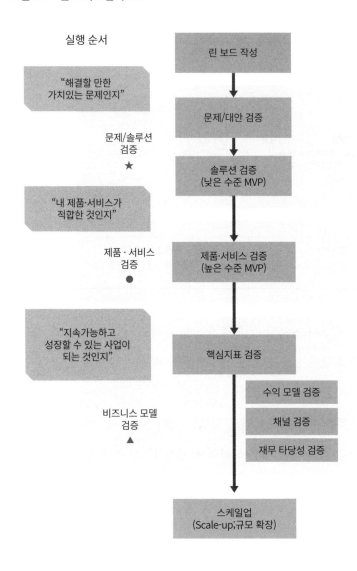

실행 순서

"해결할 만한
가치있는 문제인지"

문제/솔루션
검증
★

"내 제품·서비스가
적합한 것인지"

제품 · 서비스
검증
●

"지속가능하고
성장할 수 있는 사업이
되는 것인지"

비즈니스 모델
검증
▲

린 보드 작성

문제/대안 검증

솔루션 검증
(낮은 수준 MVP)

제품·서비스 검증
(높은 수준 MVP)

핵심지표 검증

수익 모델 검증

채널 검증

재무 타당성 검증

스케일업
(Scale-up;규모 확장)

* ver. 2021.3.31, by 조성주

나선형 B-M-L 모델
검증 단계별로 만들기-측정-학습-(피봇) 진행

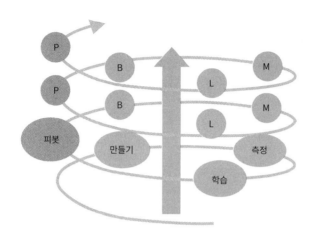

린 보드

고객 문제	솔루션	고유가치 제안	수익 모델	대상 고객
대상 고객이 가지고 있는 문제 (3가지 정도)	문제해결 방법/기능 (3가지 정도)	제품이 추구하는 핵심가치 (한 문장)	수익을 올리는 패턴, 가격 정책	전체고객, 유효고객, 목표고객
★	★ ●	★	▲	★ ●
문제 대안	**핵심지표**	**카테고리**	**채널**	**최우선 거점 고객**
문제를 해결하기 위한 고객의 대안	매출 발생까지의 과정에서 체크할 중요지표	일반적으로 알려진 제품 분류	고객 도달 방법	가장 필요로 하는 고객, 파급력이 높은 고객, 접근이 쉬운 고객
	▲		▲	
손익분기 계획			**3년간 손익계획**	
손익분기점 도달 시점, 도달 방법 ▲			향후 3년간 추정손익계산	

★ ● ▲ 검증 대상 영역

Action 03

토론해봅시다

1. 누군가 린 스타트업이 무엇이냐고 묻는다면 당신은 어떻게 대답하겠습니까?

2. 당신의 사업은 문제/솔루션 검증, 제품·서비스 검증, 비즈니스 모델 검증의 어느 단계에 와 있다고 생각하십니까? 그 이유는 무엇입니까?

3. 만들기-측정-학습 순환 모델은 왜 평면 모델이 아닌 나선형 모델이 되어야 할까요?

린 보드를 작성하라

```
         린 보드 작성
            │
            ▼
문제/솔루션    ┌──────────────┐
검증         │ 문제/대안 검증 │
★           └──────────────┘
            ┌──────────────┐
            │  솔루션 검증   │
            │ (낮은 수준 MVP)│
            └──────────────┘
제품·서비스    ┌──────────────┐
검증         │ 제품·서비스 검증 │
●           │ (높은 수준 MVP)│
            └──────────────┘
            ┌──────────────┐
            │  핵심지표 검증  │
            └──────────────┘
비즈니스 모델   ┌──────────────┐
검증         │  수익 모델 검증 │
▲           ├──────────────┤
            │   채널 검증    │
            ├──────────────┤
            │ 재무 타당성 검증│
            └──────────────┘
            ┌──────────────┐
            │   스케일업     │
            └──────────────┘
```

고객 문제 대상 고객이 가지고 있는 문제 (3가지 정도)	솔루션 문제해결 방법/ 기능 (3가지 정도)	고유가치 제안 제품이 추구하는 핵심가치 (한 문장)	수익 모델 수익을 올리는 패턴, 가격 정책	대상 고객 전체고객, 유효 고객, 목표고객
★	★ ●	★	▲	★ ●
문제 대안 문제를 해결하기 위한 고객의 대안	핵심지표 매출 발생까지의 과정에서 체크할 중요지표	카테고리 일반적으로 알려진 제품 분류	채널 고객 도달 방법	최우선 거점 고객 가장 필요로 하는 고객, 파급력이 높은 고객, 접근이 쉬운 고객
	▲		▲	
손익분기 계획 손익분기점 도달 시점, 도달 방법		3년간 손익계획 향후 3년간 추정손익계산		

3분 내 사업 소개하기

여러분이 현재 사업 아이디어를 가지고 있고, 그 아이디어를 투자자에게 설명할 기회가 생겼다고 하자. 주어진 시간은 3분이다. 약간의 생각할 시간을 갖고 어떻게 이야기할 것인지 줄거리를 간단하게 메모해 놓아도 좋다. 조금 어색하겠지만 스마트폰의 녹음기 앱을 열어 설명을 녹음해보자.

DO IT 01

3분 내 사업계획 설명하기

사업 아이디어를 투자자 대상으로 3분 내로 설명해본다. 스마트폰을 이용해 녹음해본다.

린 보드를 작성하기 전에 이 부분을 실행해보고, 추후 린 보드를 작성한 후 이에 기반해 사업 설명을 해보자.

■ ■ ■

대부분 사업 설명을 할 때 창업자가 만들고자 하는 솔루션 설명부터 시작하는 경우가 많은데, 린 보드를 활용한 사업 설명은 고객이나 고객 문제부터 출발해 문제의 해결 방안을 말하는 순서로 전개될 것이다. 이러한 방식은 듣는 이로 하여금 창업자가 어떻게 고객 문제를 해결하려고 하는지 궁금함을 유발시키며 집중도를 높이게 된다는 것을 알게 될 것이다.

Action

린 보드 작성하기

여러분이 가지고 있는 사업계획의 핵심을 린 보드에 정리해보자. 린 보드는 비즈니스 모델 캔버스를 수정한 린 캔버스를 한 번 더 수정한 것이라고 했다. 린 보드가 익숙해지면 새로 떠오르는 모든 사업계획을 여기에 적어볼 수 있고, 무엇을 주의해야 할지, 무엇부터 해야 할지 순서를 정할 수 있을 것이다.

우선 린 보드를 살펴보자. 린 보드 위에 적혀 있는 숫자는 작성순서다. 여러분도 이 책의 뒤쪽에 있는 린 보드 양식을 뜯어서 작성해보는 연습을 해보자. 당장 모든 항목을 채워 넣어야 하는 건 아니므로 긴장하지 말고 작성한다. 지금 앉은 자리에서 간결하게 작성해본다. 또 하나, 린 보드를 작성할 때 날짜와 번호를 적어두자. 린 보드는 한 번 작성으로 끝나지 않는다. 앞으로 계속해서 업데이트 될 것이다. 날짜순으로 관리하면 사업 초기부터 현재까지 어떤 과정으로

<그림 4-1> 린 보드 작성순서

No. _____ 작성일 _____

고객 문제	솔루션	고유가치 제안	수익 모델	대상 고객
대상 고객이 가지고 있는 문제 (3가지 정도) ❷	문제해결 방법/ 기능 (3가지 정도) ❹	제품이 추구하는 핵심가치 (한 문장) ❸	수익을 올리는 패턴, 가격 정책 ❺	전체고객, 유효 고객, 목표고객 ❶
문제 대안	핵심지표	카테고리	채널	최우선 거점 고객
문제를 해결하기 위한 고객의 대안	매출 발생까지의 과정에서 체크할 중요지표 ❾	일반적으로 알려진 제품 분류	고객 도달 방법 ❻	가장 필요로 하는 고객, 파급력이 높은 고객, 접근 이 쉬운 고객
손익분기 계획 손익분기점 도달 시점, 도달 방법 ❼		3년간 손익계획 향후 3년간 추정손익계산 ❽		

변화되고 있는지 알 수 있을 것이다.

각 항목을 작성하는 방법은 다음과 같다. 순서에 따라 생각나는 대로 적으면 된다. 내용을 적기 어려운 항목이 있으면 일단 남겨두고 진행한다. ①부터 ④까지는 되도록 작성할 수 있도록 하고, 나머지는 할 수 있는 만큼만 해보자.

(1) 대상 고객

창업자가 만들고자 하는 제품이나 서비스의 고객군을 기재한다. 최우선 거점 고객 항목에는 고객군 중에서도 해당 제품을 가장 먼저 필요로 하는 고객군, 다른 사람들에게 구매 영향력을 전파할 수 있는 오피니언 리더 집단을 생각하여 기재한다(린 보드에는 전체고객, 유효고객, 목표고객이 표시되어 있는데, 뒤에서 자세히 살펴볼 예정이다).

(2) 고객 문제

창업자는 이미 작성한 고객군이 가지고 있는 어떤 문제로 인해 사업 아이디어를 떠올렸을 것이다. 해당 고객군이 가지고 있는 가장 중요한 문제를 1~3개 정도 작성한다. 더불어 해당 문제점을 지닌 고객들은 그 문제점을 해결하기 위해 대안적 행동을 하고 있을 가능성이 높다. 문제를 극복하기 위한 고객의 대안을 기재한다.

(3) 고유가치 제안

고객의 문제를 풀기 위해 창업자가 제공하고자 하는 가치를 기재한다. 가령 유튜브와 같은 동영상 공유 사이트라면 '동영상을 공유하는 가장 쉽고 빠른 방법'이라고 표현할 수 있을 것이다. 그런데 이렇게 고유가치만 적어 놓으면 구체적으로 어떤 사이트인지 알기 어렵기 때문에 카테고리 항목을 기재한다. 카테고리는 일반적으로 알려진 제품군 분류라고 할 수 있다. 예를 들어 유튜브(YouTube)라면 '웹서비스-동영상 공유'라고 적을 수 있다.

(4) 솔루션

고객이 가진 문제점을 해결하기 위한 방법을 기재한다. 그 방법은 (2) 고객 문제의 대안 항목보다 더 나은 방법이 될 것이다. 솔루션에 대한 설명을 두세 가지 적으면 된다(이 부분은 향후 고객 문제 검증과정에서 변경될 수 있다. 일단 생각하는 것을 적어 놓는다).

(5) 수익 모델

일반적인 제품이라면 도매, 소매 유통망을 통해 고객에게 판매하는 방법일 것이다. 하지만 단순판매 외에도 수수료 모델, 롱테일 모델, 구독 모델, 플랫폼모델, 광고모델 등 다양한 방식의 수익 모델이 가능하다. 이에 따라 가격 정책도 달라진다. 눈에 보이는 제품이 아니라 서비스인 경우에는 더 많은 수익 모델이 가능해질 것이다. 생각하고 있는 모델을 기재한다. 시간이 흐를수록 더 많은 수익 모델을 만들 수 있을 것이다.

(6) 채널

해당 제품을 고객에게 판매할 수 있는, 혹은 알릴 수 있는 경로를 말한다. SNS나 검색엔진, 대리점 등을 통한 다양한 방법이 있을 것이다. 우선순위대로 기재한다.

(7) 손익분기 계획

현재 보유한 자원(인력, 자금 등)을 기준으로 손익분기점을 맞출 수 있는 시점과 그 방법에 대해 기재한다. 자금투자가 확정된 경우에는 그것까지 포함하여 작성할 수 있다.

(8) 3년간 손익계획

향후 3년간 매출목표 혹은 수익계획과 비용계획을 작성한다. 매출액, 매출원가, 매출총이익, 판매비와 관리비, 영업이익 정도를 작성한다.

(9) 핵심지표

채널을 통해 고객에게 제품을 알리는 순간부터 구매에 이르기까지 과정에서 체크해야 할 가종 지표를 기재한나. 지금 당장은 기재가 어려울 수 있으므로 나중에 작성해도 괜찮다.

DO IT 02

린 보드 초안 완성

작성할 수 있는 부분까지 최대한 작성하여 초안을 완성한다. 린 보드 초안에는 작성날짜를 기재하여 향후 변화과정을 체크할 수 있도록 한다. 작성 순서는 괄호 안의 숫자로 제시하고 있으나 창업 아이디어의 출발점과 생각의 순서에 따라 ①↔②간, ③↔④간 순서가 바뀔 수 있다. 순서 자체가 중요하지는 않다.

Action

린 보드 작성사례

여러분의 사업을 린 보드로 작성하기 전에 사례를 통해 작성 방법을 알아보자. 여기에 나온 사례를 읽어보면 린 보드 작성에 도움을 얻을 수 있을 것이다.

사업 아이디어의 시작

어떤 아이템으로 사업을 시작할 것인가? 어느 한 창업보육센터(Business Incubating Center)에서는 입주 기업이 함께 사용할 공용 복합기가 필요했다. 복합기가 고가제품이고 구입 후 유지보수의 필요성도 있어서 렌털 서비스를 알아보기로 했다. 총무 담당자가 이 일을 맡았다. 막상 복합기 렌털 서비스를 알아보려니 조금 막막했다. 보험 가입을 할 때는 주위에서 어렵지 않게 보험 영업인을 찾을 수 있었는데, 렌털 서비스에 대해서는 아는 사람이 없었다. 결국 인터넷에 접속해서 '복합기 렌털'을 검색해보기로 했다.

검색결과가 화면을 가득 채웠다. 그중 상당 부분은 광고였다. 어찌됐든 가장 먼저 검색된 순서대로 사이트에 접속해보았다. 간단히 복합기만 선택하면 되는 줄 알았는데 종류도 많고 가격도 천차만별이었다. 어떤 사이트는 전화를 해야 가격을 알려준다고 되어 있었다. 괜찮은 가격을 제시하는 업체를 보니 주소지가 사무실과 멀리 떨어진 지방이었다. 담당자는 조금이라도 저렴히고 좋은 제품을 찾기 위해 검색결과를 계속 살펴보았다. 결과가 한두 개라면 금방 비교해볼 텐데 워낙 많으니 이게 이거 같고, 저게 저거 같았다. 겨우 적절한 제품을 결정한 후에는 다시 가장 저렴한 이용조건을 찾기 위해 훑어 내려온다. 결국은 한두 군데를 찾아 전화를 건다. 가장 저렴한 제품을 보유하고 있던 업체에서는 재고가 없다고 했다. 미끼 상품이었다. 다시 몇 군데 더 전화를 해보고 나서야 한 군데를 선택한다. 하지만 그 업체가 가장 좋은 가격을 제시하고 있는지, 서비스는 믿을 만한지, 놓치고 있는 게 없는지 찜찜했다. 월 렌털료는 얼마 안 되는 것처럼 보이지만 보통 2~3년 정도 약정을 하기 때문에 모아보면 적지 않은 비용을 소비해야 하는 의사결정이었다.

사업 아이디어는 불편한 점을 해결하는 데서부터 시작하는 것이다. 지금부터 사업계획을 린 보드에 작성해보자.

<그림 4-2> 네이버에서 '복합기 렌털'로 검색한 결과

■ ■ ■

　지금부터 린 보드에 적는 내용은 모범 답안이라는 의미보다 초기 사업 아이디어의 핵심 가설을 일단 한번 적어본다는 수준으로 생각하면 된다. 이 내용은 최초의 가설이 될 것이고, 앞으로 린 스타트업 과정을 거치며 고객에게 적합하게 개선되며 구체화될 것이다.

대상 고객 정의

린 보드의 대상 고객란에 '기업, 가정'이라고 적었다. 기업이나 가정 모두 렌탈 서비스 이용자가 될 수 있기 때문이다. 최우선 거점고객은 둘 중 하나를 고른다고 생각하고 일단 '기업'이라고 적어 보았다.

<그림 4-3> 대상 고객

고객 문제	솔루션	고유가치 제안	수익 모델	대상 고객 기업, 가정
문제 대안	핵심지표	카테고리	채널	최우선 거점 고객 기업
손익분기 계획		3년간 손익계획		

대상 고객
기업, 가정
최우선 거점 고객
기업

고객 문제와 문제 대안

렌탈 서비스를 이용하는 고객이 가지고 있는 몇 가지 문제점을 생각해보았다.

첫째, 렌탈 제공업체를 찾는 것이 불편하다. 특별히 아는 곳도 없고, 생각나는 광고도 없다.

둘째, 적합한 제품을 찾는 것이 불편하다. 정수기, 비데, 복합기,

컴퓨터 등 제품마다 다양한 모델이 있다. 기능 차이가 크지 않아 보이는데 모델 종류가 많아서 선택하기가 쉽지 않다.

셋째, 선택한 제품이 최상의 가격 조건인지 명확하지 않다. 모델이 다양하다보니 가격 비교가 쉽지 않고 업체마다 이벤트, 할인행사까지 진행되는 통에 판단하기가 어렵다.

이런 내용을 린 보드의 문제 항목에 기재했다. 고객은 이런 불편함을 해소하기 위해 어떻게 하고 있을까? 대부분 인터넷 검색 사이트를 이용하고 있을 것이다. 검색결과가 많더라도 시간을 들여 검색결과를 하나씩 살펴보고 몇 개의 우선순위를 정하여, 전화 통화로 최종 결정하고 있을 것이다. 이 내용을 린 보드의 문제 대안 항목에 기재했다.

<그림 4-4> 고객 문제와 문제 대안

고객 문제		솔루션	고유가치 제안	수익 모델	대상 고객
1. 렌털 제공업체를 찾는 것이 불편하다. 2. 적합한 제품을 찾는 것이 불편하다. 3. 최상의 가격으로 제공받았는지 불확실하다.					
문제 대안 인터넷에서 검색		핵심지표	카테고리	채널	최우선 거점 고객
손익분기 계획			3년간 손익계획		

고객 문제
1. 렌털 제공업체를 찾는 것이 불편하다. 2. 적합한 제품을 찾는 것이 불편하다. 3. 최상의 가격으로 제공받았는지 불확실하다.

문제 대안
인터넷에서 검색

렌털 제공업체 입장

한편 렌털 제공업체는 어떨까? 확실치는 않지만 렌털 제공업체도 영업을 하는 데 어려움을 겪고 있을 것 같다. 렌털 서비스는 비누나 샴푸처럼 지속적으로 구매하는 소비재제품이 아니다. 누가 언제 필요한지 알기가 어렵다. 더불어 대부분의 렌털 서비스 업체가 지역을 기반으로 소규모 영업을 하고 있기 때문에 대규모 광고를 하지는 않는다. 고객 확보가 쉽지 않아 보인다. 그러다 보니 그 대안으로 검색사이트의 키워드 광고에 몰려 있는 것으로 보인다. 실제 네이버에서 '렌털'과 관련된 키워드 광고 단가를 보면 클릭당 2,500원에서 8,000원 정도를 보이고 있다(구매와 상관없이 클릭 한 번에 대한 광고비다). 기업, 가정에서도 렌털 제공업체를 찾기 어려운데 렌털 업체도 고객을 찾는 게 쉽지 않다면 그들도 고객이 될 수 있겠다. 린 보

<그림 4-5> 제공업체를 포함한 대상 고객과 문제

고객 문제	대상고객
<이용고객> 1. 렌털 제공업체를 찾는 것이 불편하다. 2. 적합한 제품을 찾는 것이 불편하다. 3. 최상의 가격으로 제공받았는지 불확실하다. **<제공업체>** 렌털 필요고객을 찾는 것이 불편하다.	**<이용고객>** 기업, 가정 **<제공업체>** 렌털 제공업체
문제 대안	**최우선 거점 고객**
<이용고객> 인터넷에서 검색 **<제공업체>** 인터넷에 키워드 광고 자체 광고/영업	**<이용고객>** 기업 **<제공업체>** 렌털 제공업체

드의 대상 고객과 고객 문제 항목을 〈이용고객〉과 〈제공업체〉로 나누어야 할 필요가 생겼다. 제공업체의 고객 문제는 '렌털 필요 고객을 찾는 것이 불편하다'로 기재할 수 있을 것 같다.

양쪽을 만족시키는 사업 모델

이런 양쪽의 문제를 해결하려면 어떻게 하면 좋을까? 양쪽의 거래를 효율적으로 연결해주는 플랫폼(platform)이 적절할 것 같다. 양쪽을 한곳에 모이게 하는 것이다.

그런데 렌털 이용 고객과 제공업체 중 어느 쪽을 먼저 모아야 할까? 닭이 먼저냐, 달걀이 먼저냐처럼, 고객이 있어야 제공업체를 모을 수 있고, 제공업체가 있어야 고객을 모을 수 있을 것 같다. 보통 이런 경우 구매자를 많이 모으면 판매자는 자연스럽게 따라오는 경향이 있다. 판매에 도움이 되기 때문이다. 따라서 렌털 이용 고객을 먼저 모으는 것이 적절해 보인다. 그럼 렌털 이용고객을 어떻게 모을 수 있을까? 가만히 생각해보니 비슷한 종류의 플랫폼 사이트로 이사 역경매 서비스가 떠올랐다.

이사 역경매 사이트는 이사를 가려는 고객이 이사날짜와 이삿짐 분량을 역경매 사이트에 올리면 다수의 이삿짐센터에서 입찰하는 방식으로 진행되었다. 예전에 이사할 때 이사 역경매 사이트를 이용해본 적이 있었는데 만족스러운 서비스를 받았던 경험이 떠오른 것이다.

<그림 4-6> 이사 역경매 서비스

또한 카닥(Cardoc)이라는 자동차 외장 수리 역경매 앱도 비슷하다. 자신의 차에 문제가 생기면 가지고 있는 휴대폰으로 사진 세 장을 찍어 앱에 올리는 것이다. 그러면 인근에 있는 정비업체에서 가격을 제시하며 역경매에 참여한다. 고객은 정비업체의 가격과 해당 업체의 서비스 평판을 함께 볼 수 있다. 카닥은 아예 서비스 평판도를 수치화하여 함께 제공하고 있었다. 최근에는 서비스에 탄력이 붙어 사진을 올리면 10분 만에 서너 개의 정비업체가 입찰에 참여하는 것을 볼 수 있었다.

렌털 서비스 플랫폼도 역경매를 이용해보면 어떨까 하는 생각이 들었다. 렌털을 하려는 고객이 희망하는 렌털 제품을 등록하기만 하면 다수의 제공업체로부터 가격과 제품 제안을 받을 수 있고, 입찰

<그림 4-7> 카닥 서비스

경쟁이 생기면 가격 역시 만족할 만한 수준을 확보할 수 있기 때문
에 고객 문제를 해결할 수 있을 것 같았다.

고유가치 제안과 카테고리 선정

고객에게 제공하는 가치가 명확해졌다. '빠르고 경제적인 렌털 역
경매 서비스'다. 서비스 카테고리는 플랫폼 서비스 중 렌털 역경매
서비스라고 적을 수 있겠다. 렌털 제공업체에 대해서는 '렌털 희망
고객을 찾아드립니다' 정도가 적합할 것 같다.

<그림 4-8> 고유가치 제안

고객 문제	솔루션	고유가치 제안 <이용 고객> 빠르고 경제적인 렌털 역경매 서비스 <제공 업체> 렌털 희망 고객을 찾아드립니다	수익 모델	대상 고객
문제 대안	핵심지표	카테고리 렌털 역경매 서비스	채널	최우선 거점 고객
손익분기 계획			3년간 손익계획	

고유가치 제안

<이용 고객>
빠르고 경제적인 렌털 역경매 서비스

<제공 업체>
렌털 희망 고객을 찾아드립니다

카테고리

렌털 역경매 서비스

문제해결을 위한 솔루션

이렇게 되면 솔루션에 기재할 내용도 쉽게 정리가 된다. 일단 웹 서비스로 진행한다. 고객이 렌털 희망상품을 게시하면 렌털 업체가 입찰에 참가하는 솔루션을 만들면 된다.

<그림 4-9> 솔루션

고객 문제	솔루션 1. 인터넷 플랫폼 2. 고객이 렌털 희망상품 게시 3. 제공업체가 입찰 참여 4. 고객이 최선의 선택을 할 수 있도록 계약 중계	고유가치 제안	수익 모델	대상 고객
문제 대안	핵심지표	카테고리	채널	최우선 거점 고객
손익분기 계획			3년간 손익계획	

솔루션

1. 인터넷 플랫폼
2. 고객이 렌털 희망상품 게시
3. 제공업체가 입찰 참여
4. 고객이 최선의 선택을 할 수 있도록 계약 중계

중간 정리

지금까지의 사업계획을 린 보드에 적어보았다. 대상 고객, 최우선 거점고객, 문제, 대안, 고유가치 제안, 카테고리, 솔루션 항목까지 적을 수 있었다.

그다음은 수익 모델, 채널, 손익분기 계획, 3년간 손익계획, 핵심지표 항목을 기재한다. 지금까지 작성했던 대상 고객, 고객 문제, 솔루션 등을 바탕으로 보다 구체적인 사업 모델을 그려보는 과정이다.

<그림 4-10> 린 보드 작성 사례

고객 문제	솔루션	고유가치 제안	수익 모델	대상 고객
<이용고객> 1. 렌털 저공업체를 찾는 것이 불편하다 2. 적합한 제품을 찾는 것이 불편하다 3. 최상의 가격으로 제공받았는지 불확실하다 <저공업체> 렌털 필요 고객을 찾는 것이 불편하다	1. 인터넷 플랫폼 2. 고객이 렌털 희망상품 게시 3. 저공업체가 입찰 참여 4. 고객이 최선의 선택을 할 수 있도록 계약 중개	<이용고객> 빠르고 경제적인 렌털 역경매서비스 <저공업체> 렌털 희망고객을 찾아드립니다		<이용고객> 1. 기업 2. 가정 <저공업체> 렌털 저공업체
문제 대안 <이용고객> 인터넷에서 검색 <저공업체> 인터넷 검색 키워드 광고, 자체 광고/영업	**핵심지표**	**카테고리** 렌털 역경매 서비스	**채널**	**최우선 거점 고객** <이용고객> 기업 <저공업체> 렌털 저공업체
손익분기 계획		**3년간 손익계획**		

수익 모델 찾기

수익 모델은 플랫폼 수익 모델이다. 양 당사자 간 높은 거래비용이 발생하는 경우 그것을 줄여주는 것이 바로 플랫폼 모델의 핵심이다. 또 하나는 향후 렌털 이용고객들이 어느 정도 수준에 이르면 렌털 제공업체에 광고가 붙게 될 것이라 생각된다. 그래서 광고도 수익 모델의 하나가 될 것이다. 수익 모델에 관한 자세한 설명은 〈Action 10. 수익 모델을 만들어라〉에서 다루도록 한다.

<그림 4-11> 수익 모델

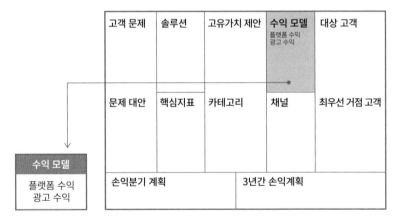

채널 선정

이 서비스는 웹을 기반으로 진행될 것이다. 따라서 채널은 웹서비스를 기반으로 우선 페이스북이나 블로그처럼 소셜네트워크 서비스를 이용해 이용자들에게 알리는 게 좋을 것 같다. 그다음은 검색 사이트에서 '렌털' 관련 검색이 될 때 사이트가 상단에 노출될 수 있도록 검색 사이트를 주요 채널로 이용하게 될 것이다. 렌털 수요가 많은 곳은 전시회에 참여하는 기업들이 될 것이므로 각종 전시회 안내사이트에 접속하여 전시 참여가 예정되어 있는 기업들을 컨택한다. 또한 렌털은 보통 회사가 이전할 때 새로 찾게 되므로 회사 사무실 중개사이트와 제휴를 맺어 이용 할인권을 제공하는 것도 방법이 될 것이다. 몇 가지 우선적으로 필요하다고 생각되는 채널을 적어 넣는다.

<그림 4-12> 채널

재무적 점검 포인트

비즈니스는 수익을 내야 지속가능하고, 수익을 내기 전까지 필요한 자본을 확보해야 한다. 이를 위해 손익분기 계획과 3년간 손익계획으로 재무적인 부분을 점검해보자. 우선 어느 시점이 되어야 손익분기점에 다다를 수 있을지 간단히 정리해본다. 이 부분을 작성해보면 사업의 현실적인 상황을 고려하여 단기적 계획을 수립할 수 있고, 향후 언제까지 얼마의 자금을 조달해야 하는지도 가늠할 수 있다. 매월 소요되는 비용을 계산해보니 월 매출 900만원이 되는 시점이 월별 손익분기점에 도달할 수 있는 수준으로 판단되었다. 수수료 수익을 건당 평균 1만 5천원으로 하면 월 600건의 거래가 이루어져야 한다. 서비스 시작 후 1년 안에 달성할 수 있을 것으로 예상했다.

재무적 점검 상황으로 3개년 간 손익계획도 작성해본다. 이를 통해 어느 정도 규모의 사업이 될지 가늠해볼 수 있을 것이다. 연간 매출, 매출원가, 매출총이익, 판관비, 영업이익 등을 기재해본다.

손익분기 계획과 3년간 손익계획은 〈Action 12. 향후 손익계획을 세워라〉에서 상세히 살펴보자.

<그림 4-13> 손익분기 계획과 3년간 손익계획

손익분기 계획	3년간 손익계획		
	1년	2년	3년
수수료 1만 5천원 기준. 월 600건 목표 월매출 900만원(1년 내) 매출	1억	6.5억	16억
매출원가	0	0	0
매출총이익	1억	6.5억	16억
판관비	2.5억	6.5억	12억
영업이익	-1.4억	0	4억

핵심지표 선정

핵심지표는 목표 고객을 사이트로 유입시키는 것부터 구매에 이르기까지의 과정을 살펴보고, 사업 효율을 높이기 위해 필요한 중요 지표를 말한다. 기본적으로 웹서비스이기 때문에 웹을 이용한 홍보를 통해 사이트에 들어올 수 있도록 한다. 렌털 이용고객을 얼마나 사이트에 접속하게 할 수 있을지에 대한 '사이트 접속자 수', 접속한 이용자의 회원가입 전환 정도를 알 수 있는 '회원가입 전환율', 가입한 회원이 희망 렌털 제품을 등록하는 '사용자 렌털 등록률', 경매가 성사되는 '역경매 성사율', 그리고 '거래당 평균 매출액' 등을 핵심지표로 설정할 수 있다. 핵심지표에 대해서는 〈Action 13. 핵심지표를 관리하라〉에서 자세히 살펴보자.

<그림 4-14> 핵심지표

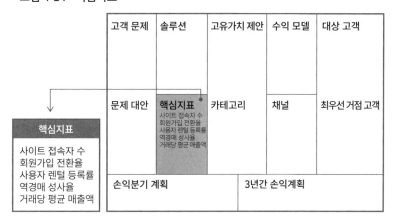

서비스 이름 짓기

지금까지 린 보드의 내용을 채워보았다. 이제 서비스명을 생각해보자. 렌털 서비스를 역경매로 하는 방식은 기존에 없었던 서비스이다. 그래서 이름만 들어도 무엇을 하는 서비스인지 추측되게끔 하는 게 중요하다고 생각되었다. 서비스 특성을 그대로 하면 '렌털 역경매'다. '렌털'은 별 문제가 없는데, '역경매'가 문제였다. 도메인을 만들기 위해 영문을 생각해야 하는데, 역경매를 의미하는 'Reverse auction'은 너무 길다. 그렇다면 '역경매'에서 '역'을 빼고 그냥 '렌털 경매'로 해보자. '경매'도 아예 영어인 '옥션'으로 바꾸자. 그러면 '렌털옥션(rentalauction)'이 된다. 마침 rentalauction.co.kr 도메인이 사용가능했다. 조금 길긴 했지만 괜찮아 보인다. '렌털옥션'이라고 하니 렌털 서비스를 경매 형태로, 저렴하게 이용할 수 있을 것 같은 느낌이 든다.

이렇게 온갖 상상의 나래를 펴서 린 보드를 완성시켰다. 사업을 시작할 때 가장 흥분되고 재미있을 때가 바로 이 시기일 것이다. 사업을 시작하기 직전, 사업계획서를 작성하며 장밋빛 희망으로 가득한 미래를 상상할 때 말이다.

그러나 한 가지 중요한 것은 지금 작성한 린 보드는 혼자 생각한 가설 이상도 이하도 아니다. 비즈니스의 시작은 이 가설들을 하나씩 검증해 나갈 때부터이다.

\<그림 4-15\> 완성된 렌털옥션 린 보드 사례

고객 문제	솔루션	고유가치 제안	수익 모델	대상 고객
\<이용고객\> 1. 렌털 제공업체를 찾는 것이 불편하다 2. 적합한 제품을 찾는 것이 불편하다 3. 최상의 가격으로 제공 받았는지 불확실하다 \<제공업체\> 렌털 필요 고객을 찾는 것이 불편하다	1. 인터넷 플랫폼 2. 고객이 렌털 희망상품 게시 3. 제공업체가 입찰 참여 4. 고객이 최선의 선택을 할 수 있도록 계약 중계	\<이용고객\> 빠르고 경제적인 렌털 역경매서비스 \<제공업체\> 렌털 희망고객을 찾아드립니다.	플랫폼 수익 광고 수익	\<이용고객\> 1. 기업 2. 가정 \<제공업체\> 렌털 제공업체

문제 대안	핵심지표	카테고리	채널	최우선 거점 고객
\<이용고객\> 인터넷에서 검색 \<제공업체\> 인터넷 검색 키워드 광고, 자체 광고/영업	사이트 접속자 수 회원가입 전환율 사용자 렌털 등록율 역경매 성사율 거래당 평균 매출액	렌털 역경매 서비스	소셜네트워크 검색엔진 전시회 안내사이트 사무실 중개사이트	\<이용고객\> 기업 \<제공업체\> 렌털 제공업체

손익분기 계획

수수료 1만 5천원 기준.
월 600건 목표.
월매출 900만원(1년 내)

3년간 손익계획

	1년	2년	3년
매출	1억	6.5억	16억
매출원가	0	0	0
매출총이익	1억	6.5억	16억
판관비	2.5억	6.5억	12억
영업이익	-1.4억	0	4억

스토리텔링으로
설명하라

린 보드 작성 전에 3분 사업 소개를 실습해보았다. 대부분 자신의 사업 아이디어 혹은 제품소개부터 시작하는 경우가 많았을 것이다. "저희가 만든 제품은 무엇이며, 이 제품은 이런저런 기능이 있어 아주 훌륭합니다. 그래서 우리는 이 제품을 가지고 시장 규모가 큰 이런저런 시장에 들어갈 것이고 첫해에는 보수적으로 잡아 ○○%의 시장점유율을 달성할 것입니다".

하지만 짧은 시간에 제품기능 설명부터 시작하는 것보다 린 보드에 적은 순서를 활용하면 듣는 이의 관심을 이끌어내는 데 도움이 될 것이다.

여러분이 린 보드의 고객, 문제, 대안, 가치 제안, 솔루션까지 작성했다면 해당 내용을 보고 스토리텔링(Storytelling)을 만들 수 있을 것이다. 즉, 자연스럽게 말이 되는지 이야기를 만들어 보는 것이다.

앞에서 다룬 '렌털옥션' 서비스를 스토리텔링으로 만들어보면 다음과 같다. 제품 설명부터 시작하는 게 아니라 누구에게 왜 필요한지부터 말하는 것이다. 사업 소개를 하고 나면 상대방이 관심을 가지고 이것저것 물어보면 성공이다.

"혹시 렌털 서비스를 이용해 보신 적이 있나요? 보통 가정에서는 정수기나 비데 같은 생활용품을, 사무실에서는 냉온수기나 복합기 같은 제품을 렌털합니다. 그런데 렌털 서비스를 신청하는 과정을 보니 몇 가지 불편한 점이 보였습니다. 우선 렌털업체를 찾는 게 불편합니다. 그러다 보니 결국 인터넷 검색을 하게 됩니다. 문제는 검색결과가 수십 개에 달합니다. 결국 맨 앞부터 하나씩 클릭해서 검색해보고, 서너 개에서 수십 개를 검색해본 후, 다시 처음으로 돌아와서 비교적 저렴한 가격이라고 생각하는 곳을 선택하게 됩니다. 하지만 조건들이 세세하게 차이나다 보니 자신이 신뢰할 수 있는 업체에서 최적의 가격으로 렌털 서비스를 받은 건지 알기 어렵습니다.

가만히 생각해보니 렌털 제공업체들도 문제점이 있었습니다. 누가 렌털 서비스가 필요한지 알지 못했고, 대부분 지역 기반 영세업자다 보니 대규모 마케팅을 통해 자사 브랜드를 알리지 못하고 있었습니다.

그래서 저는 렌털 시장 참여자들의 문제점을 풀어봐야겠다고 생각했습니다. 그 해결방안이 바로 '렌털 역경매' 플랫폼입니다.

즉, 렌털을 희망하는 고객은 이 사이트에서 자신이 원하는 제품을 간단히 등록하면 끝입니다. 그러면 고객을 찾는 렌털 제공업체는 자신이 제공할 수 있는 제품과 가격을 적어 내는 것이죠. 마치 이사 역경매나 자동차 수리 역경매 서비스처럼 말입니다. 그러면 고객은 가격과 업체 평판을 확인하여 쉽게 제품을 선택할 수 있습니다.

가장 경제적인 선택을 할 수 있도록 서비스를 제공하는 곳이 바로 렌털옥션입니다."

앞에서 든 사업계획의 스토리텔링 예시는 현재까지 작성된 린 보드를 가지고 만든 것이다. 앞으로 각 항목에 대한 고객 검증을 통해 훨씬 부드럽고 설득력 있는 스토리텔링을 만들게 될 것이다.

자, 이제 여러분 차례다. 여러분이 작성한 린 보드를 보고 스토리텔링 방식으로 말할 수 있는지 연습해보라.

DO IT 03

사업계획 스토리텔링하기

작성한 린 보드의 대상 고객, 문제, 대안, 가치 제안, 솔루션을 중심으로 해당 내용이 부드럽게 연결되도록 스토리텔링으로 만들어보자. 옆 사람에게 말하듯이 자연스럽게 만들어 본다.

Action

전문가에게
조언을 구하라

렌털옥션 서비스에 대해 린 보드를 작성하고 이를 스토리텔링으로 만들었지만, 사실 이 서비스가 시장에서 먹힐지 확신하기 어렵다. 아직까지 렌털 서비스 시장을 잘 모르기 때문이다. 여러분이 작성한 린 보드도 그럴 가능성이 높다. 그럴듯하게 작성되었지만 이 분야의 전문가가 보면 잘못된 가설에 의한 허점투성이일 수 있다.

따라서 시간을 아끼는 가장 좋은 방법은 작성한 린 보드를 들고 해당 산업을 잘 아는 전문가를 찾아보는 것이다. 전문가를 찾기 어려우면 최소한 해당 문제를 고민했을 법한, 사업 경험이 있는 사람이라도 만나보기 바란다. 그리고 그들에게 사업 모델을 설명해보라. 제품의 우수성과 기술적 경쟁력 같은 것을 먼저 말하지 말고, 앞에서 연습한 스토리텔링 방식으로 이야기해본다. 그리고 나머지 시간은 전문가의 이야기를 듣는다. 스토리텔링으로만 이야기헤도 전문가는 이것저것 이야기해줄 것이다.

보통 해당 산업 분야의 전문가라면 사업 계획이 제대로 진행되기 어려운 여러 가지 이유들을 말해 줄 가능성이 크다. 전문가 인터뷰를 통해 기대했던 바이기 때문에 잘 들으면 된다. 그런데 이 과정에서 창업자가 지적받은 부분에 대해 해명하거나 사업계획을 설득시키려 노력하는 경우가 생긴다. 이것은 전문가 인터뷰에서 창업자가 주의해야 할 점이다. 전문가는 조언자이지, 사업성을 평가하는 심사자가 아니라는 것을 명심해야 한디. 전문가를 설득시키려 노력하지 말라는 것이다(어떠한 증거도 없기 때문에). 설득시키기도 어렵고 설득하기 위해 만난 것도 아니기 때문이다. 전문가 인터뷰의 목적은 사업 모델 전반의 의견을 듣고 계획 중 가장 큰 위험이 어느 부분인지 확인하기 위한 것이다. 그래서 사업 모델 설명 후 애시 모리아는 이런 질문을 하라고 제안했다. '조언자는 이 계획에서 가장 위험한 부분이 무엇이라고 생각하는가?', '조언자는 비슷한 위험을 극복한 적이 있는가? 어떻게 극복했는가?', '조언자라면 이런 위험을 어떻게 테스트할 것인가?', '이야기를 나눠봐야 할 사람이 또 있는가?'하는 것들이다.

여기서 첫 번째 질문인 '이 계획에서 가장 위험한 부분이 무엇이라고 생각하는가?'가 핵심이다. 이 질문에 대한 의견을 들은 다음, 창업자의 마음에는 '아, 그렇구나. 내가 크게 잘 못 생각하고 있었던 부분이구나.' 또는 '내 생각에는 그게 아닌 것 같은데…'처럼 둘 중 하나를 생각하게 될 것이다. 아직 생각이 정리되지 않았다면 후속 질문을 통해 도움을 받을 수 있다. '그런 위험 요소를 극복한 적이 있는지', '어떻게 해결하면 좋을지', '이런 위험 요소를 어떻게 테스트해볼 수 있는지' 등을 통해 해결 방법이나 힌트를 얻을 수 있을 것이다. 물론 이 후속 질문에 대한 답까지 전문가가 의견을 줘야 할 의무가 있는 것은 아니다. 의견을 주면 정말 고마운 것이고, 그렇지 않다면 스스로 확인할 방법을 찾아야 한다.

이 과정을 통해 전문가가 지적한 위험 부분에 대해 동감한다면 사업 계획을 변경하면 된다. 그렇지 않다고 생각하면 해당 지적을 린 보드 관련 항목에 표시해 놓고 그 부분부터 린 스타트업 방법을 통해 우선적으로 검증해 나가면 된다.

- 이 계획에서 가장 위험한 부분이 무엇이라고 생각하는가?
- 비슷한 위험을 극복한 적이 있는가? 어떻게 극복했는가?
- 이런 위험을 어떻게 테스트할 것인가?
- 이야기를 나눠봐야 할 사람이 또 있는가?

DO IT 04

전문가의 조언 구하기

작성한 린 보드를 바탕으로 해당 분야 전문가를 대상으로 의견을 구해 본다. 전문가의 의견에 따라 린 보드를 곧바로 수정하게 될 수도 있다. 이 경우에는 새로운 린 보드를 작성하여 새로운 날짜와 '전문가 조언 후 수정'이라는 메모를 남겨 놓는다.

토론해봅시다

1. 당신은 쉽게 린 보드를 작성했습니까? 작성할 때 어려운 항목이 있었다면 어느 부분이고, 왜 어려웠다고 생각합니까?

2. 스티브 블랭크는 "5개년 동안의 재무제표를 원하는 곳은 구 소비에트연방공화국과 벤처캐피탈리스트밖에 없다"는 말을 했습니다. 그럼에도 불구하고 창업자는 5개년 동안의 재무제표를 작성해볼 필요가 있다고 한다면 어떤 의미겠습니까?

3. 수립한 린 보드를 바탕으로 전문가와 이야기 나누었을 때 어떤 피드백을 받았습니까? 긍정적인 피드백이었나요? 부정적인 피드백이었나요? 피드백을 듣고 어떤 생각을 했습니까?

Action 05

고객을 정의하라

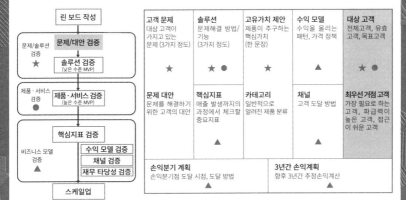

린 보드 작성	고객 문제 대상 고객이 가지고 있는 문제 (3가지 정도) ★	솔루션 문제해결 방법/ 기능 (3가지 정도) ★ ●	고유가치 제안 제품이 추구하는 핵심가치 (한 문장) ★	수익 모델 수익을 올리는 패턴, 가격 정책 ▲	대상 고객 전체고객, 유효 고객, 목표고객 ★ ●
문제/솔루션 검증 ★ 문제/대안 검증 솔루션 검증 (낮은 수준 MVP)					최우선 거점 고객 가장 필요로 하는 고객, 파급력이 높은 고객, 접근 이 쉬운 고객 ★ ●
제품·서비스 검증 ● 제품·서비스 검증 (높은 수준 MVP)	문제 대안 문제를 해결하기 위한 고객의 대안	핵심지표 매출 발생까지의 과정에서 체크할 중요지표 ▲	카테고리 일반적으로 알려진 제품 분류	채널 고객 도달 방법 ▲	
핵심지표 검증 비즈니스 모델 검증 ▲ 수익 모델 검증 채널 검증 재무 타당성 검증					
스케일업	손익분기 계획 손익분기점 도달 시점, 도달 방법		3년간 손익계획 향후 3년간 추정손익계산		

대상 고객 선정하기

린 보드에서 가장 먼저 작성하는 항목은 '대상 고객'이다. 고객이 가진 문제를 해결하기 위해서는 고객이 누구인지 구체화해야 한다. 이 항목을 작성할 때 가급적이면 고객 범위를 넓게 잡고 싶을 것이다. 하지만 고객 범위를 넓게 잡는다고 그들이 모두 우리 고객이 되는 것은 아니다. 대상 고객을 어떻게 선정하는 게 좋을지 살펴보자.

대상 고객을 목표고객, 유효고객, 전체고객으로 구분해볼 수 있다. 목표고객은 설정한 고객 문제와 솔루션에 가장 부합되는 사업 초기 핵심으로 삼고자 하는 군집을 의미한다. 유효고객은 동일한 솔루션에 대해 필요성을 느끼는 우선순위가 목표고객에 비해 약간 후순위이거나 시간적인 접근을 고려했을 때 목표 고객부터 확보한 후 접근하고자 하는 고객군으로 본다. 또는 솔루션을 일부 변경하면 최적화되는 고객군이 될 수도 있다. 전체고객은 장기적으로 접근해야 할

<그림 5-1> 대상 고객군

넓은 고객군 혹은 잠재 고객군으로 생각하면 적절할 것이다.

　P사의 창업자는 정제 밀가루로 만든 영양가 없고 칼로리만 높은 탄수화물 중심 과자에 문제가 있다고 생각했다. 그래서 그는 오메가3가 풍부한 호두를 주원료로 하여 맛있고 영양가 높은 간식을 만들기로 했다. 오메가3는 몸에 좋은 지방이다. 두뇌 회전을 돕고 피를 맑게 해주는 역할을 한다. 건강에 대한 관심이 지속적으로 높아지고 있는 시점에서 이 제품은 확실히 전 국민에게 필요한 것이다. 그래서 해당 창업자는 린 보드의 대상 고객 항목에 '대한민국 전 국민'이라고 적었다.

　하지만 현실에 눈을 돌려보자. P사는 스낵시장에 처음 들어가는 스타트업이다. 당연히 브랜드 인지도는 없다. 유통망도 새로 만들어야 한다. 출시부터 신문, TV 광고를 하며 알릴 정도의 자본을 가진 것도 아니다. 전 국민을 대상으로 판매활동을 할 수는 있겠지만 국민 모두가 이러한 제품이 있다는 것을 아는 데까지만 해도 수년에서 수십 년이 걸릴 것이다.

그럼에도 불구하고 창업자는 제품이 우수하고, 모든 사람들에게 필요하기 때문에 전 국민을 대상 고객으로 하겠다고 주장할지 모른다. 하지만 제품이 우수하고 모든 사람들에게 필요하다는 것은 창업자만의 생각일 뿐이다.

간식 제품이 우수하다는 것은 맛이 좋고 영양가가 높다는 것을 의미한다. 그런데 과연 국민 모두가 좋아하는 맛이 있을까? 일반적으로 초등학생들은 단맛을 좋아한다. 중년과 노년으로 갈수록 미각이 무뎌지기 때문에 평균보다 짠 맛에 반응한다. 젊은 여성들은 달콤한 맛을 선호하고, 다이어트 중인 여성은 담백한 맛을 원한다. 똑같은 젊은 여성이라 해도 달콤한 맛을 싫어하는 사람도 있다. 이 요구 저 요구 다 받다보면 결국 가장 보편적이고 특별하지 않은 무난한 맛이 나올 것이다. 대상 고객을 전 국민으로 할 수는 있지만, 전 국민 누구에게도 최고의 맛이라는 평가를 받지 못할 것이다.

가격 역시 고객만족도에 영향을 미치는 중요한 요소이다. 전 국민 누구나 부담 없이 구매할 수 있도록 200g에 3,000원으로 책정하면 어떨까? 하지만 누군가는 3,000원이 부담스러운 가격이라서 사지 못한다. 또 누군가는 너무 저가로 보여 제품을 신뢰하지 못하겠다며 구매하지 않는다. 포장을 고급스럽고 그럴 듯하게 해서 5,000원에 내놓으면 어떨까? 다이어트용 영양간식을 찾고 있는 젊은 여성은 조금 비싸도 구입하겠지만, 손주에게 간식을 사주고 싶은 어떤 할머니는 부담스러워서 포기할 것이다.

유통 채널도 생각해보자. 편의점, 동네 슈퍼마켓에서 판매할 것인지, 약국에서 판매할 것인지, 인터넷으로 판매할 것인지 생각해야 한다. 편의점에서 팔면 많은 사람들이 진열된 상품을 보고 구입할 수 있겠지만 고가의 프리미엄 기능성 상품이 되긴 어려울 것이다. 약국에서 판매하면 기능성이 강조되겠지만 대중성을 띄기 어려울 것이다. 인터넷으로 제품을 판매하더라도 오픈마켓에서 팔지, 소셜커머스에서 팔지, 자체 쇼핑몰에서 팔지 결정해야 한다.

간단히 몇 가지만 살펴보았는데도 전 국민을 공통으로 만족시키기에는 어려운 점이 많다. 대기업들도 신상품을 만들 때는 시장을 세분화하고 타깃팅한다. 산업화 시대에는 수요가 공급을 초과했기 때문에 만들기만 하면 무조건 팔렸다. 하지만 지금은 공급이 수요를 초과하는 시대다. 따라서 공급자 간에 경쟁을 통해 수요자로부터 선택받아야 한다. 선택받기 위해서는 수요자를 만족시켜야 하고, 수요자를 만족시키기 위해서는 수요층, 즉 가장 만족시킬 수 있는 고객층을 선정해야 한다.

치약이 처음 나왔을 때는 이름이 '치약'이면 다 팔렸다. 하지만 여기저기서 치약이 나오기 시작하자, 사람들은 자신에게 맞는 치약을 고르기 시작했다. 그러자 충치 예방에 강점을 둔 치약, 어린이 치아에 최적화되어 있는 치약, 미백 효과가 뛰어난 치약 등이 나오기 시작했다. 치약 회사 입장에서 보면 전 국민이 자사의 치약을 사용하기를 원할 것이다. 하지만 그것은 회사의 입장이자, 바람일 뿐이다. 어린이는 어린이 전용 치약을, 충치가 잘 생기는 사람은 충치 예방 전용 치약을, 하얀 치아를 가지고 싶은 사람은 미백 전용 치약을 구입할 것이다. 전 국민 대상 치약은 시장 타깃팅이 분명한 치약이 나올 때마다 해당 시장을 내줘야 할 것이다. 이미 세분화된 시장에 전 국민을 겨냥한 치약이 나온다면 어느 고객으로부터도 선택받지 못할 가능성이 크다.

기존 기업도 이런 상황인데, 스타트업은 두말할 필요가 없다. 시장을 어떻게 세분화하여 목표고객을 만족시킬 것인가에 대해 생각해야 한다.

호두로 만든 영양간식의 목표고객을 초등학교 저학년이라고 해보자. 이들의 주요 특징은 밀가루 탄수화물, 즉 빵이나 과자를 즐겨 먹고 있다는 것이다. 그렇다면 초등학교 저학년 어린이들이 좋아하도록 단맛을 강조하게 될 것이다. 영양간식이니 설탕으로 단맛을 내는 게 아니라, 천연과일이나 자일리톨 등을 첨가할 수 있을 것이다. 제품포장이나 유통채널도 어린이들 또는 부모들의 눈에 띌 수 있으면 좋을 것이다. 이를 위해 어린이들이 좋아하는 캐릭터를 이용하여 광고를 만들 수 있다. 홍보채널도 어린이신문이나 어린이들이 자주 가는 인터넷사이트를 이용할 수 있을 것이다. 고객에게 전달하는 메시지도 '전 국민의 영양간식'이 아니라, '머리가 좋아지는 오메가3 호두과자', '살찌지 않는 어린이 영양간식' 등으로 해야 할 것이다. 이런 노력을 통해 어린이들 사이에 가장 인기 있는 '영양간식'이 되어야 한다.

전 국민이 먹어도 되는 것인데 왜 어린이만 대상으로 하느냐고 반문할 수도 있다. 물론 어른이 먹어도 괜찮다. 어린이 영양간식이지만, 제품성분이나 효과를 보고 젊은 여성은 다이어트 간식으로, 노인도 영양간식으로 먹을 수 있다. 시장을 세분화한다는 것은 세분화된 목표고객에게 집중적으로 어필한다는 것이지, 다른 고객이 구매하지 못하게 하는 것이 아니다. 오히려 다른 대상 고객들이 제품에 관심을 가진다면 좋은 징조이다. 어린이 영양간식 시장에서 자리 잡은 후, 제품명이나 속성을 변경하여 새로운 시장에 접근할 수 있기 때문이다. 칼로리를 조금 더 낮춘 '다이어트용'이라든지, 필수 비타민을 첨가한 '어르신용' 특화 제품을 만들 수 있다. 이렇게 해야 어린이 고객에게 인정받고 다이어트 시장, 어르신 시장으로 확대하며 성장할 수 있는 것이다. 만약 처음부터 전 국민을 대상으로 제품을 출시했다면 고객 간에 호불호가 갈리면서 그저 그런 제품이 되고 말았을 것이다. 또한 대상이 명확한 경쟁제품이 나올 때마다 해당 고객군을 내줘야 하는 상황이 되었을 것이다.

P사의 고객군을 전체고객, 유효고객, 목표고객으로 나누어 보자. 전체고객은 초기의 계획대로 국민 전체로 해도 무방하다. 유효고객은 영양간식을 필요로 하는 어린이, 다이어트 하는 20대 여성, 간식거리를 찾는 어르신 등으로 볼 수 있다. 이 중 목표고객은 영양간식을 필요로 하는 어린이가 될 것이다.

물론 모든 제품의 고객군을 전체고객, 유효고객, 목표고객으로 구분해야 하는 것은 아니다. 처음부터 니치 마켓(niche market, 틈새시장)의 고객에게 접근하는 제품은 목표고객만 기재할 수 있다. 경우에 따라서는 전체고객과 목표고객만 기재할 수 있다. 중요한 것은 목표 고객을 구체적으로 설정하는 것이다.

대상 고객을
구분하는 이유

대상 고객을 전체고객, 유효고객, 목표고객으로 나눌 때 목표 고객은 스타트업이 주목하는 고객 문제를 가장 크게 가지고 있고, 제시하는 솔루션을 가장 필요로 하는 핵심 고객군이 된다. 이렇게 대상 고객군을 구분하는 이유를 몇 가지 살펴보자.

첫째, 목표고객을 통해 현재 집중해야 할 고객군을 확인할 수 있다. 목표 고객은 주로 향후 1~2년 동안 집중하게 될 우리 솔루션을 필요로 하는 고객군이다. 처음부터 고객군을 너무 넓게 잡으면 해당 고객군에 최적화된 상품을 제공하기 어려워진다. 요구 사항이 다른 고객군 또는 범위가 좀 더 넓어지는 고객군을 유효고객, 전체고객으로 나눔으로써 목표 고객에 최적화된 상품을 만드는 데 도움이 될 것이다.

둘째, 목표고객을 만족시키면 누가 유효고객, 전체고객인지 자연스럽게 알게 될 것이다. 현재 설정한 유효고객, 전체고객은 가설이지만 목표 고객에 집중하는 과정에서 여기에 해당되지 않는 고객들의 구매, 관심, 요청 등이 있을 것이기 때문이다. 유효고객, 전체고객이 구체화되면 그들에게 더 적합한 디자인, 가격, 기능, 유통 채널, 가치 제안 등을 대상에 맞게 변경하면 된다. 그 전에 목표 고객을 만족시키는 것이 핵심이다.

셋째, 목표 고객을 누구로 하느냐에 따라 린 보드 전반이 달라질 수 있다. 목표고객에 따라 린 보드에 기재할 고객 문제, 문제 대안, 가치 제안, 솔루션, 채널 등이 달라지기 때문이다. 앞에서 예를 든 P사처럼 목표 고객이 어린이일 때와 다이어트 중인 여성이었을 때 각 고객이 가지고 있는, 창업자가 주목해야 하는 문제가 달라지면서 나머지 항목들도 변경될 것이다.

DO IT 05

대상 고객 작성하기

본문 내용을 바탕으로 처음 작성한 린 보드에 대상 고객을 전체고객, 유효고객, 목표 고객의 순서로 필요 시 수정한다.

Action

고객 세분화 실행의
현실적 어려움

일반적으로 '고객 세분화'보다는 '시장 세분화'라는 용어가 좀 더 익숙할 것이다. '시장 세분화'는 목표 시장을 선정하는 마케팅 이론의 기본이기 때문이다. 마케팅 서적을 보면 STP에 대한 설명이 빠지지 않고 나온다. STP는 세분화(Segmentation), 타깃팅(Targeting), 포지셔닝(Positioning)의 약자다. 시장을 세분화하고, 세분화한 시장에서 목표 시장을 선정, 즉 타깃팅하고, 타깃팅한 시장에 자사의 제품이 자리 잡을 수 있도록 포지셔닝하는 것이다. 그럼에도 불구하고 '시장 세분화' 대신 '고객 세분화'(좀 더 엄밀하게는 '고객군 세분화')라는 용어를 사용하는 것은 나름의 의도가 있다. '시장'이라는 것이 자칫 불분명한 용어가 될 수 있기 때문이다.

가령 가정에서 혼자 운동을 잘 할 수 있게 도와주는 홈트레이닝 앱 서비스를 계획하고 있다고 해보자. 홈트레이닝 앱의 목표 시장 선정을 위해 STP를 활용해 보자. 우선 시장을 세분화해야 한다. 그런데 홈트레이닝 앱은 어떤 시장에 있는 것일까? 운동 시장일까? 홈트레이닝 시장일까? 스마트폰 앱 시장일까? 소프트웨어 시장일까? 시장을 세분화해야 하는데 어떤 시장을 세분화해야 할지 기준을 잡기 어렵다. 대상을 '시장'으로 표현하면 오히려 고객이 불분명해질 우려가 있다. '시장'이란 용어 대신 '고객'이란 용어를 넣어보자. 계획하고 있는 홈트레이닝 앱은 누구의 어떤 문제를 해결하기 위해 만드는 것인지를 생각해보자. 그 누군가가 20대 여성인지, 40대 남성인지, 60대 이상 시니어인지 구체화될 것이다. 그러나 20대 여성, 40대 남성, 60대 이상 시니어는 모두 대상 범위가 넓어 보인다(물론 넓어 보이는지 그렇지 않아 보이는지는 창업자의 판단). 따라서 이 대상들을 전체고객-유효고객-목표고객으로 세분화해야 할 필요가 있는 것이다. 그래야 목표 고객을 만족시킬 수 있는 서비스가 되는 것이다.

또 하나 시장 구분 자체는 스타트업에게 어떤 통찰력을 주기가 어렵다. 홈트레이닝 앱이 운동 시장에 있는 것인지, 스마트폰 앱 시장에 있는 것인지 정확히 판단하기가 어렵고, 판단한다고 해도 사업 내용이 달라질 게 없다. 이런 식의 시장 구분은 전지적 작가 시점에서 선택될 뿐이다. 그렇기 때문에 창업 초기에는 '고객(고객군)'이라는 용어를 사용해 고객을 구체화할 수 있도록 표현한 것이다.

고객 세분화의 중요성에 대해서는 앞에서 충분히 설명했고 여러분도 공감하리라 생각한다. 그러나 막상 비즈니스 모델을 수립하거나 사업을 진행하는 과정에서는 어느 순간 고객 세분화에 대한 생각을 잊어버리는 경우가 있다. 몇 가지 사례를 보며 혹시 모를 실수를 줄여보자.

　첫째, 애초에 시장을 세분화해서 수립하지 않는 경우다. 일반적으로 20~30대 여성, 중소기업, 자녀를 둔 부모 같은 경우다. 얼핏 보면 시장을 세분화하여 목표 시장을 선정한 것 같지만, 스타트업에서는 여전히 목표 고객이 넓어 보인다. 물론 어느 정도 규모로 목표 고객을 잡아야 하는지에 대해 정답은 없다. 하지만 20~30대 여성의 경우만 봐도 대학생, 졸업생, 취준생, 직장인으로 구성되고, 미혼, 기혼, 자녀가 한 명, 자녀가 두 명인 경우로 나뉘어지고, 서울, 부산, 대전, 대구, 광주 등 거주 지역도 다양하다. 소득 수준도 다양할 것이다. 상품이나 서비스에 따라 조금 달라지겠지만 스타트업에게는 세분화되지 않은 큰 고객군으로 여겨진다. 이렇게 하면 높은 수준의 고객 만족도, 효율적인 마케팅 계획도 수립하기 어려워진다. 또한, 이런 내용을 이론적으로는 알고 있지만, 창업자들의 마음 한편에는 여전히 의심을 버릴 수 없다. 가장 큰 의심은 바로 '내 제품은 누구나 쓸 수 있다'다. 하지만 누구나 쓸 수 있는 것과 자신의 제품이 선택되어지는 것은 다르다. 세상에 존재하는 제품이 우리 회사 제품 하나라면 모르겠지만, 동일 제품, 경쟁제품, 유사제품, 대체제품까지 있는 상태에서 그저 그런 제품이 하나 더 나와 봐야 이목을 집중시키기 어렵다.

둘째, 고객군을 크게 잡고 싶은 생각이 든다. 어차피 20~30대 여성 전체가 고객이 될 텐데 굳이 더 세분화해야 할 필요가 있을까?라는 생각을 하게 된다. 보통 투자자들도 시장이 작으면 투자하지 않는다는 말을 들어본 적이 있을 것이다. 이런 이유로 고객군을 잡을 때 전체고객, 유효고객, 목표고객으로 구분해본 것이기도 하다. 투자자에게 보여줄 고객군(시장 규모가 크다는 것을 보여주는 것)과, 마음에 품은 꿈은 전 국민을 대상으로 해도 좋다. 그러나 꿈은 크게 갖되 발은 현실에 붙이고 있어야 할 것이다. 우리 제품을 가장 필요로 하는 고객군을 찾아내느냐가 초기 스타트업 성패를 좌우한다 해도 과언이 아니다.

셋째, 세분화된 고객군만 보기에는 자금이 충분치 않다. 이것은 정말 현실적인 고민이다. 제품을 가장 필요로 할 만한 고객군을 세분화하여 목표고객으로 설정했다 하더라도 생각처럼 빠른 속도로 매출과 연결되지 않는 경우가 많다. 대부분 매출은 일정한 정비례 곡선으로 성장하는 게 아니라, 일정 기간 동안 완만한 매출을 그리다가 임계치가 되면 가파르게 올라가는 곡선으로 나타나기 때문이다. 세분화된 고객군에게만 접근하며 나타나는 완만한 매출 곡선 속에서 더 빠르게 성장하려는 욕심, 충분히 자금 조달이 되지 않았다면 보유한 자본이 먼저 고갈될 것 같은 걱정이 앞서며 목표 고객과 상관없이 메시지의 범위를 넓혀 목표 고객 설정을 무의미하게 하는 경우가 생긴다.

넷째, 이미 성장한 회사를 보면 시장 세분화가 필요 없어 보인다. 애플(APPLE)을 생각해보자. 아이폰, 아이패드, 아이맥 같은 제품이 고객 세분화를 하고 있을까? 실제 내부적으로는 그런 부분이 고려되었을 것으로 생각되지만 표면적으로 보기에는 일반 대중을 대상으로 마케팅하고 있다고 생각될 것이다. 실제로 과거 스티브 잡스는 '애플은 시장 조사를 하지 않는다'고 말한 적이 있었다. 하지만 현재의 애플은 풍부한 브랜드 인지도를 가지고 있고 신제품을 내 놓을 때도 홍보 효과를 극대화하는 마케팅 역량도 가지고 있다. 구석구석 유통망도 있고 기존 고객들도 확보하고 있다. 대중을 상대로 하는 고급 브랜드의 이미지를 구축한 것이다. 하지만 애플도 사업 초기에는 세분화된 고객을 대상으로 전력을 다했다. 1970년대 후반 애플II가 나왔을 때 애플은 고객군을 명확히 했다. 바로 교육 분야와 편집 디자인 분야의 사용자들이었다. 학교에서 수요가 있음을 확인했고 학교에 애플II가 확대되면 추후 가정에서도 PC를 구입할 것으로 생각했다. 기업 고객은 편집디자인 소프트웨어를 특화하여 사용자를 늘려나갔다. 당연히 일반인들에게도 판매했지만 '누구에게나 필요하니까 아무나 사세요'라고 하지 않은 것이다. 오늘날의 대기업들도 스타트업 당시에는 고객 세분화에 집중했다는 것을 인지해야 한다.

그럼, 모든 회사가 고객 세분화를 해야 할까? 고객 세분화 없이 성공한 회사는 없을까? 경영은 1에 1을 더하면 늘 2가 나오는 수학공식과는 다르다. 고객세분화를 제대로 하지 않았어도 성공한 기업이 분명 있을 것이다. 또한 시간과 돈이 무한정 있으면 세분화하지 않아도 된다. 고객이 구매할 때까지 제품을 개선하고 마케팅하면 되기 때문이다. 하지만 대부분의 스타트업은 시간과 자원이 부족하다. 모든 고객을 만족시키려 하기보다 가장 필요로 하는 고객을 찾아 만족시키는 것이 효율적이다. 바다낚시를 한다고 생각해보자. 어디에 낚싯대를 드리워야 할까? 시간과 미끼가 무한정이라면 아무 곳에나 기분 내키는 대로 낚싯대를 던질 수 있지만 현실은 잡으려고 하는 물고기가 많이 있을 만한 곳에, 물고기들이 좋아할 만한 미끼를 달아 낚싯줄을 내리는 것이 가장 효과적일 것이다. 한편, 잡으려고 하는 어종이 아니라 다른 종류의 물고기가 미끼를 문다면 어떻게 해야할까? 타깃 어종이 아니니까 버려야 할까? 그냥 잡으면 된다. 고객층을 좁힌다는 것은 그 외 고객을 버린다는 말이 아니다. 핵심 고객을 만족시키면 주변에 있는 사람들도 찾아오게 되어있다.

Action

최우선 거점고객을
선정하라

스타트업이 먼저 접근할 고객은 목표고객으로 설정한 고객군이다. 그런데 때에 따라 목표고객 자체도 그 범위가 너무 넓어서 접근 방법이 고민스러울 수 있다. 아직 제품이 완전하지 않은 상태라면 더욱 그럴 것이다. 규모는 조금 작더라도 우리 제품을 가장 필요로 하는 고객을 찾아보면 어떨까? 스타트업이 주목하는 고객 문제를 가장 간절히 해결하고 싶어 하는 고객들이 모여 있는 곳은 없을까? 그래서 린 보드에는 자사 제품을 가장 좋아해줄 '최우선 거점고객'이라는 항목을 만들었다. 최우선 거점 고객이 될 수 있는 고객의 요건은 다음과 같다.

- 제품을 가장 필요로 하는 고객군
- 제품을 가장 좋아할 고객군

- 제품 판매 확산력이 있는 고객군
- 창업자가 접근하기 쉬운 고객군
- 단시간 내 점유율, 만족도 1위를 할 수 있는 고객군

위의 다섯 가지 중 가장 많은 공약수를 가지고 있는 고객군을 찾아보자. 1,000명이어도 좋고, 100명이어도 좋다. 이들의 만족 여부가 비즈니스 모델 검증의 핵심이 될 가능성이 높다. 이런 고객군을 어디서 찾을 수 있을까? 과거에는 해당 고객군을 찾더라도 네 번째 요건인 창업자가 접근하기 쉬운 고객군을 찾기는 어려웠다. 하지만 지금은 이런 사람들이 모여 있는 곳들이 있다. 수많은 인터넷 커뮤니티가 그것이다. 여러분이 생각하는 고객군의 대부분은 어떤 식으로든 커뮤니티를 형성하고 있을 가능성이 높다. 만약 해당 커뮤니티의 문턱이 너무 높거나 접근이 어렵다면 제품을 개발하는 동안 커뮤니티를 직접 만드는 방법도 있다. 최우선 거점고객을 팬으로 만들 수 있다면 성장의 발판이 될 것이다.

인터넷 키워드 광고를 통해 해당 문제에 관심이 있는 사람들을 찾는 방법도 있다. 자사의 제품을 웹사이트에 충분히 소개해 놓고 소셜미디어 서비스나 검색 사이트 키워드 광고를 통해 들어오는 사람들에게 제품을 알리는 방식이다. 이들은 창업자의 제품에 관심 있는 사람들일 것이기 때문에 직접 판매해볼 수도 있다.

앞에서 살펴본 대상 고객 설정 방식에 따라 렌털 옥션의 대상 고객을 전체고객, 유효고객, 목표고객으로 나누어보자. 전체고객을 기

업과 가정, 유효고객을 기업, 목표고객을 가장 많은 사업장을 둔 서울 소재 중소기업으로 설정했다. 대기업은 기존 거래처가 이미 있고, 대량 도입을 통해 비용을 낮추고 있을 것으로 생각하여 유효고객으로 선정해 놓았다. 향후 1~2년 동안 집중할 목표 고객은 비용에 민감하게 반응할 수 있는 서울 소재 중소기업으로 설정했다. 구체적으로는 중소기업 총무 담당자 또는 대표가 될 것이다.

최우선 거점고객은 목표고객의 범위를 더욱 좁혀 이 서비스를 가장 필요로 할 만하고 접근하기 쉬운 서울지역 벤처기업 인사총무 모임으로 설정했다. 비용에 민감하고 의사결정 속도가 빠르며, 이미 수백 명의 회원이 있고 주소록도 보유하고 있어 최우선 거점고객으로 적절해보였다. 렌털제공업체의 경우 렌털 희망 고객이 경매 요청을 하는 경우 인근에 위치한 렌털 서비스 업체와 이미 정리하여 보유하고 있는 렌털업체 리스트를 통해 입찰 참여를 유도하면 될 것으로 보여 별도의 고객군으로 나누지 않았다.

DO IT | 06

최우선 거점고객 작성하기

본문 내용을 바탕으로 처음 작성한 린 보드에 최우선 거점 고객을 필요 시 수정한다.

\<그림 5-2\> 대상 고객이 수정된 린 보드

고객 문제	솔루션	고유가치 제안	수익 모델	대상 고객
\<이용고객\> 1. 렌털 제공업체를 찾는 것이 불편하다 2. 적합한 제품을 찾는 것이 불편하다 3. 최상의 가격으로 제공 받았는지 불확실하다 \<제공업체\> 렌털 필요 고객을 찾는 것이 불편하다	1. 인터넷 플랫폼 2. 고객이 렌털 희망상품 게시 3. 제공업체가 입찰 참여 4. 고객이 최선의 선택을 할 수 있도록 계약 중계	\<이용고객\> 빠르고 경제적인 렌털 역경매서비스 \<제공업체\> 렌털 희망고객을 찾아드립니다.	플랫폼 수익 광고 수익	\<이용고객\> 전체고객: 기업과 가정 유효고객: 기업 목표고객: 서울 소재 중소기업 \<제공업체\> 고객 지역 기반 렌털업체
문제 대안	**핵심지표**	**카테고리**	**채널**	**최우선 거점 고객**
\<이용고객\> 인터넷에서 검색 \<제공업체\> 인터넷 검색 키워드 광고, 자체 광고/영업	사이트 접속자 수 회원가입 전환율 사용자 렌털 등록률 역경매 성사율 거래당 평균 매출액	렌털 역경매 서비스	소셜네트워크 검색엔진 전시회 안내사이트 사무실 중개사이트	\<이용고객\> 서울지역 벤처기업 인사총무 모임 \<제공업체\> 고객 지역 기반 렌털업체

손익분기 계획

수수료 1만 5천원 기준.
월 600건 목표.
월매출 900만원(1년 내)

3년간 손익계획

	1년	2년	3년
매출	1억	6.5억	16억
매출원가	0	0	0
매출총이익	1억	6.5억	16억
판관비	2.5억	6.5억	12억
영업이익	-1.4억	0	4억

스타트업은 마케팅을 어떻게 해야 할까요?

스타트업 창업자들로부터 많이 듣는 질문이다. 고객에게 어떻게 접근해야 할지 잘 모르겠다는 것이다. 그런데 이런 질문이 나온다는 것은 애초에 고객 설정을 제대로 하지 않았을 가능성이 크다. 특히 최우선 거점고객에 대한 설정이 명확하지 않을 때이다. 앞서 말한 대로 전체고객, 유효고객을 대상으로 마케팅하기에는 스타트업이 가진 자원이 많이 부족하다. 따라서 자사 제품을 가장 좋아하고 잘 써주고 입소문도 낼 수 있는 최우선 거점고객에 집중해야 한다.

최우선 거점고객을 만나는 방법은 찾아가는 방법과 찾아오게 하는 방법 두 가지가 있다.

첫째, 찾아가는 방법은 인터넷 검색엔진에서 자사 제품이 개발되게 된 고객 문제 항목을 키워드로 검색하여 해당 문제에 대해 이야기하는 고객을 찾을 수 있다. 또 해당 키워드로 검색하면 인터넷 커뮤니티 사이트도 찾을 수 있다. 우선 이들부터 시작해보자.

둘째, 약간의 비용이 들겠지만 최우선 거점고객이 찾아오게 하는 방법도 있다. 인터넷 검색엔진의 관련 키워드 광고를 통해 자사 웹사이트를 노출한다. 소셜네트워크에도 키워드 광고를 할 수 있고, 인터넷 커뮤니티 사이트에서도 광고할 수 있다. 창업자 자신이 직접 블로그를 운영하거나 소셜네트워크에서 홍보하는 경우에는 비용조차 들지 않는다. 이렇게 찾아온 고객들은 해당 제품에 대해 관심이 있는 고객들이다.

창업자들은 이런 생각을 한다. '한정된 인원에게만 마케팅하기에는 시간이 없다. 좀 더 효과적인 마케팅 방법을 알려 달라.' 여러분의 생각도 이와 같다면 우리가 왜 전체시장을 대상으로 하지 않고 시장세분화를 하여 최우선 거점고객까지 선정했는지 제대로 이해하지 못한 것이다. 다시 말하지만 자금이 충분하다면 TV 광고, 신문 광고, 각종 이벤트 등 할 수 있는 것이 많다. 하지만 스타트업은 비즈니스 모델을 검증하여 제대로 돌아가는지 확인하는 것이 중요하다. 하나의 최우선 거점고객을 확보한 후, 다시 인근 최우선 거점고객으로 늘려가는 것을 추천한다. 페이스북도 처음에는 하버드 대학이 최우선 거점고객이었고, 여기서 성공하자 인근 학교로 최우선 거점고객을 늘려나갔다. 왜 처음부터 모든 미국인을 대상으로 하지 않았을까? 최우선 거점고객을 팬으로 만드는 것이 중요하기 때문이다. 그리고 그들이 입소문을 내게 해야 한다.

만 명의 그저 그런 고객보다
백 명의 '와우'고객이 낫다

싸이월드(Cyworld) 이야기를 해보자.

싸이월드는 카이스트 출신의 엔지니어와 박사들이 만들었다. 초기 싸이월드는 상상하는 모든 것을 만들 수 있다는 자신감으로 충만했다고 한다. 25억원이라는 거금도 투자받았다. 성공모델, 우수한 인재, 투자금까지 사업을 성공시키는 데 필요한 3요소를 모두 가졌다고 자부했다. 그들은 그것을 핵심역량이라고 불렀다. 시장에는 이미 프리챌, 아이러브스쿨, 다모임 등 앞서 있는 서비스들이 있었지만 두려운 상대가 아니었다. 클럽, 채팅, 사람 찾기 등 최고의 기능들을 개발 중이었다. 하지만 오픈 3년이 넘도록 이렇다 할 성과를 내지 못한 채, 국내 커뮤니티 서비스 중 10위권 내에도 진입하지 못했다. 서비스는 완벽하다고 생각하는데, 고객들이 몰리지 않는 것이었다. 서비스를 아무리 개편해도 경쟁구도를 깨기 힘들었다. 창업자들은 지치기 시작했다. 설상가상으로 투자금도 바닥을 드러내고 있었다. 여러 가지 기능을 바꿔보기도 하고, 무엇이든 차별화하려고 노력했지만 반응이 신통치 않았다.

이들은 결국 원점에서 다시 시작하기로 했다. 자신들의 핵심역량이 아닌 고객을 바라보기 시작한 것이다. 그 이전에는 고객이 중요하다고 생각만 했지, 그 이상의 실행은 없었다. 그러던 중 한 교수님이 누가 정말 사이좋은 사람들인지, 싸이월드가 만족시키고자 하는 고객이 누구인지 알아보라는 조언을 했다. 창업자들은 지푸라기라도 잡는 심정으로 그렇게 해 봤다. 싸이월드의 비전인 '사이좋은 세상'을 만들기 위해 누가 정말 사이좋은 사람들인지 찾아보기 시작했다. 그렇게 팀을 나누어 홍대, 명동, 강남역, 신촌, 대학로 등 사이좋게 지내는 사람들을 카메라에 담고 메모했다고 한다. 사이좋은 사람들의 사진을 모아놓고 보니 흥미로운 결과가 보였다. 사진의 대부분이 여자, 그것도 20대 여성들이었다. 이들은 20대 여성들을 핵심고객으로 잡고 '사이좋은' 이들을 좀 더 관찰하기로 했다. 모든 20대 여성들을 관찰할 수 없으니 대상을 줄여보기로 했다. 사이좋은 20대 여성들을 어디서 많이 만날 수 있을까를 생각해보니 '교회'가 나왔다. 당시 싸이월드에는 분당에 살고 교회에 다니는 직원들이 많았다고 한다. 그래서 분당의 모 교회에 다니는 20대 여성을 관찰 대상으로 잡았다.

그들에게 우호적으로 접근하기 위해 교회 홈페이지도 만들어 주었다. 그러던 어느 날 대상 고객들로부터 자신의 홈페이지도 만들어 달라는 요청을 받게 된다. 그 이야기를 들은 개발자들은 처음에는 "네띠앙같이 무료로 홈페이지를 만들어 주는 곳이 있는데, 왜 우리한테 요청하느냐"고 무시했다. 하지만 당시 싸이월드의 이동형 대표는 개발자의 말을 듣지 않기로 했다. 이유는 한 가지였다. 개발자가 20대 여성이 아니있기 때문이다.

선풍적인 인기를 끈 '미니홈피'의 탄생 배경이다. 기존의 홈페이지 제작 서비스들은 여성들이 만들기 어려웠다. 그래서 싸이월드는 그들의 요청을 받아들여 가입만 하면 홈페이지가 자동으로 생성되게 하고, 이메일로 친구를 초대하며, 친구 홈페이지 주소를 외울 필요 없이 일촌으로 묶었다. 그리고 사진을 무제한으로 업로드할 수 있게 했다.

그 후로도 싸이월드는 20대 여성들의 목소리에 집중적으로 귀 기울였다. 그러자 그들이 120% 만족하고 좋아해주기 시작했다. 싸이월드 이동형 대표에게 물어보았다.

"고객을 세분화하여 타깃팅하는 것은 마케팅의 기본이지만, 실제로 그렇게 하기 쉽지 않다. 싸이월드를 이용하는 고객들이 다양한 요구를 했을 텐데, 어떻게 20대 여성의 목소리만 들을 수 있었는지?

실제로는 부담이 컸을 텐데…"

이동형 대표의 답변은 이러했다.

"미니홈피가 나온 다음에도 여러 가지 요구가 있었다. 창이 너무 작으니 넓혀 달라는 목소리가 많았다. 하지만 대부분 남성들이었다. 여자들은 작고 귀엽다며 좋아했다. 우리는 더 이상 남성들의 목소리를 듣지 않았다. 우리가 만족시켜야 할 고객은 20대 여성들이었다. 만족시켜야 할 핵심고객군이 결정된 다음에는 그들의 상반되는 요구사항을 반영하지 않고 지켜 나갔다."

20대 여성들의 니즈를 만족시키자, 20대 여성들 사이에서 싸이월드가 선풍적인 인기를 얻게 되었다. 20대 여성들의 적극적인 지지를 받으며 미니홈피가 발전해 나가자, 10대 여성, 30대 여성, 20대 남성 순으로 싸이월드에 들어오기 시작했다. 그렇게 싸이월드 전성기가 시작되었다.

"고객이 누구인지, 그리고 고객이 무엇을 원하는지 파악한 뒤에는 사업이 쉬웠다. 회원들이 들어오기 시작했다. 그러나 미니홈피를 만들 때까지 3년 반이 걸렸다. 20여억 원이 전부 '학습비용'이었던 셈이다. 물 밑에 있을 때는 돈이 필요한 게 아니라 고객이 필요하다. 고객이 있어야 물 밖으로 나올 수 있다. 그리고 물 밖으로 나오면 투자자들이 몰린다."

초기 거점고객들이 얼마나 만족하느냐가 기업 성공의 핵심이다. 돌이켜 생각해보라. 여러분은 대상 고객들의 문제를 해결하기 위해 사업을 하는 것이 아닌가. 최우선 거점고객이 '와우'하게 만들어라. 그것이 스타트업이 가장 집중해야 할 일이다.

Action

단 한 사람을 생각하라

대상 고객을 구체화할 때 인구통계학적 방식으로 고객군을 설정하는 것이 일반적이다. 경우에 따라 고객군을 좁히고 좁혀 단 한 사람으로까지 좁혀 구체화하는 것도 시도해볼 만하다. 추상적인 고객군을 구체적인 사람으로 정의하게 되면 상황에 대한 이해가 명확해질 수 있다. 이렇게 하면 첫째, 구체적인 기능 구현이 가능해진다. 고객 정의나 상황이 명확하지 않으면 사용성이 명확치 않은 혹은 효용이 명확하지 않은 기능이 구현될 가능성이 있다. 둘째, 기능 구현의 우선순위를 정할 수 있다. 이를 통해 개발순서를 정할 수 있다. 셋째, 스타트업 구성원 모두가 동일한 고객을 머릿속에 공유하여 명확한 비전을 공유할 수 있고, 일관된 기능이나 서비스를 제공할 수 있다.

와라와라라는 주점에 가 본 적이 있는지 모르겠다.

와라와라가 처음 문을 연 곳은 2002년 10월 지하철 4호선 사당역 인근 4층 건물 지하였다. 뒷골목에 있는 데다 지하라는 점 때문에 손님이 좀처럼 찾아오지 않았다고 한다. 심지어 어떤 날은 손님이 한 명도 없던 적도 있었다. 특단의 대책이 필요했다. 비슷비슷한 주점들이 즐비한 곳에서 뒷골목 지하에 또다시 비슷비슷한 주점을 열고 손님들을 기다리고 있으니 그럴 수밖에 없었다. 결국 손님을 끌어들일 만한 다른 점이 필요했다.

와라와라의 유재용 내표는 몇 달 동안 '다른 주점과 차별화할 수 있는 방법이 무엇일까'를 고민했다고 한다. 그러고는 매장을 찾는 고객들을 눈여겨보기 시작했는데, 그렇게 찾은 대상이 바로 '여성', 그것도 27세 오피스 레이디였다. 이들은 최소한 2~3년의 직장생활을 통해 경제력을 가졌다. 사회활동도 활발해 친구, 직장 동료와 많이 어울리고, 결혼 전이라 남자친구를 데리고 올 확률도 높았다. 이렇게 생각하자 27세 오피스 레이디들의 행동이 눈에 들어오기 시작했다. 그리고 그 특성들을 서비스에 반영하기 시작했다. 그렇게 나온 최대 히트작이 과일주였다. 파인애플, 오렌지, 레몬을 직접 개발한 술에 섞은 메뉴였다. 과일을 고객 테이블에서 즉석으로 갈아주는 퍼포먼스를 합치자 큰 인기를 얻게 되었다. 안주도 특화시켰다. 27세 오피스 레이디들이 좋아할 만한 청양고추와 날치알을 넣은 계란말이, 떡볶이가 대표 메뉴가 되었다. 새 메뉴를 내 놓기 전에는 27세 여성 20명을 초청하여 품평회를 열었다. 서비스도 차별화시켰다. 짧은 치마 때문에 불편해하는 여성 손님을 위해 무릎 담요를 준비했다. 긴 머리가 자꾸 음식에 닿는 고객을 위해 머리끈도 준비했다. 손님이 주점에서 나갈 때 옷에 밴 냄새를 없애기 위해 탈취제를 비치했다. 이런 메뉴와 서비스들은 고객을 관찰하고, 고객 반응을 봐가며 지속적으로 추가한 것이다. 대상 고객은 방문한 모든 손님이 아니라, 27세 오피스 레이디만 본 것이다.

그렇다면 왜 27세였을까? 26세, 28세는 어떻게 하란 말인가? 이 질문에 유재용 대표는 이렇게 대답했다.

"26세냐, 27세냐, 28세냐는 사실 큰 의미가 없습니다. 우리가 서비스와 메뉴를 개발할 때 항상 마음속에 그려둬야 할 구체적 대상이 필요했던 것입니다."

27세 오피스레이디의 마음을 얻자 놀라운 일이 벌어졌다. 정작 매장에 방문하는 20대 후반 여성은 절반이 채 되지 않았다. 오히려 반 이상이 남성과 다른 연령층의 여성이었다. 27세 오피스레이디들이 만족스러워하는 매장이 되자, 그들이 입소문을 내기 시작했다. 또한 남성 고객들을 불러 모으는 역할까지 했다.

일부 가맹점 점주들이 손님 중에 30~40대도 많아졌으니 그에 맞는 메뉴를 개발해야 하는 게 아닌지 문의한다고 한다. 그들이 좋아할 만한 메뉴가 있으면 더 높은 매출을 확보할 수 있을 것이라고 본 것이다. 하지만 유대표는 이렇게 말한다.

"정체성을 상실하는 순간 모든 것을 잃습니다."[13]

DO IT 07

단 한 사람으로 고객 정의하기

비즈니스에 단 한 사람의 고객을 만족시킨다면 그 사람은 누가 될지 구체적으로 표현해본다. 또한 그 사람이 제품을 가장 효과적으로 이용하게 되는 대표적인 상황을 시나리오로 만들어 본다.

---

[13] 조선일보, 2013.7.20 요약. http://biz.chosun.com/site/data/html_dir/2013/07/19/2013071901509.html

토론해봅시다

1. 당신의 제품이나 서비스는 시장세분화가 필요합니까? 필요하다면 어떤 기준으로 시장세분화를 진행했습니까? 필요하지 않다면 그 이유는 무엇입니까?

2. 시장세분화 결과 검증해 봐야 할 목표시장이 여러 개 생겼다면 어떻게 하는 것이 좋겠습니까?

3. 만 명의 그저 그런 고객보다 백 명의 '와우' 고객이 낫다는 표현에 대해 여러분은 어떻게 생각하십니까?

Action 06

가설을 설정하라

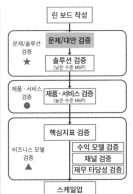

고객 문제 대상 고객이 가지고 있는 문제 (3가지 정도)	솔루션 문제해결 방법/ 기능 (3가지 정도)	고유가치 제안 제품이 추구하는 핵심가치 (한 문장)	수익 모델 수익을 올리는 패턴, 가격 정책	대상 고객 전체고객, 유효 고객, 목표고객
★	★ ●	★	▲	★ ●
문제 대안 문제를 해결하기 위한 고객의 대안	핵심지표 매출 발생까지의 과정에서 체크할 중요지표	카테고리 일반적으로 알려진 제품 분류	채널 고객 도달 방법	최우선거점 고객 가장 필요로 하는 고객, 파급력이 높은 고객, 접근 이 쉬운 고객
	▲		▲	▲
손익분기 계획 손익분기점 도달 시점, 도달 방법		3년간 손익계획 향후 3년간 추정손익계산		
▲		▲		

Action

고객 문제를 정의하라

대상 고객을 선정했으므로 이제 그들이 가지고 있는 문제를 파악해야 한다. 여기서 고객 문제는 스타트업이 만들고자 하는 제품을 사용하기 전까지 불편을 겪을 수밖에 없는 고객의 문제다. 그 제품이 없음으로 인한 불편함, 시간 낭비, 귀찮음 등이 바로 그런 것이다.

고객의 문제점은 창업자가 생각하는 대로 적으면 된다. 사업 아이템을 정할 때 이미 고객 관찰을 통해 고객이 가진 문제점을 찾아냈을 수도 있다. 아마 2~3개 정도를 적어볼 수 있을 것이다. 여기에 적은 내용은 추후 정말 해결할 만한 가치가 있는 것인지, 많은 고객들이 이런 문제를 가지고 있는지 알아볼 것이다. 그래서 여기에 적을 때는 가급적 검증 가능한 문장으로 적는다.

검증한다는 것은 '하나의 명제(命題)가 옳은지 그른지를 사실에 의거하여 확인하는 일'이다. 여기서 '명제는 그 내용이 참인지 거짓

인지 명확하게 판별할 수 있는 문장이나 식'이다. 즉 "지금 밖에는 비가 온다"는 문장은 명제다. 그리고 이것이 사실인지 아닌지를 검증하려면 밖에 나가보면 된다. 린 보드의 고객 문제에 해당 명제를 적는다. 앞에서 작성한 렌털옥션의 고객 문제를 보면 이용고객의 경우 '렌털업체 찾기가 어렵다', '렌털 제품 선택이 어렵다' 같은 것을 적어놓았다. 일단 창업자가 생각하는 가설이다. 그리고 이러한 가설은 고객과의 인터뷰를 통해 그런지 아닌지 알아볼 수 있을 것이다.

한편, 고객 문제를 제대로 정의하기 위해 고객 여정 지도(Customer Journey Map)를 그려보는 것도 좋은 방법이다. 고객 여정 지도란 '고객이 특정 과업을 달성해 나가는 과정과 그 과정에서 얻게 되는 감정 상태를 시각화한 것' 정도로 이해하면 된다. 기업의 총무 담당자가 복합기를 렌털하는 과정을 고객 경험 지도로 그려보면 대략 〈그림 6-1〉과 같은 모양이 나올 것이다.

물론 여기에 적은 고객 여정 지도는 창업자의 가설이다. 실제 대상 고객을 관찰하며 여정 지도를 만들 수도 있다. 〈그림 6-1〉을 보면 고객이 복합기를 렌털하는 과정의 경험이 과업 단위로 나열되어 있다. 고객은 이러한 순서로 제품 렌털을 진행한다. 각 과업 단위별로 고객이 느꼈을 기분이나 감정 상태를 표시해 놓는다. 이렇게 만들어진 고객 여정 지도에서 해결할 만한 가치가 있는 고객 문제를 뽑아 린 보드의 고객 문제 항목에 옮겨 적을 수 있다. 추후 고객 문제 검증 과정을 통해 목표 고객들이 실제 이러한 과정으로 렌털 서비스를 이용하고 있는지, 해결할 만한 문제라고 표시한 부분들을 실

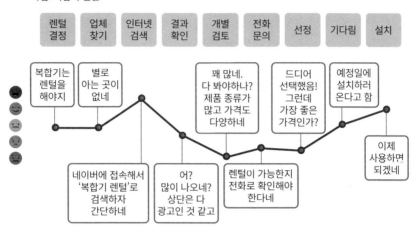

<그림 6-1> 고객 경험 지도의 예

고객: 김철수(35) 대리. 직원 50여 명의 서울 강남 IT 기업 근무
과업: 복합기 렌털

제로 불편하다고 여기는지 등을 알아보게 될 것이다.

여기서 한 가지 더 첨언하자면, 이렇게 고객 과업에 따라 고객 문제를 도출한 후, 한 걸음 뒤로 물러나서 '혹시 숲을 보지 않고 나무만 보고 있는 것'은 아닌지 살펴보는 것이다. 즉, 고객이 복합기를 렌털하는 과정에서 생기는 불편을 고객 문제로 설정했는데, 이것이 혹시 나무는 아니었는지 생각해 보는 것이다. 이를 위해 '왜?'라는 질문을 해 보면 유용하다. '고객은 왜 렌털을 이용하는 것일까?'. 초기 구입비 부담을 줄이고 유지, 보수의 불편을 없앨 수 있기 때문이라고 생각할 수 있다. 그렇다면 초기 구입비 부담과 유지, 보수의 불편을 고객 문제로 재설정 할 수 있다. 이 문제에 대한 유용한 솔루션이 있다면 더 많은 고객을 확보할 수 있을 것이다.

고객의 과업 자체에 집중하는 것도 좋은데, 한번쯤 그 일의 근본적인 목적을 생각해 보는 것도 유용한 가설 수립 과정에서 의미있는 일이 될 것이다. 다만, 문제의 범위가 커지면 솔루션의 해결 정도가 낮아질 수 있다는 점은 유의해야 한다. 커다란 고객 문제를 10% 정도 해결하는 것보다, 작은 고객 문제라 하더라도 100% 완전히 해결해 주는 것이 초기 고객 확보에 유리하기 때문이다. 시간이 지날수록 고객 문제 가설 설정의 중요성을 인식하게 될 것이다.

DO IT 08

고객 문제 정의하기

　고객 문제가 명제(命題)로 되어 있지 않다면, 본문 내용을 바탕으로 필요 시 린 보드의 고객 문제 부분을 수정한다.

Q & A

사업 내용이 게임 사업과 같이 고객 문제가 명확하지 않은 경우에는
어떻게 고객 문제를 정의하나요?

　스타트업은 대부분 기술기반 벤처기업인 경우가 많은데, 기술기반 상
품들은 대부분 고객의 문제를 해결해주는 경우가 많다. 그런데 게임, 영
화, 패션 산업군의 경우 고객 불편을 명확히 구체화할 수 없는 경우들이
있다. 시대적 트렌드, 사회문화적 코드, 상품 디자인 능력, 창의력, 마케
팅 역량 등에 따라 성공 여부가 결정되는 경우도 있다. 이왕이면 고객 문
제에 기반하여 문제를 가장 잘 해결해주는 차별화 전략을 가져가는 게 좋
지만 그렇지 않은 경우에는 고객이 원하는 바를 적어주는 것으로 고객 문
제 정의를 할 수밖에 없을 것이다. 그렇게 되면 시제품이나 베타 서비스
를 만드는 과정에서 린 스타트업의 2단계 제품 · 서비스 검증 과정과 3단
계 비즈니스 모델 검증 과정에 집중하여 고객이 좋아할 수 있는 솔루션이
되는지 확인하는 데 무게 중심을 실어야 한다.

　실제 게임 사업의 경우에는 다른 사업에 비해 2단계, 3단계를 훨씬 중
요하게 실행하고 있다. 패션 사업의 경우 고객 가치가 디자인의 룩 앤 필
(Look and Feel)이라면 그에 맞추어야겠지만 기능성 패션 상품인 경우
고객 문제부터 린 스타트업 프로세스를 적용해볼 수 있을 것이다.

　자사에 적합하게 활용할 수 있는 부분을 찾아 적용해보자.

Action

문제 대안을 정의하라

고객이 현재 어떠한 문제나 불편함을 가지고 있다면 분명 그 문제를 해결하기 위해 대안 활동을 하고 있을 것이다. 스마트폰 사용량이 많아 배터리 충전을 자주 해야 하는 불편을 겪는 사람이 있다고 가정하자. 이 사람은 분명 보조 배터리나 충전기를 가지고 다니며 콘센트가 보이는 족족 충전을 하는 등의 대안 활동을 하고 있을 것이다. 문제에 대한 대안을 선택하는 데 있어서 시간과 비용이 많이 들어갈수록 창업자의 솔루션은 사업성이 높을 가능성이 크다.

고객이 특별한 대안을 가지고 있지 않다면 고객 문제가 크게 불편한 것이 아닐 수 있다. 이 말은 창업자의 솔루션 역시 중요하지 않을 수 있다는 의미다. 반대로 고객 대안이 너무 많다면 경쟁재가 많은 경우라 할 수 있다. 그중에는 창업자의 솔루션보다 더 나은 대안이 활용되고 있을 수도 있다. 이렇게 되면 창업자의 솔루션이 가장 좋은 대안이 되기는 어려울 것이다.

따라서 문제 대안 가설을 수립하는 것은 대단히 중요하며, 추후 검증하는 일은 더욱 중요하다. 문제 대안 가설을 수립할 때 창업자가 알고 있는 동종 제품에 한해서만 생각하지 말아야 한다. 창업자 관점이 아니라, 고객 관점에서 폭 넓게 대안을 생각해야 한다. 가령 기업의 교육 담당자들이 매번 교육 목적에 적합한 적절한 강사를 구하는 데 어려움을 겪고 있다고 해보자. 이 문제를 해결하려는 웹 플랫폼 서비스를 만들겠다고 하면 기존에 있던 강사 구인구직 웹 사이트들이 고객 대안이라 생각할 수 있다. 하지만 실제로 고객들은 웹 플랫폼을 이용하기보다 교육 담당자 커뮤니티에서 서로 물어본다든지, 유튜브(YouTube)에 접속해 강사들의 영상을 먼저 보고 선택하는 등의 대안을 가지고 있을 수 있다. 이 문제를 해결할 최상의 서비스가 되려면 기존에 출시된 웹 사이트들 뿐만 아니라 고객이 가지고 있는 대안들보다 더 나은 솔루션이 되어야 할 것이다. 따라서 창업자는 고객 문제 대안 가설을 통해 고객들이 실제 가지고 있는 대안을 살펴보고 창업자의 솔루션이 그러한 대안보다 낫다는 것을 확인해야 한다.

DO IT 09

문제 대안 정의하기
본문 내용을 바탕으로 필요 시 린 보드의 문제 대안 부분을 수정한다.

Action

고유가치를 제안하라

필립 코틀러는《마케팅의 핵심》에서 가치 제안(Value Proposition)이란 "소비자들의 욕구를 만족시키기 위해 고객들에게 기업이 전달하기로 약속한 가치 또는 이익과 혜택들의 집합"이라고 정의했다. 오스터왈더는《비즈니스 모델의 탄생》에서 "기업이 고객에게 무엇을 줄 수 있는지를 총괄한 실체 그 자체"라고 했다. 고객에게 도움이 되는 가치의 특징은 양적(가격, 속도)일 수도 있고, 질적(디자인, 고객 경험)일 수도 있다. 애시 모리아는《린 스타트업》에서 "제품이 가진 차별점은 무엇이며 구입할 관심을 끌 가치가 있는 이유"로 정의했다.

종합해보면 해당 사업이 고객에게 제공하기로 한 약속, 이익, 혜택 같은 것이라고 할 수 있다. 즉, 고객에게 무엇을 해줄 수 있느냐는 것이다. '고유가치 제안'은 고객에게 제공하고자 하는 가장 핵심적인 용어를 한 문장으로 만들어야 한다. 이는 제품의 특성을 가장 함축적으로 설명한 문장이 될 것이다. 그리고 비즈니스 특성에 따라 제품이 주는 혜택 같은 것을 하위 가치로 나열한다.

제품을 가장 핵심적인 한 문장으로 정리한 예들을 살펴보자.

- 스와치 그룹의 저가 시계 브랜드 : 트렌디한 라이프스타일 시계
- 네스프레소의 에스프레소 머신 : 가정에서 즐기는 고급 에스프레소
- 클라우드파이어 : 사진과 동영상을 가장 빠르게 공유하는 방법
- 메트로(무료 신문) : 도시를 포괄하는 통근자용 무료 신문
- 닌텐도 Wii : 재미와 집단(가족) 경험을 제공하는 모션 컨트롤 게임
- 집카(카 쉐어링) : 녹색 미국을 건설하는 카 쉐어링 서비스

스타트업은 고객이 가진 핵심 문제를 어떻게 해결해 줄 것인지 표현하는 것이 고유 가치로서 유용하다. 고객의 가장 큰 문제를 '렌털 제공업체 찾는 것이 불편하다'로 규정한다면 '렌털 제공업체를 찾는 가장 쉬운 방법을 알려드립니다'처럼 표현하는 것이다. '적합한 제품 찾기가 어렵다'가 핵심 문제라면 '클릭 한 번으로 원하는 제품을 찾아드립니다'도 고려할 수 있는 고유가치 제안이 될 것이다.

이후 문제/솔루션 검증 과정을 통해 어떤 문제에 집중할 것인지 핵심 문제를 도출하고 나면 보다 명확한 가치 제안이 만들어 질 것

이다. 이왕이면 고객이 공통적으로 가지고 있는 문제, 고객이 사용하는 용어들을 바탕으로 구체적으로 표현해 주면 좋을 것이다.

DO IT 10

고유가치 제안 정의하기

본문 내용을 바탕으로 필요 시 린 보드의 고유가치 제안 부분을 수정한다.

Action

제품 카테고리를 만들어라

고유가치 제안을 통해 제품이 고객에게 제시하는 약속 또는 혜택을 정의했다. 앞에서 예를 든 기업의 제품들은 가치 제안만 들어도 어떤 특징을 가진 제품인지 쉽게 알 수 있었다. 해당 제품들은 이미 우리에게 잘 알려진 제품들이기 때문이다. 스타트업 신제품의 경우에는 가치 제안만으로는 무슨 제품인지 알기 어려운 경우들이 있다. 기술기반 혁신제품이거나 새로운 컨셉의 제품인 경우에는 더욱 그렇다. 따라서 '그래서 그게 무엇인지', '기존에 우리가 알고 있는 것과 비슷한 것은 무엇인지'와 같이 기존과 비유해서 이해를 도와야 할 필요가 있다.

가령 렌털옥션의 제품 카테고리는 렌털 서비스-역경매 서비스라고 할 수 있다. 집카 서비스의 경우 공유경제-자동차 쉐어링 또는 자동차 렌털-시간제 렌털이라고 할 수 있다. 어느 것을 선택할지는 창업자가 판단할 사항이다.

제품 카테고리를 설정하는 것은 간단해보여도 비즈니스에 큰 영향을 줄 수 있다. 마케팅의 핵심은 차별화이다. 그런데 이 차별화라는 것은 기존의 것과 완전히 다른 새로운 제품이라는 것을 의미하는 게 아니다. 이제까지 세상에 없었던 전혀 새로운 제품은 정말 몇 가지 안 된다. 차별화의 포인트는 'Only 1'이다. 이것은 프레임(Frame)을 어떻게 하느냐에 따라 가능한 것이다. 프레임을 바꾸는 것이 차별화에 접근하는 중요한 핵심 요소라고 할 수 있다. 새로운 제품 카테고리를 만들면 그 카테고리에서는 Only 1이 되기 때문이다. 그리고 해당 카테고리에서 Only 1이 되면 그다음부터는 고객들이 Only 1을 자연스럽게 강화시켜 준다.

모바일 메신저서비스로 카카오톡이 자리를 잡자 사람들은 "문자 보내"라고 말하기보다 "카톡 해"라고 말하기 시작했다. 비슷한 메신저서비스가 등장하자, "아, 그거 카톡 같은 거야?", "카톡이랑 뭐가 다른 거야?"라고 물어본다. 카카오톡이 이미 모바일 메신저 카테고리에서 Only 1이 되었기 때문이다.

스타트업일수록 집중해야 할 카테고리 구분이 필요하다. 해당 카테고리에서 Only 1이 되어야 하고, 1등 브랜드가 되어야 한다. LG전자, 삼성전자가 아무리 강해도 전쟁으로 보면 그들은 넓은 전선(戰線)을 가지고 있다. 전선이 너무 넓으면 약한 곳이 있기 마련이다. 전문 브랜드가 파고 들 길이 있다는 것이다.

창업자가 선택한 제품 카테고리는 무엇인가? 이미 나와 있는 영역도 괜찮다. 욕심을 내 본다면 해당 카테고리의 최고가 될 수 있는 영역을 찾아볼 수 있지 않을까?

소비재 마케팅 전문가 김재영 리얼마케팅연구소 소장의 저서《히트 상품은 어떻게 만들어지는가》에서 네이밍(naming)과 제품 카테고리에 대해 힌트를 얻을 수 있는 부분을 발췌해보았다. LG생활건강의 미백 전문 브랜드 '화이트케어'를 개발할 때의 사례이다.

단품의 미백 전문 제품을 개발하기로 결정했고, 이제 제품의 기능적 특징을 소비자에게 강하게 소구하는 것이 성공의 지름길이었다. 그런데 법적 규제로 인해 화장품의 피부 케어와 같은 뉘앙스의 기능적인 측면을 알리는 데 어려움이 따랐다. 이것을 극복하는 방법은 기능 컨셉을 네이밍에 담아 그 자체에서 기능 이미지를 자연스럽게 떠올리게 하는 것이었다.

네이밍은 컨셉을 전달하는 최대의 매개다. 기억하기 쉽고 알기 쉬운 컨셉의 표현이 좋은 네이밍을 탄생시킨다. 좋은 네이밍을 들어본 것만으로 제품 컨셉이 전달된다.

물론 카테고리의 속성이나 카테고리명과 관련 없이 독특한 네이밍으로 전문 브랜드화한 경우도 많다. 예를 들어 제록스, 코닥 등은 독특한 네이밍이지만 그 네이밍 자체가 카테고리의 대명사가 된 경우이다. 그러나 전문 브랜드일수록 해당 카테고리의 속성이나 카테고리 그 자체와 유사한 네이밍을 보여주는 것이 중요하다. 카테고리 속성이나 카테고리명을 선점하기만 하면 마케팅 비용을 최소화할 수 있고 또한 해당 카테고리를 선점할 수 있는 이점이 있기 때문이다.

따라서 제품의 기능적 컨셉인 '하얀 피부를 케어, 치유해주는 미백 전문 화장품'을 표현해 주는 '화이트'와 '케어'를 조합하여 '화이트케어'로 네이밍했다. 즉, '화이트'는 미백 카테고리를 나타내며, '케어'는 전문성을 떠올리게 하는 것으로 이 둘을 조합한 '화이트케어'는 미백 전문 브랜드의 이미지를 떠올리게 하는데 조금도 부족함이 없었다. '화이트케어'의 이름만 보고도 그것이 무엇인지 알 수 있다면 포지셔닝이 한결 쉬워지는 이점이 있는 것이다.

제품의 성공 가능성을 확신하면서 출시와 동시에 광고를 진행하기로 결정했다. 그런데 기능성 화장품법이 없었던 시절이라 화장품의 기능성 특징을 광고에 직접적으로 표현할 수 없었다. 이런 한계점을 극복하기 위해 '화이트케어'의 기능성 특징을 은유적·비유적 메시지로 표현해서 소비자에게 소구하는 방법을 찾기로 했다.

일반적으로 새로운 카테고리를 창조해서 육성할 때 기업이 빈번하게 저지르는 실수가 있는데, 너무 많은 것을 하려고 덤비는 것이다. 하나의 브랜드로 너무 다양한 제품을 내놓는 것이다. 간소하게 출발해 카테고리를 낳고 기르는 싸움에서 이긴 다음 제품 라인을 확장하는 것이 좋다.

발췌한 부분의 마지막 문단에 나와 있는 '하나의 브랜드에 너무 다양한 제품을 내 놓으려는 것'은 '하나의 제품에 너무 많은 기능을 완벽하게 담으려고 하는 창업자의 노력'과도 닮은 것 같다. 스타트업 단계일수록 모든 것을 완벽히 담아내려 하기보다 핵심기능을 담아 고객에게 전달한 후 지속적으로 확인해 나가는 것이 나을 것이다.

DO IT 11

제품 카테고리 정의하기

본문 내용을 바탕으로 필요 시 린 보드의 고유가치 제안 부분을 수정한다.

Action

솔루션을 제시하라

고객 문제와 고객 대안을 파악하여 그것을 해결하고자 하는 가치를 제공한다면 이를 실현할 수 있는 솔루션이 함께 제시되어야 한다. 린 보드에 작성하게 되는 솔루션은 핵심기능 서너 가지를 적으면 된다. 이미 창업자의 머릿속에는 해당 솔루션이 자리 잡고 있을 것이므로, 핵심기능 서너 가지를 작성하는 것이 그다지 어려운 일은 아닐 것이다.

대부분 기업이 솔루션 항목을 작성하는 데에는 별다른 문제를 보이지 않는다. 하지만 솔루션은 고객 문제 검증, 문제 솔루션 검증과정을 거쳐 고객의 니즈가 명확해지면 애초에 생각했던 솔루션이 달라져야 하는 경우가 생길 수도 있다.

또한 간혹 문제가 생기는 경우는 소위 '발명의 위험'이다. 때에 따라 고객의 니즈는 분명한데 그것이 만들어질 수 있는지 알기 어려운 때가 있다. 이 부분은 창업자만 알고 있거나 창업자도 해봐야 알 수 있을 때가 있다. 실제 개발에 실패할 수도 있다. 솔루션 부분의 실현 가능성은 결국 창업자가 판단해야 할 부분이다.

DO IT 12

제품 카테고리 정의하기
본문 내용을 바탕으로 필요 시 린 보드의 솔루션 제시 부분을 기재한다.

기술 중심 제품일수록
고객 문제에 집중하라

린 보드의 작성순서는 대상 고객, 고객 문제, 문제 대안, 가치 제안, 솔루션의 순서로 진행된다. 일반적으로 사업 아이디어가 자신의 경험이나 고객 관찰에서부터 시작되기 때문이다. 하지만 사업의 출발점이 고객 불편이 아니라, 창업자가 보유한 기술에서부터 시작된 경우들이 있다. 이 경우 사고의 초점이 기술에 맞추어지게 된다. 그러다 보니 때때로 고객 니즈와 상관없이 창업자 스스로 생각한 제품을 고객들이 필요로 할 것이라고 생각하여 제품을 만드는 경우가 있다. 고객이 원하지 않는 제품이 탄생되는 대표적인 배경이다. 본인이 가지고 있는 기술을 맹신하게 되면 스스로 생각해서 제품을 만들거나 주위 몇 사람의 의견만 가지고 시간과 비용을 투자하여 연구·개발에 나서기도 한다. 그러고 나서 고객을 찾아 나서는 것이다.

린 보드는 엔지니어 성향의 창업자에게 더욱 유용하다. 본인이 아무리 좋은 기술을 가지고 있다 하더라도 그것이 고객 불편을 해결할 가치가 있는지 명확히 확인하고 시작해야 한다는 것이다. 그리고 대상 고객, 고객 문제, 문제 대안, 솔루션의 순서로 검증하는 것이다. 이 부분이 제대로 검증되지 않으면 제품을 개발하지 않는 것이 좋다. 사업을 하는 목적은 고객의 문제를 해결하는 것이지, 제품을 만드는 것이 아니기 때문이다.

엔지니어 창업자들은 린 보드를 통해 대상 고객, 고객 문제, 문제 대안, 솔루션에 해당하는 내용을 적은 후, 주위 사람에게 스토리텔링하여 호응을 얻는 것에서부터 시작해야 한다. 여기서 주의할 점은 자신의 기술 자체에서 벗어나 그것이 고객 문제를 해결할 수 있는 훌륭한 솔루션이 될지, 기존에 나와 있는 대안들에 비해서 더 좋은지 확인해야 한다. 고객 시나리오를 구성해보는 것도 유용하다. 구체적인 고객을 정해놓고, 그 사람이 언제 어떤 상황에서 불편함을 느끼게 될지, 그것을 어떻게 해결하는지, 그래서 창업자의 기술이 어떻게 도움이 될지를 영화의 한 장면처럼 구상하는 것이다. 이때 자기 기술에 대한 집착을 버리고, 그 상황에서 최상의 문제해결 솔루션이 무엇인지 생각해본다. 때에 따라 보유 기술이 아니라, 다른 방식으로 해결할 수도 있다. 학습한다는 차원으로 접근한다. 이부분이 어느 정도 말이 된다고 생각되면 본격적으로 대상 고객을 만나 검증에 나선다. 이미 기술을 가지고 있는 경우, 보유한 기술에 대한 편견으로 인해 왜곡된 결과를 가져올 수 있으므로 객관성을 갖는 데 노력하고 고객 관찰과 학습하는 자세로 접근할 것을 권장한다.

기술기반 기업이 린 보드를 무시해도 되는 때가 있다. 바로 시장 수요가 확실히 존재하는 위대한 발명일 때 그렇다. 특정 암 치료제를 개발한다든지, 알약 두 알만 먹으면 뱃속의 지방이 분해된다든지, 순간이동을 할 수 있는 탈 것을 개발한다든지 등은 고객에게 물어보지 않아도 상식적으로 큰 수요가 있을 것이기 때문이다. 다시 한 번 말하지만 제품을 만든다는 것은 고객이 필요로 해서지, 창업자가 기술이 있어서, 만들 줄 알기 때문에 만드는 게 아니다.

린 보드,
적는다고 다가 아니다

대상 고객부터 고객 문제, 문제 대안, 가치 제안, 솔루션에 이르기까지 린 보드를 작성해보았다. 작성한 린 보드는 추후 고객 인터뷰 과정을 통해 모두 검증할 것이다. 그리고 창업자가 미처 생각하지 못했던 내용들을 추가하여 린 보드를 완성시킬 것이다.

하지만 처음 린 보드를 작성할 때 여러 가지 생각을 많이 하면 고객 인터뷰 이전에 완성도를 높일 수 있다. 완성도를 높인다는 말은 린 보드를 스토리텔링했을 때 부드럽게 연결되고 이대로만 실행된다면 반복가능하고 확장가능한 비즈니스 모델로 검증할 수 있는 수준을 말한다. 이렇게 해 놓은 상태에서 고객 인터뷰를 통해 검증을 진행하면 시간을 아끼고 시행착오를 줄일 수 있을 것이다.

또한 린 보드를 작성하고 나면 회사마다 어느 항목을 집중적으로 검증해야 하는지 알 수 있다. 스타트업의 사업 아이디어, 창업자 역량, 제품 특성, 시장 현황 등 여러 가지 요인에 의해 쉽게 넘어갈 수 있는 부분, 반드시 확인해야 하는 부분으로 구성되기 때문이다. 이 부분이 바로 경험 있는 비즈니스 멘토, 스타트업 액셀러레이터 등이 도와주어야 할 역할이라고 생각된다. 조금만 관점을 바꾸어도 훨씬 개연성 있는 린 보드 모델을 만들 수 있기 때문이다.

경험이 부족한 창업자들이 완성도 높은 린 보드를 작성하기란 쉽지 않다. 자꾸만 자신의 관점에서 작성하려는 경향이 있기 때문이다. 이런 부분을 해결하기 위해서는 벤치마킹하고 싶은 기업이나 경쟁사의 린 보드 작성 연습을 추천한다. 자신의 린 보드에서도 대상 고객을 다양화하거나 수익 모델을 다양화해서 작성해보는 것이 좋다. 다양화해서 작성하는 것의 목표는 이것을 이야기로 묶었을 때 고객이 '와우'할 수 있는 구조, 가장 빠른 시간에 시장점유율 1위를 할 수 있는 가능성 있는 린 보드를 만들어야 한다. 혼자만 그렇게 느끼는 게 아니라, 옆 사람에게 이야기했을 때 그 사람도 그렇게 느껴야 한다. 이렇게 린 보드를 만들고 나서, 직접 고객을 만나 실제 가능성을 검증해야 한다. 린 스타트업 전략에서 제시하는 검증과정이 완료되면 제품화되었을 때 고객이 원하지 않는 상품이 나오는 위험은 최소화할 수 있다.

토론해봅시다

1. 고객 문제는 검증할 수 있어야 합니다. 당신은 고객 문제, 문제 대안에 검증할 수 있는 문제와 대안을 기재했습니까? 어려운 점은 어떤 것이었습니까?

2. 솔루션은 미리 기재했더라도 고객 문제, 문제 대안이 검증되었을 때 수정될 수 있다고 했습니다. 왜 그렇습니까?

3. 주위의 스타트업 중 고유가치 제안이 명확하거나 카테고리 위치가 대단히 적절하다고 생각하는 곳이 있습니까? 어떠한 점을 배워야 하겠습니까?

Action
07

문제를 검증하라

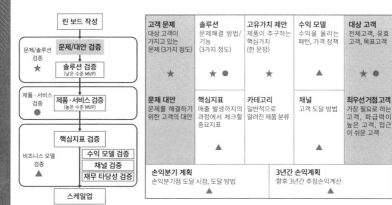

	린 보드 작성			

Flow chart (left):
- 린 보드 작성
- 문제/대안 검증 (문제/솔루션 검증 ★)
- 솔루션 검증 (낮은 수준 MVP)
- 제품·서비스 검증 (제품·서비스 검증 ●) (높은 수준 MVP)
- 핵심지표 검증
- 비즈니스 모델 검증 ▲ → 수익 모델 검증 / 채널 검증 / 재무 타당성 검증
- 스케일업

Lean board (right):

고객 문제	솔루션	고유가치 제안	수익 모델	대상 고객
대상 고객이 가지고 있는 문제 (3가지 정도)	문제해결 방법/ 기능 (3가지 정도)	제품이 추구하는 핵심가치 (한 문장)	수익을 올리는 패턴, 가격 정책	전체고객, 유효 고객, 목표고객
★	★ ●	★	▲	★ ●
문제 대안	**핵심지표**	**카테고리**	**채널**	**최우선 거점 고객**
문제를 해결하기 위한 고객의 대안	매출 발생까지의 과정에서 체크할 중요지표	일반적으로 알려진 제품 분류	고객 도달 방법	가장 필요로 하는 고객, 파급력이 높은 고객, 접근이 쉬운 고객
	▲		▲	

손익분기 계획		3년간 손익계획	
손익분기점 도달 시점, 도달 방법		향후 3년간 추정손익계산	
▲		▲	

lean

Startup Bible

Action

고객 인터뷰를 하는 이유

우리는 앞에서 린 보드를 완성했다. 하지만 완성한 린 보드는 창업자의 경험이나 머릿속에서 나온 가설이다. 이제는 린 보드에 작성한 내용들이 정말 고객이 가지고 있는 문제와 동일한지 검증해봐야한다. 검증을 위해서는 어떻게 해야 할까? 고객들을 만나봐야 한다. 고객들을 만나서 이야기를 듣고, 고객들을 관찰해야 한다. 마케팅에서는 이것을 '시장조사'라고 표현하기도 한다. 하지만 마케팅에서 말하는 '시장조사'와 우리가 하게 될 '고객 검증'은 약간 다르다.

일반적인 시장조사라면 우선 시장의 크기와 성장성을 측정한다. 자사의 영업망을 통해 시장 수요를 예측하거나 자금의 여유가 있는 곳이라면 전문기관을 통해 시장 조사를 의뢰하기도 한다. 고객 설문조사를 통해 시장 크기와 고객의 의향을 물어보기도 한다. 하지만 우리는 그렇게 하지 않을 것이다. 고객을 만나 이야기 나누며 학습할 것이다.

설문조사를 하면 많은 수의 고객들에게 다양한 질문을 하고 답을 얻을 수 있을 텐데 왜 시간과 에너지가 많이 소요되는 인터뷰를 해야 하는지 의아할 것이다. 고객에게 설문조사를 한다는 것은 이미 고객에게 어떤 것을 물어봐야 할지 알고 있다는 것을 전제로 한다. 그러다 보니 우리가 질문하는 것에 대해서만 결과를 볼 수 있다. 우리는 '아무 것도 모른다'는 관점에서 시작한다. 그저 가설만 몇 가지 정해 놨을 뿐이다. 우리의 목적은 우리가 가설로 설정한 고객 불편이 진짜 있는지, 있다면 얼마나 불편한지 알기 위한 것이다. 고객은 창업자가 언급하는 해당 과업에 대해 기대보다 더 많은 이야기를 해주는 경우가 많다. 고객과 이야기를 나누다보면 미처 생각하지 못했던 사실들을 알게 될 것이다.

이 과정에서 어떤 창업자는 포커스 그룹 인터뷰(Focus Group, 특정 주제에 대해 소수의 그룹을 대상으로 하는 인터뷰 방식)를 하겠다고 말할 수도 있다. 여러 명의 잠재고객을 모아서 이야기 나누면 시간과 비용을 절약할 수 있다는 생각에서다. 하지만 린 스타트업에서는 이 방식도 선호하지 않는다. 여러 고객을 한 곳에 모아 이야기하다 보면 진지하고 깊이 있는 이야기를 나누기 어렵기 때문이다. 또한 참가자들이 특정인의 의견에 동조하는 집단사고의 문제점이 발생할 수 있다. 따라서 시간이 걸리더라도 고객과 깊이 있는 이야기를 나누어 보는 것이 필요하다. 이렇게까지 이야기했는데도 이런 반응이 나오기도 한다.

"지금 해야 할 일이 너무 많아서 고객을 한명 한명 만날 시간이 없어요."

위의 이야기는 린 워크숍 과정 참가자에게서 들은 말이다. 해야 할 일이라는 것이 무엇을 위해 해야 할 일일까? 고객을 만나지 않고 무엇을 만들 수 있을까?

실제로 많은 창업자들은 '제품이 너무 훌륭하기 때문에 사람들이 좋아할 수밖에 없다'거나 '니에게 꼭 필요한 것이니 다른 사람들도 필요할 것이다'라는 생각에 고객을 만날 생각조차 하지 않는다. 때때로 고객 만나는 것이 불편하다는 창업자도 있다. 자기 사업을 확신할수록 그런 경향이 강하다. 무엇을 위해 사업을 하는지 잘 생각해봐야 한다. 고객이 원하는 것을 세상에 내 놓아야 한다. 그 첫 단추는 창업자가 주목하고 있는 문제가 과연 해결할 만한 가치가 있는 문제인지 확인하는 것이다. 고객으로부터 구체적인 이야기를 들어야 한다.

Action

고객 인터뷰의 핵심

문제/솔루션 검증 단계에서는 고객 문제 검증 인터뷰와 솔루션 검증 인터뷰를 진행할 계획이다.

고객 문제 검증 인터뷰는 가설로 수립한 고객 문제를 실제 고객이 가지고 있는지, 어느 정도의 문제인지, 현재 그 문제를 해결하기 위해서 무엇을 하고 있는지를 확인하고자 하는 것이다.

솔루션 검증 인터뷰는 해결방안으로 제시한 솔루션 가설에 대해 고객도 그것이 문제를 해결할 수 있을 것인지에 대해 얼마만큼 동감하는지 확인하는 것이다. 여기서 동감은 단지 필요성에 대한 것을 넘어서 창업자가 책정한 가격에 해당하는 비용을 지불하는 것 이상의 가치가 있느냐 하는 것이다.

고객 인터뷰는 고객을 설득하는 작업이 아니다. 고객이 원하는 것이 무엇인지 물어보는 것도 아니다. 창업자가 가설로 설정한 고객 문제를 가지고 있는지, 가지고 있다면 현재 어떻게 해결하고 있는지, 제시한 솔루션이 그 문제를 해결할 수 있을 것인지에 대한 고객의 생각을 듣는 것이다. 핵심은 듣는 것이다. 문제에 대해 이야기하다 보면 고객들은 창업자가 생각하지 못했던 추가적인 문제점을 제시할 수 있고, 대안도 얘기해 줄 것이다. 때때로 창업자가 제시한 솔루션보다 더 나은 솔루션이 시장에 있음을 알게 되는 경우도 있다.

고객이 불편해하는 것이 무엇인지, 그래서 현재 어떻게 하고 있는지, 그것을 개선하는 것이 가치 있는 일인지, 내가 제안하는 솔루션이 의미가 있는지를 듣고, 학습하는 것이다.

Action

고객 인터뷰를 위한 시나리오

고객 인터뷰를 위해 시나리오를 준비한다. 사전에 시나리오를 준비하지 않으면 고객을 만나 제품 필요성에 대한 설득만 하다가 돌아올 수 있다. 처음 고객을 만나 인터뷰를 시작하는 순간부터 마무리까지 어떻게 진행해야 할지에 대한 시나리오를 가지고 있어야 한다. 여기서는 '렌털옥션'이라는 비즈니스 모델을 가지고 고객 인터뷰 시나리오를 만들어보려고 한다. 여러분은 여러분 사업에 맞추어 시나리오를 준비해보면 좋을 것이다.

이 시나리오를 참고하여 여러분 비즈니스 모델에 적합한 인터뷰 시나리오를 만들면 될 것이다.

<**그림 7-1**> 고객 문제 검증 인터뷰 순서

(1) 인사

고객을 만나면 인사부터 한다. 그리고 인터뷰 환경을 조성한다.

안녕하세요. 우선 인터뷰에 응해주셔서 감사합니다. 저희는 렌털 서비스를 보다 쉽고 편리하게 이용할 수 있는 서비스를 개발하고 있습니다. 사실 회사에서 복합기를 렌털하는 과정에서 불편함을 느껴 이 아이디어를 생각하게 되었습니다. 그래서 다른 분들도 이런 문제를 겪는지 확인해서, 이러한 방식을 개선할 수 있는 서비스를 만들 가치가 있는지 알아보고 싶었습니다.

몇 가지 질문을 드리고 싶은데요, 먼저 렌털 서비스를 이용하면서 발생할 수 있는 주요 문제들을 설명한 다음 이 문제들에 공감하시는지 여쭙겠습니다. 저희 목표는 의견을 듣는 것입니다. 제품을 팔거나 광고하려는 것이 아니라는 점을 말씀드립니다. 괜찮으신지요?

(2) 인구통계학적 정보 입수

고객 인터뷰에 대한 인사와 간단한 설명 뒤에는 고객의 인구통계학적 정보를 기입한다.

문제에 관한 이야기를 나누기 전, 몇 가지 질문을 드리겠습니다.

- 귀사의 직원 수는 몇 명입니까?
- 귀사가 설립된 지는 얼마나 되었습니까?
- 귀사는 현재 렌털 서비스를 이용하고 있습니까?
- 이용하고 있다면 어떤 상품들을 이용하고 있습니까?
- 이용하고 있지 않다면 특별한 이유가 있습니까?
- 향후에 (추가)렌털 서비스를 이용할 계획이 있습니까?
- 현재 이용하고 있는 렌털 서비스의 가격은 타사의 제공 가격에 비해 적절하다고 생각하십니까?

(3) 배경 설명

본격적인 고객 문제 검증에 앞서서 좀 더 자세한 배경 설명을 진행한다.

> 좋습니다. 감사합니다. 그럼 저희가 어떤 문제를 다루는지 설명해 드리겠습니다. 상품을 직접 구매하는 것보다 렌털하는 것이 편리한 상품들이 늘어나고 있습니다. 렌털 서비스를 신청하기 위해서는 특별한 정보가 없기 때문에 인터넷 검색을 합니다. 검색결과 나열되는 렌털 서비스 업체들을 상단부터 하나씩 클릭하여 적합한 제품이 있는지 살펴봅니다. 서너 군데를 찾아보고 나면 어떤 제품을 선택해야 할지 결정되고, 그다음은 최적의 가격을 제공하는 곳을 찾기 위해 검색합니다. 적당히 검색했다고 생각하면 전화를 걸어 렌털 가능 여부와 정보를 확인하고 렌털 서비스를 신청합니다. 귀하도 저희와 비슷하신가요? (아니라면 어떤 방식으로 진행하는지부터 확인해야 함)

(4) 문제 검증

창업자가 가설로 세운 문제점에 대해 구체적으로 질문한다. 질문만 하고 이 내용을 강요하거나 설득하지 않는다.

> 구체적으로 질문 드리겠습니다. 앞서 말씀드린 과정대로 진행할 때,

1. 렌털 제공업체를 찾는 게 불편하다고 생각하십니까?

2. 적합한 제품을 찾는 게 불편하다고 생각하십니까?

3. 최상의 가격으로 제공받았는지 불확실하여 불편한 마음이
   들지 않으십니까?

   제가 질문한 내용 외에 렌털 서비스를 이용하며 불편함을 느
   낀 적이 있습니까?

　이때 기존 방식에서 불편한 점을 질문한 다음, 불편함이 있다고
하면 그 정도와 함께 그것을 해결하기 위해 현재 어떠한 방법을 이
용하고 있는지 물어본다. 문제점을 파악하는 것이 중요하지만 그 문
제점에 대한 대안 역시 중요한 정보가 된다. 불편한 점이 있다고 대
답했지만 대안 요소를 적극적으로 활용하지 않는다면 그것은 진짜
불편이 아닐 수도 있다. 그냥 불편하다고 생각만 하는 것이다. 특정
불편에 대해 이용하고 있는 대안이 비싸거나, 시간이 많이 소요되거
나, 스트레스를 받을 만한 것이거나, 힘을 많이 써야하는 것이라면
해당 불편의 해결 가치가 높아질 것이다. 각 질문에 대한 답변은 '아
주 그렇다'부터 '전혀 그렇지 않다'로 나뉠 것이다. '아주 그렇다'에
5점, '전혀 그렇지 않다'에 0점을 주고 중간 단계를 만들어 인터뷰한
다면 고객 문제의 우선순위를 찾는 데 도움이 될 것이다. 또한 뒤에
서 설명하겠지만 이 대안적 요소가 창업자의 경쟁제품이 될 것이고,
향후 제품가격 설정에 대단히 중요한 포인트가 될 것이라는 점이다.
따라서 고객이 불편하다고 인식한다면 그것을 해결하기 위해 현재

어떤 행동을 하고 있는지 확인하기 바란다.

(5) 고객관점 탐색

창업자가 수립한 문제 가설과 상관없이 고객의 관점에서 렌털 서비스와 관련된 다양한 이야기를 들어본다. 창업자가 미처 생각하지 못했던 다양한 정보가 이 과정에서 나오게 될 것이다. 고객 문제 인터뷰지의 기타 항목에 내용을 기록한다.

> 제가 말씀드린 불편함에 대하여 자유롭게 의견을 말씀해 주세요.
> 1. 렌털 서비스를 이용하는 다른 방법이 있습니까?
> 2. 방법이 있다면 무엇입니까?
> 3. 현재 사용하고 있는 렌털 서비스는 어떤 방식으로 신청하였습니까? 등

여기서 새로운 고객 문제가 발굴된다면 큰 소득이 될 것이다. 이 부분에 대해서도 현재 어떻게 해결하고 있는지 대안을 들어본다.

(6) 마무리

고객으로부터 많은 이야기를 들었을 것이다. 감사한 마음으로 마무리를 한다. 인터뷰할 다른 사람을 소개 받을 수 있을지 물어보는 것도 좋다.

오늘 시간 내 주셔서 정말 감사합니다. 저희에게 큰 도움이 되었습니다. 처음 말씀드렸듯이 아직 제품은 완성되지 않았지만 빠른 시일 내에 출시하려고 합니다. 제품을 출시할 준비가 되었을 때 저희 제품을 한 번 사용해보시겠습니까? (그리고 저희는 귀하 같은 인터뷰 대상자를 더 찾고 있습니다. 혹시 다른 분들을 소개해 주실 수 있으십니까?) 감사합니다.

(7) 보고서 작성

창업자는 인터뷰 과정에서 메모를 하고 있었을 것이다. 이를 통해 고객 문제 인터뷰지를 정리하여 보고서를 작성한다. 이 과정에서 창업자가 수립한 문제 가설과 상반되는 내용이 나올 수 있다. 이것을 수정할 것인지는 고객 인터뷰를 지속하는 과정에서 판단이 설 것이다. 생각하지 못했던 문제 가설은 다음 번 인터뷰에서 검증할 수 있도록 질문에 넣으면 된다.

<그림 7-2> 고객 문제 검증 인터뷰 결과 작성 예

고객 문제 검증 인터뷰			

개요	날짜	이름	연락처
	2020. 10. 30	김승호	010-0000-0000

기본 사항

직원(가족) 수 : 10여 명   설립연도 : 2005년
현재 렌털 이용현황 ① 예 2) 아니요 3) 기타
이용상품(이용 안 하는 이유) : 공기 청정기 2대, 생수기
향후 계획 ① 있음 2) 없음 3) 보름
가격 인지 정도 : 계약 이후 기억이 잘 안 남

문제

문제 1. 렌털 제공업체 찾는 것이 불편하다
- 중요도 순위 : 5-4-3-②-1-0   불편함 정도 : 그다지 불편하지는 않다
- 현재 해결 방법 : 그냥 '웅진코웨이 공기청정기'로 검색

문제 2. 적합한 제품을 찾는 것이 불편하다
- 중요도 순위 : 5-④-3-2-1-0   불편함 정도 : 조금 불편
- 현재 해결 방법 : 어떤 제품이 적합한지 모르기 때문에 그냥 '웅진코웨이 공기청정
  기'로 검색

문제 3. 최상의 가격으로 제공받았는지 불확실하다.
- 중요도 순위 ⑤-4-3-2-1-0   불편함 정도 : 높음
- 현재 해결 방법 : 인터넷 검색

기타	- 회사에서 공기청정기 2대를 렌털함. 관련 정보가 별로 없기 때문에 인터넷에서 '웅진코웨이 공기청정기'로 검색하여 나온 사이트들을 살펴보고 신청함 - 가격이 비싸고 3년, 5년 약정이 있어서 중간에 다른 제품으로 바꾸고 싶어도 바꿀 수 없는 어려움이 있다.

Action

고객 인터뷰의 종료

고객 문제 검증 인터뷰를 언제 종료할 것인지 정해 놓는다. 고객 인터뷰는 많이 진행할수록 좋다. 고객의 문제를 확실히 알 수 있기 때문이다. 하지만 무한정 인터뷰를 진행할 수는 없을 것이다. 몇 건의 인터뷰를 진행하는 것이 적절할까? 정해진 답은 없지만, 창업자가 수립한 고객 문제와 고객이 이야기한 문제 사이에 더 이상 새로운 내용이 나오지 않을 때까지가 적절한 종료시점이라 할 수 있다. 다만, 이를 위해 최소한의 인터뷰는 진행되어야 한다. 최소 10명 이상, 최대한은 아주 특별한 경우가 아니라면 30명 내외에서 검증될 것이다. 최소 10명이 너무 적어 검증력이 약할 수 있지만, 문제 사항이 추가로 나타나지 않는다면 종료해도 된다. 왜냐하면 이후에 솔루션 검증 인터뷰를 진행해야 하는데, 이때 고객 문제 인터뷰를 추가 진행할 수 있기 때문이다.

고객 문제 검증 인터뷰를 진행하다 보면 두 가지 결과가 나올 것이다. 첫 번째는 창업자가 생각한 고객 문제의 틀에서 크게 벗어나지 않는 경우다. 일부 개선과 수정을 통해 신속히 솔루션 검증 인터뷰로 넘어가면 된다. 두 번째는 창업자가 생각한 고객 문제와 고객이 생각하는 문제에 차이가 나는 경우다. 이때는 그 차이가 어디에서 나오는 것인지 확인하며 수정해야 한다. 기본적으로는 고객에 맞추어 문제를 재정의해 나가야 할 것이다. 고객에 따라 느끼는 문제의 강도가 다르다면 고객군을 재정의해야 할 필요가 생길 수 있다. 고객이 말하는 문제의 우선순위와 중요성과 창업자가 생각하는 우선순위와 중요성을 비교해 어떤 문제에 집중할 것인지도 정해야 할 것이다.

DO IT 13

고객 문제 검증 인터뷰 진행

고객 문제 검증 인터뷰 계획 수립, 인터뷰 대상 고객 선정, 고객 인터뷰를 위한 시나리오 작성, 고객 인터뷰 보고서 양식을 준비한 후 고객 문제 검증에 나선다.

Action

고객 문제 검증 인터뷰
결과보고서 작성

고객 문제 검증 인터뷰를 진행하고 나면 대부분의 경우 고객 문제 가설이 일부 수정되거나 새로운 문제가 추가된다. 문제 대안 부분도 일부 변경되거나 때에 따라 창업자가 제시할 솔루션보다 더 나은 대안을 듣게 되는 경우도 있다. 또는 창업자가 생각했던 솔루션이 그다지 중요하지 않다는 것을 느낄 수도 있다. 진행된 인터뷰 내용을 바탕으로 수정이 필요한 사항을 반영해 린 보드를 다시 작성해보자.

(1) 검증할 문제

렌털옥션의 경우 검증할 문제는 다음과 같았다.

① 렌털 제공업체를 찾는 것이 불편하다.

② 적합한 제품을 찾는 것이 불편하다.

③ 최상의 가격으로 제공받았는지 불확실하다.

(2) 문제 검증 인터뷰 결과

① 렌털 제공업체를 찾는 것은 주위에 아는 사람이 없더라도 인터넷 검색 사이트에 접속, 검색을 통해 쉽게 찾을 수 있어 불편한 문제가 아니었다. 정작 불편한 것은 너무 많은 렌털 업체가 나열되어 그 중 하나를 선택하는 것이었다. ② 적합한 제품을 찾는 것은 상당 부분 불편한 문제로 판단되었다. 검색 결과가 상당히 많이 나왔고 제품 종류, 옵션이 다양해서 선뜻 적합한 제품을 선택하기가 어려웠다. 복합기의 경우 제품 기능이 소비자에게는 비슷비슷해 보이는데 모델이 너무 많다는 것이다. 또 실제 계약을 하려면 재고 확인 등을 위해 전화 문의를 해야 하는 경우가 많았다. ③ 최상의 가격으로 제공받았는지에 대한 인식 여부에 대해서는 개인과 기업 담당자 모두 불편하다는 의견이었다. 가격에 대해서는 기업 담당자보다 개인이 조금 더 민감했다. 렌털 서비스는 공산품처럼 소비자 가격이 정해진 것이 아니고, 고객들은 어떠한 업체 또는 영업담당자를 만나느냐에 따라 가격이 달라질 수 있다는 생각이 있기 때문에 어떤 방식으로 가격이 결정되는지와 상관없이 불편함을 가지고 있었다. 선택의 불편, 가격에 대한 신뢰 부족이 해결해야 할 가장 큰 고객 문제였다. 특히 적합한 제품을 찾는 것에 대해서는 향후 고객의 환경에 맞는 적합한 제품을 안내한다든지, 많이 판매되는 제품의 순위 정보를 보여주는 솔루션도 검토해볼만 하겠다는 생각을 했다.

현재 고객들은 ② 적합한 제품을 찾는 것이 불편하다는 것을 해결하기 위한 대안으로 제품 판매 사이트에 접속해 제품 기능 소개와 일반 판매가격을 살펴보는 수준이었다. ③ 최적의 가격으로 렌털했는지에 대한 불편은 더 많은 사이트에 접속해서 비교하는 방식이 있었다.

(3) 추가적으로 파악한 내용

그밖에 고객이 가지고 있는 추가적인 문제 사항은 발견되지 않았으나 고객의 이용 패턴을 듣는 과정에서 몇 가지 새로운 사실이 발견되었다.

첫째, 가정에서는 정수기, 비데 같은 제품을 렌털하는 경우가 많은데, 이 경우 특정 제품 브랜드(예: 코웨이)가 확고하게 포지셔닝되어 있다는 것이었다. 그래서 고객들은 인터넷 검색 시 '정수기 렌털'이 아니라, '코웨이 정수기 렌털'처럼 구체적인 키워드를 입력한다고 했다. 이렇게 되면 '업체를 쉽게 찾을 수 있겠네'라는 생각이 들었다. 하지만 실제 '코웨이 정수기 렌털'이라고 검색했더니 수많은 대리점 사이트가 검색되었다. 특정 브랜드 제품을 검색하더라도 선택이 쉽지 않겠다는 것을 확인할 수 있었다.

둘째, 가정 이용자들의 경우 처음에는 인터넷 검색으로 렌털 서비스를 이용하지만, 그다음부터는 해당 렌털업체의 영업담당자들에 의해 구매가 진행된다는 점이었다. 가정에서 많이 이용하는 렌털 제품은 정수기와 비데 같은 것인데, 이들 제품의 특성은 청소나 교체

서비스가 지속적으로 진행된다는 것이다. 따라서 제공업체와 고객 간에 정기적인 커뮤니케이션이 이루어지고 있고, 고객들이 렌탈 옥션을 통해 가격 비교를 하더라도 낮은 가격으로 렌탈 제품을 추가, 교체하기보다 영업담당자에게 해당 조건으로 렌탈 비용을 낮춰줄 수 있는지 요청할 가능성이 높다는 것을 알게 되었다. 반면에 기업 고객은 가정 고객보다 렌탈 제공업체 영업담당자와 커뮤니케이션 빈도나 친밀감이 떨어지고, 가정 고객보다 더 많은 비용을 지출하고 있음을 알게 되었다. 따라서 초기 거점고객을 기업 고객으로 선정한 것은 적절했다고 볼 수 있다.

셋째, 기업 고객의 경우 기업 규모가 클수록 가격 자체에 대한 민감성보다 렌탈업체 및 제품 선택에 대한 관심이 더 크다는 것을 알게 되었다. 특히 렌탈 서비스를 위해 기안을 올려야 하는 경우 비교 견적을 첨부하면 좋은데, 현재는 개별 사이트에 들어가서 제품과 견적 부분을 참고하고 있다. 향후 기업 이용자들을 위해서는 기안을 쉽게 작성할 수 있도록 하는 구성도 고려할 필요가 있겠다.

마지막으로 알게 된 점은 대부분의 렌탈 서비스가 보통 3년 정도의 약정으로 진행되고 있다는 것이다. 한 번 계약하면 3년 동안 이용해야 하는 것이다. 이에 따라 고객의 약정 종료주기를 파악할 필요가 있고, 렌탈옥션에서 계약을 진행한 고객도 약정기간에 대한 관리를 통해 더 좋은 조건으로 교체할 기회를 제공할 필요가 있었다.

무엇보다 렌털 수수료가 월 3만원인 고객의 고객가치는 단지 3만원이 아니라 36개월, 즉 108만원을 지불하는 고객으로, 한 사람의 가치가 생각보다 높다는 것을 알 수 있었다. 기업에서 많이 이용하는 복합기의 경우 대당 15만원 내외인데, 이는 3년을 사용한다면 540만원을 지불하는 것이다. 이는 렌털 중계수수료를 확보할 수 있는 여지가 충분할 것으로 보였다.

<그림 7-3> 문제 검증 인터뷰 후 수정된 린 보드

고객 문제	솔루션	고유가치 제안	수익 모델	대상 고객
<이용고객> 1. 렌털 제공업체를 찾는 것이 불편하다 2. 적합한 제품을 찾는 것이 불편하다 3. 최상의 가격으로 제공받았는지 불확실하다 (중요) <제공업체> 렌털 필요 고객을 찾는 것이 불편하다	1. 인터넷 플랫폼 2. 고객이 렌털 희망 상품 게시 3. 제공업체가 입찰 참여 4. 고객이 최선의 선택을 할 수있도록 계약 중개 5. 인기 렌털 제품 소개와 순위(New)	<이용고객> 빠르고 경제적인 렌털 역경매서비스 <제공업체> 렌털 희망고객을 찾아드립니다.	플랫폼 수익 광고 수익	<이용고객> · 전체고객 : 기업과 가정 · 유료고객 : 기업 · 목표고객 : 서울 소재 중소기업 <제공업체> · 고객 지역 기반 렌털업체
문제 대안 <이용고객> 제품 판매 사이트 검색 더 많은 사이트에서 비교 <제공업체> 인터넷 검색 키워드 광고, 자체 광고/영업	**핵심지표** 사이트 접속자 수 회원가입 전환율 사용자 렌털 등록율 역경매 성사율 거래당 평균 매출액	**카테고리** 렌털 역경매 서비스	**채널** 소셜네트워크 검색엔진 전시회 안내사이트 사무실 중개사이트	**최우선 거점 고객** <이용고객> 서울지역 벤처기업 인사총무 모임 <제공업체> 고객지역 기반 렌털 업체

손익분기 계획	3년간 손익계획			
수수료 1만 5천원 기준. 월 600건 목표. 월매출 900만원(1년 내)		1년	2년	3년
	매출	1억	6.5억	16억
	매출원가	0	0	0
	매출총이익	1억	6.5억	16억
	판관비	2.5억	6.5억	12억
	영업이익	-1.4억	0	4억

고객 문제 검증 결과보고서 작성

고객 문제 검증 인터뷰 후 결과보고서를 작성한다. 가설로 설정한 문제의 실제 중요도, 점검해야 할 다른 문제, 고객들이 문제를 해결하는 대안 중 가설과 다른 부분들을 결과보고서로 작성하라. 그리고 채택할 내용으로 린 보드를 수정한다.

토론해봅시다

1. 고객 인터뷰를 진행할 때 주의점이나 신경 써야 할 추가적인 사항이 본문에서 언급한 것 외에 더 있습니까?

2. 고객 인터뷰를 진행한 결과 수립한 가설에 대한 검증이 잘되었습니까? 고객 인터뷰 전후로 달라진 점은 무엇이었습니까?

3. 고객과의 문제 인터뷰를 진행 후 느낀 점은 무엇입니까?

4. 몇 명의 고객과 인터뷰를 진행할 때 이 정도면 고객 문제 가설이 검증되었다는 생각이 들었습니까?

Action
08

솔루션을 검증하라

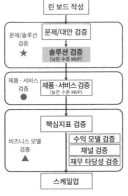

고객 문제 대상 고객이 가지고 있는 문제 (3가지 정도)	솔루션 문제해결 방법/ 기능 (3가지 정도)	고유가치 제안 제품이 추구하는 핵심가치 (한 문장)	수익 모델 수익을 올리는 패턴, 가격 정책	대상 고객 전체고객, 유효 고객, 목표고객
★	★ ●	★	▲	★ ●
문제 대안 문제를 해결하기 위한 고객의 대안	핵심지표 매출 발생까지의 과정에서 체크할 중요지표	카테고리 일반적으로 알려진 제품 분류	채널 고객 도달 방법	최우선 거점 고객 가장 필요로 하는 고객, 파급력이 높은 고객, 접근 이 쉬운 고객
	▲		▲	
손익분기 계획 손익분기점 도달 시점, 도달 방법			3년간 손익계획 향후 3년간 추정손익계산	
▲			▲	

Startup Bible

솔루션 검증의 목적

고객 문제와 그 대안을 검증했다면 이를 해결할 솔루션을 살펴볼 차례다. 이 솔루션은 처음 생각했던 내용과 동일할 수도 있고, 고객 문제와 대안을 검증하는 과정에서 달라졌을 수도 있다. 중요한 점은 최초에 세운 가설에 연연하지 말고 고객의 소리를 겸허한 마음으로 듣고 이에 따라 수정·보완해야 한다는 것이다.

이제부터 문제에 대한 솔루션이 적합한지 알아보도록 하자. 인터뷰 대상은 기존 고객 문제 인터뷰 대상자와 동일해도 되고, 동일하지 않아도 된다. 동일하지 않은 경우에는 고객 문제 인터뷰도 함께 실시하여 부족한 고객 문제 인터뷰도 보완할 수 있다. 그럼, 애초에 고객 문제 검증 인터뷰를 진행할 때 솔루션 인터뷰도 함께 진행하는 것이 효율적이 아니었을까 궁금증을 가질 수 있다. 그렇게 하지 않은 이유는 고객 문제 검증 인터뷰 과정에서 창업자가 세운 고객 문제와 대안이 생각했던 것과 다른 결과가 나올 가능성을 배제할 수 없었기 때문이다. 그렇게 되면 솔루션 자체가 달라져야 하므로 솔루션 검증 자체가 의미 없어진다. 이런 이유로 고객 문제 검증 인터뷰를 더 이상 검증하지 않아도 될 만큼 진행하라고 한 것이다. 그래야 솔루션 가설을 확정할 수 있기 때문이다. 최초 린 보드를 작성할 때 솔루션 항목을 완벽하게 적을 필요가 없다고 했던 이유이기도 하다.

솔루션 검증의 목적은 다음과 같다.

첫째, 창업자가 제시하는 솔루션이 고객에게 가치 있는 솔루션이 될 수 있는지 검증하는 것이다. 고객에게 가치 있는 솔루션이란 기존 대안보다 더 나은 기능을 제공하든지, 기존 대안과 비슷하더라도 낮은 가격에 제공할 수 있는지가 될 것이다. 창업자가 가치 있는 솔루션이라 주장하더라도 이에 대한 판단은 고객이 하게 된다. 제품이 나온 다음에 고객에게 물어보는 게 아니라, 솔루션을 설명하는 과정부터 고객의 반응을 반영하는 것이다. 이를 통해 고객이 원하는 솔루션을 만들어 갈 수 있다.

둘째, 생각하지 못했던 솔루션의 문제점을 파악할 수 있다. 여러 고객들을 만나다 보면 창업자가 제시한 솔루션에 대해 창업자가 생각하지 못했던 문제점을 제시하는 경우도 종종 생긴다. 때때로 고객이 더 나은 솔루션을 제시하는 경우도 있다. 이런 경우 창업자는 당황하기 십상이지만 이것보다 훌륭한 학습의 기회도 없을 것이다. 그 문제점이 해결할 수 있는 것이라면 해결하면 되고, 해결할 수 없다면 보다 근본적인 솔루션을 다시 고민하면 된다. 더 나은 솔루션을 제시받으면 그것도 고민해본다. 사업은 생각나는 대로 제품을 만드는 것이 아니다. 고객에게 적합한 솔루션을 제공하지 못한다면 진행하지 않는 편이 낫다.

셋째, 고객이 긍정적이라면 대략적인 기능 정의를 할 수 있다. 고객에게 솔루션을 설명하는 과정에서 고객은 이런 저런 질문을 하게 된다. 이 과정을 통해 필수기능이 무엇인지, 추가하거나 제외해야 할 기능이 무엇인지 등을 생각하게 된다. 기능이 많다고 좋은 제품이 아니다. 핵심기능이 제대로 구현되어 있느냐가 더 중요하다.

솔루션 검증 인터뷰는 고객 문제 검증 인터뷰와 유사한 방식으로 시작한다. 역시 솔루션의 당위성을 설득하려고 하지 말아야 한다. 고객의 이야기를 들으며 관찰하고 학습하는 것이 목적이다.

① 고객에게 최적의 솔루션이 될 수 있는가?
  • 가장 좋은 대안인가?
  • 고객이 지불할 가격보다 더 높은 가치를 제공하는가?
② 생각하지 못했던 문제점이 있는가?
③ 필수기능, 추가기능, 제외기능은 무엇인가?

솔루션 검증 인터뷰를 진행하려면 고객에게 솔루션을 제시해야 한다. 솔루션을 제시하는 방법은 여러 가지가 있다. 말로 설명하는 방법도 있고, 종이에 제품이나 서비스를 스케치하여 제시할 수도 있다. 웹서비스인 경우 고객이 알아볼 수 있는 스토리보드로 제시할 수 있고, 제품 이용 시나리오를 동영상으로 간단히 만들어 제시할 수 있다. 하드웨어 제품인 경우에는 3D 프린터로 시제품을 만들어 제시할 수도 있다. 이런 것을 낮은 수준의 MVP(최소기능 제품, Minimum Viable Product)라고 부른다. 현 단계에서는 기능을 완전히 정의하거나 구현한 것이 아니라, 단지 해당 문제를 풀 수 있는 솔루션으로서의 가능성이 있는지, 관심이 있는지, 비용을 낼 만큼의 가치가 있는지를 학습하는 것이 목적이다.

■ ■ ■

솔루션 검증을 위해 고객에게 제시할 만한 MVP 제품을 만드는 좀 더 쉬운 방법이 있다. 낮은 수준의 MVP로는 브로슈어, 카드뉴스, 웹 홍보 페이지, 동영상 소개 페이지 등을 활용할 수 있는데, 이런 MVP를 쉽게 만들 수 있도록 제공하는 사이트를 이용하면 된다.

디자인 제작 플랫폼 망고보드(https://www.mangoboard.net/)에서는 카드뉴스, 인포그래픽, 포스터, 배너, SNS 콘텐츠, 웹 이미지, 동영상 디자인 제작을 쉽게 할 수 있는 서비스를 제공하고 있다.

비즈하우스(http://www.bizhows.com/)에서는 템플릿을 활용하여 로고, 브로슈어, 현수막, 포스터 디자인을 무료로 만들 수 있다. 솔루션 검증을 위한 MVP를 만드는 데 큰 도움이 될 것이다.

낮은 수준의 MVP란 무엇인가요?

MVP는 뒤에서 자세히 다룰 예정이다. MVP는 'Minimum Viable Product'의 약자로 최소기능 제품을 의미한다. 최소기능 제품(MVP)이 란 최소한의 기능으로 구성된 제품을 말한다. MVP는 높은 수준의 MVP 와 낮은 수준의 MVP로 구분할 수 있다.

높은 수준의 MVP는 어느 정도 완성도 있는 제품을 말한다. 웹서비스라 면 핵심기능들이 개발되어 있어서 핵심 서비스가 가능한 수준이라고 할 수 있다.

낮은 수준의 MVP는 어떤 서비스인지 알 수 있게 해주는 파워포인트 로 작성된 스토리보드, 사용법이 담긴 비디오 파일 등을 예로 들 수 있 다. 보통 솔루션 검증 단계에서 사용되는 MVP는 낮은 수준의 MVP면 된다.

웹서비스의 경우 솔루션 검증 단계부터 높은 수준의 MVP를 제시할 수 있다. 물리적 제품은 높은 수준의 MVP를 만들려면 시간과 비용이 들고, 수정 역시 어렵기 때문에 낮은 수준의 MVP를 사용하지만, 웹서비스의 경우 핵심기능만 갖추고 돌아가는 서비스를 만드는 게 어렵지 않고, 향 후 수정·보완이 비교적 수월하기 때문에 솔루션 검증 단계에서부터 높 은 수준의 MVP를 활용해도 괜찮다. 웹서비스든, 물리적 제품이든 높은 수준의 MVP일수록 검증에 효과적이다. 말로 설명하는 것보다 진짜 제품 같은 것을 보여주는 것이 훨씬 이해하기 쉽기 때문이다.

Action

솔루션 검증 인터뷰를
위한 시나리오

솔루션 검증 인터뷰를 위한 시나리오를 작성해보자. 솔루션 검증 인터뷰 대상자는 두 부류로 나누어질 것이다. 한 부류는 고객 문제 검증 인터뷰를 진행했던 고객들이고, 나머지는 최초로 인터뷰를 진행할 고객들이다. 이를 위한 인터뷰 시나리오는 〈그림 8-1〉과 같다.

이미 고객 문제 검증 인터뷰를 진행했던 고객들에게 솔루션 검증 인터뷰를 진행하고자 한다면 〈그림 8-1〉의 순서에서 Ⓐ 솔루션 제시, Ⓑ 가격 제시만 진행한 후, 솔루션 검증 보고서를 작성하면 된다. 고객 문제 검증 인터뷰를 진행하지 않았던 고객들에게는 〈그림 8-1〉의 순서대로 진행하면 된다. 문제 검증 인터뷰부터 다시 시작하는 방식인데, 그렇게 해야 고객이 전체 맥락 속에서 대답을 할 수 있을 것이다.

역시 렌털옵션 서비스를 사례로 진행해보도록 하자. 여기서는 가

<그림 8-1> 솔루션 검증 인터뷰 순서

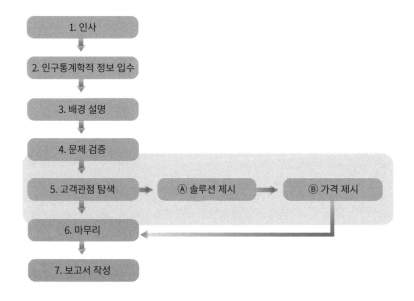

로측 Ⓐ 솔루션 제시, Ⓑ 가격 제시 방법을 살펴본다.

(1) Ⓐ 솔루션 제시

솔루션 검증을 위해 창업자는 고객에게 솔루션을 설명할 수 있는 무엇인가를 보여줄 것이다. 현 단계에서는 낮은 수준의 MVP(최소기능 제품)가 될 가능성이 크다. 어떤 것이든 솔루션의 핵심 기능을 알 수 있도록 제시하면 된다.

또한 솔루션 검증 단계에서는 제품 특성에 따라 질문이 달라질 수 있는데, 여기서는 웹/앱 서비스와 물리적 제품으로 나누어 살펴본다.

① 웹/앱 서비스 제품의 경우

웹/앱서비스의 솔루션 검증은 말로 하는 설명, 동영상으로 만든 제품 설명서, 스토리보드 같은 것이 될 것이다. 고객 문제를 해결하는 방법을 소개한 후 이것이 기존 방식보다 더 나은 솔루션이 될 것인지 검증하는 데 초점을 맞춘다. 각 질문은 MVP 수준에 맞추어 적절히 조정하면 된다.

저희가 이러한 문제를 해결할 수 있는 더 나은 서비스를 개발하고자 합니다. (MVP 제시) 이 서비스가 문제해결의 솔루션이 될 수 있을지 의견을 구하고자 합니다.

1. 이 서비스가 기존 대안보다 더 나은 솔루션이 될 수 있다고 생각하십니까?
2. 서비스 내용에 대해 궁금한 점이 있으십니까?
3. 이용하고 싶은 생각이 드십니까?
4. 어떤 부분이 반드시 필요하다고 생각하십니까?
5. 추가하고 싶은 기능이 있습니까?
6. 주위에 추천하고 싶은 생각이 있습니까?

솔루션은 완성된 상태에서 설명하는 것이 아니므로 고객이 여러 가지 질문을 할 수 있다. 예상했던 질문이라면 답변하면 되고, 그렇지 않다면 메모해 두었다가 추후 적절한 방안을 검토하면 된다.

② 물리적 제품의 경우

물리적 제품은 한번 개발하면 변경하기 어렵기 때문에 솔루션 검증에 신경을 써야 한다. 최대한 고객 니즈에 부합되는 제품을 개발할 수 있는 아이디어를 얻어야 한다. 각 질문은 MVP 수준에 맞추어 적절히 조절하면 된다.

저희가 이러한 문제를 해결할 수 있는 더 나은 제품을 개발 중에 있습니다. 이 제품이 문제해결의 솔루션이 될 수 있을지, 될 수 있다면 어떤 기능부터 개발하는 것이 좋을지 결정하려고 합니다. 그래서 몇 가지 질문을 드리려고 합니다.

1. 이 제품이 기존 대안보다 더 나은 솔루션이 될 수 있다고 생각하십니까?
2. 이용하고 싶은 생각이 있습니까?
3. 제품 프로토타입에서 어떤 부분을 가장 공감하십니까?
4. 어떤 부분이 반드시 필요하다고 생각하십니까?
5. 추가하고 싶은 기능이 있습니까?
6. 주위에 추천하고 싶은 생각이 있습니까?

(2) Ⓑ 가격 제시

대부분의 고객들은 문제해결을 위한 솔루션을 제시하면 흥미를 보이기 마련이다. 관심이 없더라도 창업자의 입장을 배려하여 흥미 있는 척하는 경우도 많다. 이 상황에서 "이런 제품에 관심이 있습니까?"라는 질문을 하면 아주 특별한 경우를 제외하고는 대부분 긍정적인 답변을 하게 될 것이다. 굳이 관심 없다고 대답해서 창업자를 실망시킬 이유가 없기 때문이다. 이렇게 해서는 솔루션 검증이 제대로 되었다고 할 수 없다. 좀 더 적극적으로 물어볼 필요가 있다.

"이 솔루션의 가격이 ○○원으로 책정된다면 이용하시겠습니까?"

이 질문에 대한 고객 반응으로 해당 제품의 가치를 판단할 수 있을 것이다. 이 질문에 대한 대답은 몇 가지로 나뉠 것이다.

첫째, '그렇게 하겠습니다'라는 긍정적인 대답이다. 5점 만점에 4점 정도 될 것이다.

둘째, '돈을 주고는 사용하지 않을 것입니다'라는 부정적 대답을 들을 수도 있다. 이런 대답에는 분명 이유가 있다. 대부분 앞단 어느 부분에서 고객의 의견이 창업자의 가설과 달랐을 것이다. 가령 창업자가 생각하는 고객 문제를 심각하게 생각하지 않았다든지, 고객이 생각하고 있는 대안이 더 낫다고 생각하는 등의 이유일 것이다. 창업자는 실망한 표정을 짓지 말고 그 이유를 확인해야 한다. 때때로 이유가 없음에도 '지금 당장은 돈 주고 사지는 않을 것이다'라고 말하는 경우도 있다. 이 경우는 고객 특성을 반영한다고 생각하면 된다. 신제품이 출시되었을 때 모든 고객이 한꺼번에 제품을 구입하지는 않는다. 남들보다 먼저 제품을 구입하는 사람이 있고, 남들이 다 사용하면 그제야 제품을 구입하는 사람이 있다. 이러한 고객 성향으로 인해 지금 당장은 구매하지 않을 것이라는 대답을 했다고 볼 수 있다. 여하튼 어떠한 이유라도 돈 주고 사지 않겠다는 것은 부정적인 대답으로 간주하고, 보고서에 잘 기록해 놓는다.

세 번째, 기격을 이야기하지도 않았는데 솔루션 제시 과정에서부터 '이게 있으면 정말 편리하겠네요. 꼭 사야겠어요. 언제 나오나요?'라고 묻는 경우이다. 가장 좋은 반응이다. 인터뷰지에 기재할 때 가장 높은 점수로 표시해 놓으면 된다.

DO IT 15

솔루션 검증 인터뷰 진행

대상 고객의 문제에 대한 솔루션 검증 인터뷰를 위해 계획 수립, 인터뷰 대상 고객 선정, 고객 인터뷰를 위한 시나리오 작성, 고객 인터뷰 보고서 양식을 준비한 후 솔루션 검증 인터뷰를 진행한다. 대상 고객이 해당 솔루션의 내용을 알기 위해 낮은 수준의 MVP 제품도 준비해야 한다.

<그림 8-2> 솔루션 검증 인터뷰 결과 작성 예

<table>
<tr><td colspan="5" align="center">솔루션 검증 인터뷰</td></tr>
<tr><td rowspan="2">개요</td><td align="center">날짜</td><td align="center">이름</td><td colspan="2" align="center">연락처</td></tr>
<tr><td align="center">2020.10.30.</td><td align="center">김승호</td><td colspan="2" align="center">010-0000-0000</td></tr>
<tr><td colspan="5" align="center">기본 사항</td></tr>
<tr><td colspan="5">
직원 (가족) 수 : 3
현재 렌털 이용현황 : 이용중
이용상품(이용 안 하는 이유) : 정수기 1대, 침대 매트리스 1대
향후 계획 : 비데 대여 검토
가격 인지 정도 : 잘 알고 있음
</td></tr>
<tr><td colspan="5" align="center">솔루션(문제 검증이 되었다고 판단될 때 인터뷰 진행)</td></tr>
<tr><td colspan="5">

1. 이 서비스가 기존 대안보다 더 나은 솔루션이 될 수 있다고 생각하십니까?
(매우 그렇다 ⑤-4-3-2-1-0, 그렇지 않다)

2. 서비스 내용에 대해 궁금한 점이 있으십니까?
고객과 렌털옥션이 계약을 맺는 것인지, 렌털옥션은 중계만 하는 곳인지, 렌털 관련 분쟁이 생기면 어떤 중계를 하는지

3. 이용하고 싶은 생각이 있습니까?
네. 기존 대여 상품에 대해 가격이 적절한지, 그리고 새로 렌털하게 되면 확인해 보고 싶음.

4. 어떤 부분이 반드시 필요하다고 생각하십니까?
렌털 제품 모델을 객관적으로 추천해 주면 좋겠음. 업체는 자사 제품의 우수성만 제시함.

5. 추가하고 싶은 기능이 있습니까?
사이트 나오면 확인하겠음.

6. 주위에 추천하고 싶은 생각이 있습니까?
(매우 그렇다 ⑤-4-3-2-1-0, 그렇지 않다)

7. 가격이 _____ 원이라면 이용해 보시겠습니까?
(매우 그렇다 5-4-3-2-1-0, 그렇지 않다)
※ 무료서비스이므로 질문 생략

</td></tr>
<tr><td>기타</td><td colspan="4"></td></tr>
</table>

인터뷰가 완료되어 전체 내용을 검토할 수 있도록 보고서를 작성한다. 선정한 질문 중 점수화할 수 있는 부분이 있으면 의사결정에 도움이 되고, 향후 사업계획서를 작성할 때 활용할 수 있는 데이터가 될 것이다.

DO IT 16

솔루션 검증 결과보고서 작성

솔루션 검증 인터뷰 후 결과보고서를 작성한다. 제시한 솔루션에 대해 고객도 필요하다고 생각하는지 검증하고 해당 결과를 결과보고서에 작성한다. 가설을 중심으로 검증이 되었다면 다음 단계로 넘어가고, 그렇지 않으면 지금까지의 내용을 바탕으로 가설 수립을 다시 하고 앞부분으로 돌아가서 다시 진행한다. 필요시 린 보드를 수정한다.

Action

솔루션 검증 인터뷰 정리

솔루션 검증 인터뷰를 통해 창업자가 생각한 솔루션이 고객 문제를 해결할 수 있는지, 기존의 대안보다 나은 솔루션인지 검증할 수 있었다.

렌털옥션 서비스의 경우 구두로 설명하고 이사 역경매 같이 솔루션을 이해할 수 있는 서비스를 보여주었다.

고객들은 대부분 이용해볼 만한 솔루션이 될 것이라는 의견을 주었다. 렌털 계약을 이용자와 렌털 제공업체가 직접 맺는 것인지, 렌털옥션과 맺는 것인지, 렌털 관련 소비자 분쟁은 어떻게 해결할 것인지, 렌털 가능 품목은 어떤 것들이 있는지 등 서비스 내용에 대해 궁금해했다. 몇 가지 기능에 대한 조언과 궁금해하는 점이 있었고, 향후 좋은 솔루션이 될 수 있을 것이라는 의견을 주었다. 렌털옥션 서비스는 고객 입장에서 무료 서비스이기 때문에 가격 저항이 없었다. 따라서 이런 종류의 서비스는 신속하게 높은 수준의 MVP를 개발하여 테스트해보아야 한다. 렌털 제공업체를 대상으로도 유사한 방식으로 솔루션 인터뷰를 진행했다.

렌털 제공업체의 기본적인 입장은 고객이 모인다면 서비스를 이용할 것이라는 점, 렌털옥션이 어떤 식으로 고객을 모을 것인지에 대해 궁금해했다. 이런 부분들을 잘 정리하면 한 번 만들어 볼 만한 서비스가 될 것으로 판단되었다.

때때로 웹이니 앱 시비스의 경우 낮은 수준의 MVP를 통한 솔루션 검증을 최소화한 후 곧바로 높은 수준의 MVP를 만들어 솔루션 검증을 진행할 수 있다. 특히 창업자가 프로그래머인 경우 핵심 기능이 돌아가는 서비스를 만들어 보다 빠르게 검증해볼 수 있다. 웹·앱 서비스 중에는 고객 문제 해결을 위한 서비스가 아니라 재미나 흥미를 유발하는 서비스들이 있다. 이런 경우에는 문제 검증, 솔루션 검증이 어려울 수 있다. 고객들이 경험해봐야 알 수 있기 때문이다. 이때는 핵심 기능이 구현된 서비스를 만들어 고객에게 사용토록 하고 〈Action. 13〉에서 다룰 핵심지표에 기반하여 비즈니스 모델을 검증해야 한다.

물리적 제품의 경우 시제품 제작에 시간과 비용이 적지 않게 들어가므로 솔루션 검증을 보다 신중히 할 필요가 있다. 제작 후 수정사항을 반영하는 비용도 웹·앱 서비스에 비해 높다. 또한 기능 수정의 범위도 자유롭지 못하다. 웹사이트, 앱은 디자인을 변경하더라도 금방 할 수 있는 데 반해, 제조제품의 경우 디자인이 바뀌면 모든 것을 새로 하다시피 해야 한다. 따라서 제조업 제품의 경우 솔루션 검증에서 최소기능 제품을 만들기 위해 필요한 정보를 최대한 많이 얻어야 한다.

DO IT 17

필요 시 고유가치 제안 수정

   고객 인터뷰 결과를 바탕으로 고객에게 가장 효과적으로 가치를 전달할 수 있는 문구를 완성한다. 고객이 많이 사용하는 언어로 제품이 추구하는 핵심가치가 포함되면 가장 좋다. 고유가치 제안과 함께 제품 카테고리도 완성시킨다. 필요 시 린 보드를 수정한다.

MVP 개념

고객이 특정 상황에서 불편함을 느끼는 것이 확인되었고, 고객에게 더 나은 솔루션을 스타트업이 제안할 수 있다는 것이 검증되면 본격적으로 제품 개발에 나서야 한다. 린 스타트업에서는 제품을 만들 때 처음부터 완벽한 제품을 만들어 시장에 내놓는 것보다 문제 해결을 위한 최소한의 기능을 가진 제품을 빠르게 만들어 고객 반응을 확인한 후, 규모를 키워나갈 것을 권장하고 있다. 이 최소기능을 가진 제품을 MVP(Minimum Viable Product, 최소 기능 제품)라고 한다.

2009년 아마존닷컴에 12억 달러에 매각되어 화제를 모은 온라인 신발 쇼핑몰 자포스(Zappos)가 처음 신발 쇼핑몰[14]을 만들 때 그들은 재고를 가지고 시작하지 않았다. 온라인에서 신발이 팔릴지 안 팔릴지에 대한 확신이 없었고, 신발 사업 경험도 없었다. 창업자 닉

스윈먼(Nick Swinmurn)은 동네에 있는 신발가게에 가서 사진을 찍었다. 그리고 그것을 쇼핑몰에 등록하고, 주문이 들어오면 신발가게 주인에게 돈을 주고 고객에게 배송해 주기로 했다. 신발이 인터넷에서 판매 가능할지 확인하고자 했다. 만약 스윈먼이 처음부터 신발 재고를 확보하려고 했다면 많은 자금이 필요했을 것이다. 사이트에서 고객 주문이 제때 일어나지 않으면 계속해서 재고를 가지고 가야 해서 리스크도 지게 된다. 소매상에서 신발을 구입하여 배송하는 것이니 원가는 높았지만, 계획한 비즈니스 모델이 제대로 돌아가는지 알아보기에는 훌륭한 방법이었던 셈이다. 그 후 온라인 신발 쇼핑몰이라는 비즈니스 모델이 돌아가는 것을 확인한 후부터 직접 신발 재고를 확보했고, 배송을 위한 창고도 마련했다. 자포스의 초기 쇼핑 사이트는 MVP라고 할 수 있다. 이처럼 창업자는 MVP를 만들어 비즈니스 모델을 검증할 수 있다.

MVP는 사업 특성에 따라 두 가지 종류로 나누어 볼 수 있다. 하나는 웹서비스 MVP이다. 웹서비스는 MVP를 개발하여 고객 반응을 확인하는 데 적절한 제품이다. 고객 반응을 신속하게 알 수 있고, 수정·보완 사항도 개발되는 대로 실시간 업데이트할 수 있다. 웹서비스를 비롯하여 앱 서비스, 각종 소프트웨어 제품들이 이러한 특징을 가지고 있다. 또 하나는 물리적 제품 MVP로 앱, 웹, 소프트웨어 외의 하

---

14 자포스(www.zappos.com)의 최초 서비스 이름은 슈사이트(www.shoesite.com)였다. 후에 자포스의 CEO가 된 토니 셰이(Tony Hsieh)는 스윈먼에게 다른 이름을 찾아보라고 했다. '슈사이트'라는 이름은 상표나 상호처럼 들리지 않는 데다가 훗날 신발에서 다른 제품으로 사업 확장 기회가 제한될 수 있을 것이라고 생각했기 때문이다.

드웨어 제품을 말한다. 물리적 제품의 MVP는 웹서비스와는 다르다.

물리적 제품은 MVP든 완제품이든 고객에게 전달되고 나면 끝이다. 부품 교체가 필요한 경우 리콜(Recall)을 통해 일부 보완이 가능하지만 일반적인 방법은 아니다. 기능 개선이 필요한 경우 금형 설계부터 다시 진행해야 해서 많은 시간과 비용이 소모된다. 이처럼 제품 특성이 다르기 때문에 MVP도 구분해서 살펴봐야 한다.

MVP는 개발 수준에 따라 '낮은 수준의 MVP'와 '높은 수준의 MVP'로 나눌 수 있다. 낮은 수준의 MVP는 3D 렌더링이 된 그래픽, 동영상으로 만든 제품설명서, 손으로 그린 제품 디자인, 고객 시나리오, 제품 기능 안내서, 말로 하는 설명 등이 해당된다. 높은 수준의 MVP란 해당 문제를 푸는 데 있어서 바로 이용가능한 상태의 제품으로 볼 수 있다. 목-업(moke-up, 실제 모형) 제품, 3D 프린터물, 핵심기능으로 운영 가능한 웹사이트 등이라 할 수 있다.

솔루션 검증에서는 낮은 수준의 MVP를 준비하여 솔루션으로서의 가치가 있는지에 초점을 맞추었다. 제품·서비스 검증에서는 높은 수준의 MVP를 가지고 제품·서비스가 제시된 솔루션에 부합되

<표 8-1> 개발 수준과 사업 특성에 따른 MVP

개발 수준/사업 특성	웹서비스 MVP	물리적 제품 MVP
낮은 수준의 MVP	말로 하는 설명, 동영상으로 만든 제품설명서, 스토리보드, 고객 시나리오, 제품 기능 안내서	말로 하는 설명, 제품 기능 안내서, 손으로 그린 제품 디자인, 동영상으로 만든 제품 설명서, 3D 렌더링 그래픽 이미지 등
높은 수준의 MVP	운영 가능한 수준의 웹사이트	목-업 제품, 3D 프린터물

는지 확인한다.

MVP는 소프트웨어 제품에 아주 잘 어울리는 개념이다. 특히 웹서비스의 경우 고객의 반응을 빠르게 확인할 수 있고, 해당 내용을 신속하게 반영할 수 있는 특징이 있다. 고객이 원한다면 코드 한 줄을 추가해서라도 만족시킬 수 있는 구조가 갖추어져 있다. 앱 서비스나 일반 소프트웨어 제품도 앱 스토어에 앱 등록 시 소요되는 시간, 고객이 업데이트하는 시간 등이 필요하지만 인터넷에 연결되어 있는 이상 꾸준히 업그레이드할 수 있다.

높은 수준의 웹서비스 MVP는 서비스의 핵심 기능이 운영되는 수준을 말한다. 소셜커머스 그루폰(Groupon)의 경우 높은 수준의 MVP를 만들어 제품·서비스 검증을 한 경우다. 원래 그루폰은 상거래 회사가 아니었다. 창업자 앤드류 메이슨(Andrew Mason)은 '소비자 집단행동 플랫폼'을 만드는 것을 목적으로 했다. 사람들을 모아 혼자서 풀지 못하는 문제, 지금으로 보면 크라우드(crowd) 펀딩이나 특정 상품의 불매운동 같은 것을 해 나가는 사업 모델이었다. 하지만 결과는 좋지 못했고, 무언가 다른 것을 시도할 필요가 있었다. 그러다가 플랫폼 이용자 간 공동 구매가 활발히 이루어지는 것을 보았다. 이런 방식을 좀 더 과감하고 적극적으로 시도해보기로 했다. 가능 여부를 확인하는 게 우선이니 수요가 있는지부터 알아보기로 했다. 그들은 워드프레스 블로그를 사와서 스킨을 바꾸고 그루폰이라고 이름을 지었다. 그러고는 티셔츠 반값, 피자 반값, 초밥 반값 쿠폰을 팔아보았다. 쿠폰 제작은 파일메이커(FileMaker)라는 프로그램을 이용했고, 제작된 쿠폰은 스크립트 프로그램을 돌려 PDF로 바꾼 후 이메일로 보냈다. 사이트를 하나 신속히 만들어 놓고 모두 수작업으로 진행했다. 고객이 봤을 때 겉으로 보이는 서비스는 제대로 돌아가는 것처럼 최소기능이 구현되어 있었다. 이를 통해 비즈니스 모델이 검증되는지 확인 후, 본격적인 투자에 들어간 사례다. 2011년 상장 첫날 127억 달러 가치로 평가받은 기업의 시작은 MVP를 만들어 고객에게 확인하는 것이었다.

렌털옥션 서비스의 경우 솔루션 검증을 위한 낮은 수준의 MVP는 구두 설명과 이사 역경매 사이트 정도의 수준으로 진행했고, 곧바로 높은 수준의 MVP를 개발하여 살펴봤다. 서비스의 핵심기능만 구현하여 서비스를 오픈한 것이다. 별다른 기능 없이 렌털을 원하는 고객이 게시물을 올리면 인근에 있는 렌털 제공업체들이 가격을 제안하도록 만들었다.

우선 최우선거점고객으로 설정한 벤처기업 인사총무 모임에 사이트를 홍보했다. 모임 사이트에 안내문을 올리고 참여를 유도했다. 평소 안면이 있는 사람들에게는 전화를 걸어 사이트를 소개했다. 그런데 막상 진행해보니 기대했던 것보다 적극적인 호응을 얻어낼 수 없었다. 몇몇 사람과 이야기를 나눠보니 이유를 알 수 있었다. 렌털로 이용하던 기존의 복합기, 정수기, 커피 머신 등의 렌털 기간이 충분히 남아 있어 당장은 필요하지 않았기 때문이었다. 고객을 조금 더 넓게 설정해야 할 필요가 생겼다. 최우선거점고객은 온라인 커뮤니티와 오프라인 인맥을 활용하여 찾아나가고 목표 고객인 서울에 있는 중소기업 대표 혹은 인사총무 담당자를 대상으로 키워드 광고, SNS 광고 등을 진행하기로 했다.

일단 렌털 이용 희망자는 페이스북 광고를 통해 모았다. 현 시점에서 렌털이 필요한 기업 담당자, 현재 이용하고 있는 렌털 서비스의 가격이 적절한지 알아보고 싶은 사람들이 사이트에 들어올 수 있도록 하루 몇 만원씩 비용을 들여 광고를 진행했다.

이렇게 해서 하루에 몇 명이라도 렌털옥션 사이트에 들어와 가격 요청을 할 수 있도록 했다.

이제 렌털 제공업체에 렌털옥션을 알리는 일이 남았다. 현재는 MVP 단계이다. MVP 단계의 규모는 크지 않기 때문에 수작업이 가능하다. 렌털 가격 요청을 올린 고객의 위치를 기반으로 인근에 있는 렌털 제공업체에 전화를 걸기 시작했다. 그리고 여기 고객이 있으니 가격을 제안하라고 알려주었다. 렌털 제공업체가 사이트에서 가격을 제안하려면 회원등록을 해야 했다. 이렇게 회원등록을 하고 인근 지역에서 렌털 가격을 문의하는 고객이 나타나면 SMS 메시지를 통해 가격 제안을 할 수 있도록 안내했다. 아직 플랫폼의 어느 고객군도 활성화되어 있지 않기 때문에 한쪽 파트를 수작업으로 진행하는 것이다. 중요한 것은 렌털을 원하는 고객 방문이 많아질수록 더 많은 렌털 제공업체가 들어올 것이라는 가설을 수립하고 검증하는 것이다.

■ ■ ■

　솔루션 검증 인터뷰와 검증을 위해 제시할 MVP는 모두 한 번만 진행해야 할 이유는 없다. 낮은 수준의 MVP 중 '말로 하는 설명'으로 솔루션 검증 인터뷰를 진행하여 결과를 알아볼 수 있다. 말로만 설명하는 것이므로 MVP를 만드는 데 비용이 들어가지 않고 고객 문제만 확실하다면 솔루션 검증을 빠르게 할 수 있다. 하지만 말로 하는 설명만으로는 검증 결과에 대해 확신을 갖기 어려울 수 있다. 이 경우에는 MVP의 수준을 조금 더 높여서 솔루션 검증을 진행할 수 있다. 동영상으로 실제 실행되는 서비스처럼 만들거나 코딩을 직접 해서 핵심 기능이 돌아가는 높은 수준의 MVP를 통해 솔루션 검증을 할 수 있다. MVP를 만드는 데 시간과 노력이 들어가지만 솔루션 검증에 대해 보다 큰 확신을 갖게 될 것이다. 따라서 MVP 수준을 높여가며 솔루션 검증을 해 나가는 방식을 고려해볼 만하다. 뒤에서 진행하게 될 제품·서비스 검증도 마찬가지다. 한 번만 진행할 필요가 없다. 무엇을 검증할 것인지 목적에 따라 MVP 수준을 높여가며 반복적으로 진행할 것을 권장한다.

토론해봅시다

1. 당신이 고객에게 솔루션 검증을 위해 제시한 최소기능 제품(MVP)은 무엇이었습니까?

2. 당신이 제안한 고객 솔루션이 고객에게도 의미 있는 솔루션이었습니까?

3. 이 과정을 통해 솔루션 검증이 충분히 되었습니까? 아니면 추가적인 검증이 더 필요합니까?

제품 · 서비스를 검증하라

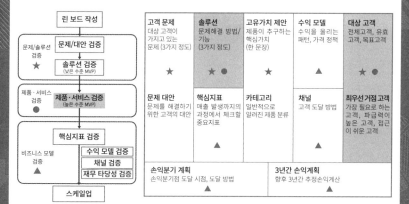

Action

웹서비스 제품·서비스 검증

문제/솔루션 검증을 통해 사업 아이디어를 사업화할 만한 가치가 있는지 확인했다. 이제부터는 본격적으로 제품을 만들어 고객에게 제대로 제공되고 있는지 제품·서비스 검증을 해 나간다. 높은 수준의 MVP를 만들고 고객 피드백과 개선을 통해 고객 입장에서 최적의 제품을 만드는데 집중한다.[15]

웹서비스의 제품·서비스 검증을 위한 고객 인터뷰를 진행해보자. 앞에서 진행한 고객 문제 검증, 솔루션 문제 검증과 유사한 방법으로 진행될 것이다. 우선 검증할 MVP 사이트를 만들어 놓고 고객을 만난다. 역시 렌털옥션 서비스를 사례로 설명한다.

---

15 앱이나 웹 서비스의 경우, 애자일 개발 방식으로 개발을 진행하며 주기적으로 제품·서비스 검증 인터뷰를 진행, 반영하면 고객이 원하는 서비스를 만드는데 훨씬 효과적일 것이다.

<그림 9-1> 웹서비스 검증 인터뷰

1. 인사

2. 인구통계학적 정보 입수

3. 웹사이트 보여주기

4. 웹사이트 이용

5. 추가 질문

6. 마무리

7. 보고서 작성

(1) 인사

고객을 만나면 인사부터 하고 인터뷰 환경을 조성한다.

안녕하세요. 우선 인터뷰에 응해주셔서 감사합니다. 저희는 렌털 서비스를 보다 쉽고 편리하게 이용할 수 있는 서비스를 개발하고 있습니다. 그래서 가장 핵심적인 기능들을 중심으로 사이트를 만들어 보았습니다.

시작하기 전에 몇 가지 안내를 드리겠습니다. 오늘 저희의 목적은 웹사이트가 저희가 의도한 대로 구성되었는지 확인하기 위해서입니다. 저희는 저희 사이트를 테스트하는 것이지, ○○○ 님을 테스트하는 것이 아닙니다. 사이트를 이용하는 중에 ○○

○님이 생각하는 것을 말로 표현해 주시면 감사하겠습니다. 무엇을 보는지, 무엇을 하는지, 무슨 생각을 하시는지 가감 없이 말씀해주시면 저희에게 큰 도움이 될 것입니다. 진행 과정에서 몇 가지 질문을 드리겠습니다. 괜찮으시겠습니까?

(2) 인구통계학적 정보 입수(첫 번째 인터뷰인 경우만 해당)

고객 인터뷰에 대한 감사 인사와 간단한 설명 뒤에는 고객의 인구통계학적 정보를 기입한다.

문제에 관한 이야기를 나누기 전, 몇 가지 질문을 드리겠습니다.

- 귀사의 직원 수는 몇 명입니까?
- 귀사가 설립된 지는 얼마나 되었습니까?
- 귀사는 현재 렌털 서비스를 이용하고 있습니까?
- 이용하고 있다면 어떤 상품들을 이용하고 있습니까?
- 이용하고 있지 않다면 특별한 이유가 있습니까?
- 향후에 (추가)렌털 서비스를 이용할 계획이 있습니까?
- 현재 이용하고 있는 렌털 서비스의 가격은 타사의 제공 가격에 비해 적절하다고 생각하십니까?

(3) 웹사이트 보여주기

MVP 웹사이트를 고객에게 보여준다.

먼저 홈페이지를 보여드리겠습니다. 이 페이지를 보니 어떤 생각이 드십니까? 클릭은 하지 마시고 스크롤은 해도 좋습니다. 편안히 둘러보세요.

- 무엇을 하는 사이트 같은가요?
- 여기서 무엇을 해야 좋을 것 같은가요?

(4) 웹사이트 이용

웹사이트의 기능을 이용해보도록 권한다. 그 과정에서 고객의 행동을 살펴보는 것이 중요하다. 목적에 맞지 않는 메뉴를 선택하는지, 생각했던 방식과 다르게 이용하는지 등을 확인하는 것이다.

○○○님이 가정이나 기업에서 렌털 제품이 필요하다고 가정하고 이 사이트를 통해 렌털 신청을 해보시겠습니까? 다른 사이트로 이동하거나 검색엔진을 이용하지 말고 이 사이트에서만 이용해 주십시오. 이 과제를 하시는 동안 떠오르는 생각들을 말로 많이 표현해 주시면 감사하겠습니다.

창업자는 확인하고자 하는 과제를 제공하고 별도의 안내는 하지 않는다. 사용자가 과업을 수행하는 과정에서 어떤 생각을 하며 진행하고 있는지 말할 수 있도록 유도하고, 거기에 대해 추임새를 넣어 계속해서 말할 수 있도록 한다. 그래야 고객이 어떤 생각을 하며 진행하는지 알 수 있다. 일성한 시간이 될 때까지 또는 고객이 과업을 달성할 때까지 진행한다. 일정한 시간이 지나도 고객이 과업을 수행하지 못하거나 이번 테스트에서 의미 있는 결과를 얻지 못할 것으로 판단되면 테스트를 멈추도록 한다.

렌털옥션의 경우 고객이 필요한 렌털 제품 요청을 등록하면 대기하고 있던 운영팀이 즉시 서너 건의 가격 제안을 진행한다(렌털 제공 업체에서 가격 제안을 하는 것처럼). 그리고 나서 고객에게 업체를 선정하는 것까지 과업을 제시할 수 있다.

(5) 추가 질문
과업을 완료한 다음 몇 가지 추가 질문을 할 수 있다.

> 감사합니다. 서비스 전반을 이용해보셨는데요, 몇 가지 추가 질문을 드리겠습니다.
> - 추후에도 이 서비스를 이용하고 싶은 생각이 드십니까?
> - 서비스를 이용하면서 느꼈던 좋은 점 또는 개선할 점이 있다면 말씀해 주시겠습니까?
> - (유료 서비스라면) 저희의 가격 체계는 이러한데, 어떻게 생각하십니까?

(6) 마무리
MVP 검증 인터뷰에 응한 고객에게 감사 인사를 하며 마무리한다.

오늘 시간 내 주셔서 정말 감사합니다. 저희에게 큰 도움이 되었습니다. 이후라도 궁금한 점이나 의견 있으시면 언제든지 연락 주세요. 서비스를 개발하게 되면 저희가 추후에 다시 한 번 의견 구할 수 있을지요? 다시 한 번 감사합니다.

(7) 보고서 작성

MVP 검증 인터뷰 결과를 신속하게 기록한다. MVP를 만들면서 예상한 시나리오대로 고객이 실행했는지, 그렇지 않다면 어떤 문제가 있었는지 등을 정리하여 MVP에 반영한다. MVP 검증 인터뷰 보고서 양식은 〈그림 9-3〉을 개선하여 활용하면 될 것이다.

이미 개발되어 운영 중인 웹사이트도 MVP 검증 방식과 유사한 방법으로 사용성 검증을 할 수 있다. 사이트를 큰 폭으로 업데이트했거나 중요한 기능을 하는 메뉴가 생겼을 때 적절하다. 유튜브에는 《사용성 평가, 이렇게 하라》의 저자 스티브 크룩(Steve Krug)이 직접 진행했던 사용성 평가 데모 동영상이 등록되어 있다. 자동차 공유 사이트인 집카(Zipcar)의 사용성 평가를 했던 영상인데, 이 영상을 참고해도 사용성 평가를 어떻게 하는지 감을 잡을 수 있을 것이다. 한글화된 데모 영상은 두 개로 나뉘어져 있으니 참고하면 된다 (https://bit.ly/31Wrdt, https://bit.ly/2Y3eYdm).

웹서비스 MVP의 경우 MVP 검증 인터뷰 진행과 동시에 웹사이트에 '고객의 소리' 같은 메뉴를 만드는 것도 좋다. 해당 사이트에서 직접 기능을 만들어도 되고 블로그나 인터넷 카페 같은 곳으로 연결시킬 수도 있다. 중요한 것은 고객이 의견을 적극적으로 제시할 수 있도록 유도하는 것이다. 이때 창업자나 개발자가 고객의 소리에 적극적으로 대응하여 실제 고객의 소리를 반영하고 있다는 것을 보여줄 필요가 있다. 카카오톡이 처음 나왔을 때를 기억하는가? 핵심가치인 메시징 서비스의 MVP 제품을 내놓은 뒤 카카오톡은 새로 만들었으면 하는 기능을 고객들에게 물었다. 고객들은 의견을 개진했고, 카카오톡 운영자는 의견에 답변해가며 적극적으로 검토·구현해 나갔다.

<그림 9-2> 사용성 평가의 예

<그림 9-3> MVP 인터뷰 보고서

MVP 인터뷰			
개요	진행일자	진행자	참가자 정보
			010-0000-0000
첫 화면 인상			
과업 수행 1			
과업 수행 2			
추가 질문			
기타			

웹서비스 외주 개발 시
고려할 점

　창업자가 개발자가 아닌 경우 자신의 아이디어를 만들기 위해 외주 개발을 진행하게 된다. 자체 개발 역량이 부족하면 외주 개발을 할 수밖에 없다. 그런데 해결하고자 하는 고객 문제 솔루션이 웹서비스라면 신중하게 고려해야 할 것들이 있다. 웹서비스 비즈니스 경험 없이, 사업 아이디어만 가지고 진행하려는 경우 다음 두 가지 실수를 주의해야 한다.

　첫째, 웹서비스를 오픈할 때 본인이 생각한 모든 기능을 다 넣어야 한다는 생각이다. 외주 개발인만큼 당연히 완벽한 상태로 오픈하기를 원할 것이다. 그러다 보니 개발 분량이 많아지고 기간은 늘어난다. 지자체에서 운영하는 재창업 프로그램에서 만난 한 창업자는 자신이 기획한 웹페이지의 스토리 보드만 4~5백 장인데 이것을 만들 용역회사가 없다고 한탄했다. 이미 두 번이나 개발사가 중간에 포기하여 1년 째 완성하지 못하는 중이라고 했다. 4~5백 장의 스토리보드를 만드는 데에는 많은 시간과 비용이 들 것이다. 하지만 그렇게 만든다고 한들 완벽한 서비스가 될 것이라고 장담할 수 없는 게 가장 큰 문제다. 고객이 어떻게 이용할지 만들기도 전에 어떻게 알 수 있겠는가? 그야말로 리스크만 높아질 것이다.

둘째, 웹서비스가 오픈하는 순간 개발이 종료되었다고 생각하는 경우다. 이 산업을 잘 모르는 창업자가 단지 아이디어만 가지고 시작하는 경우에 발생하는 착각이다. 웹사이트에 고객이 들어오면서부터 개발이 시작된다고 할 정도로 생각지 못했던 고객 니즈가 생기게 될 것이다. 웹서비스 관련 기업에서 프로그래머의 중요성이 바로 여기에 있다.

이러한 실수를 방지하려면 초기 개발은 핵심기능 중심으로 사이트를 오픈하고, 고객의 유입과 함께 사용자 분석을 통해 신속하게 기능을 보완·개선할 수 있는 체계를 만들어야 한다. 고객이 유입되는 시점부터 뒤에서 소개할 핵심지표를 통해 비즈니스 모델이 검증되는 것이다.

필자는 위와 같은 이유로 인해 웹서비스가 핵심인 사업이라면 개발을 내재화할 것을 권장한다.

Action

물리적 제품 MVP 개발

웹서비스 MVP의 경우 언제든지 내용이 업데이트될 수 있다. 사용자들도 그것을 당연하게 여긴다. 서비스에 새로운 기능이 추가되거나 있었던 기능이 없어지기도 한다. 지속적인 검증을 통해 발전시킬 수 있다. 반면 물리적 제품은 MVP 제품을 만들고 나면 이를 기반으로 수정·보완하기가 어렵다. 기능을 개선하려면 금형을 새로 설계해야 하기 때문이다. 물론 제품 설계가 단순한 경우 제대로 된 MVP를 만들면 검증 후 곧바로 완제품 제작에 들어갈 수 있다.

억스코리아의 장진태 대표가 만든 iRing이라는 스마트폰 그립은 제품만 봐도 어떤 용도인지 알 수 있다. 〈그림 9-4〉를 보면 알 수 있듯이 손가락이 제대로 들어갈지, 스마트폰에 붙였을 때 스마트폰이 제대로 서 있을지, 지지대가 금방 헐거워지는 것은 아닌지를 중점적으로 확인하면 된다. 이런 제품은 솔루션 검증을 통해 검증하기보다 최소한 목-업 제품이라도 만들어서 제품 검증을 하는 것이 훨씬 효과적이다.

<그림 9-4> 스마트폰 그립, iRing

여기서 문제는 제품의 구조가 복잡하거나 제조단가가 높아서 목-업 제품을 많이 만들기 어려운 경우도 있다. 전기 자전거, 스마트 시계 같은 제품은 목-업 제품 한 대를 만드는 데 수백만원에서 수천만원이 들기도 한다. 이런 경우에는 다음과 같은 부분에 집중하여 준비해야 한다.

첫째, 물리적 제품은 높은 수준의 MVP 단계로 넘어오기 전에 솔루션 검증에 더 신경써야 한다. 제품의 핵심기능을 알 수 있는 낮은 수준의 MVP를 가지고 솔루션 검증에 나서야 한다. 낮은 수준의 MVP라고 하더라도 단순히 텍스트로만 설명할 게 아니라, 좀 더 구체적이고 창의적인 MVP를 마련할 필요가 있다. 아직 시장에 나오지 않은 제품이라면 유사한 기능을 하는 제품을 일부 변형하여 MVP를 만들거나 3D 프린터를 이용해서 샘플을 만들 수 있다. 최대한 진짜 같이 보이도록 MVP를 만들어야 한다.

둘째, 물리적 제품의 MVP에 중대한 문제점이 없는지 집중해야 한다. 웹서비스의 경우 서비스를 진행하는 중에도 문제점을 수정하거나 기능을 개선할 수 있지만 물리적 제품은 반품 처리를 하지 않는 한 불가능에 가깝다.

셋째, 많은 기능을 다양하게 구현하기보다 대상 고객에게 핵심기능을 제공하도록 노력해야 한다. MVP 제품도 그렇고 실제 양산 제품도 그렇지만 창업자가 엔지니어인 경우 완성도에 대한 욕심이 많아 최대한 많은 기능을 넣으려는 경향이 있다. 하지만 그렇게 되면 시간은 지체되고 완성도는 오히려 떨어질 수 있다. 제품이 추구하는 핵심가치가 무엇인지 정확히 판단하여 어떤 기능을 더할 것인지가 아니라, 어떤 기능을 남길 것인가에 관점을 두어야 한다. 더 좋은 기능을 넣고 싶은 마음은 제품이 시장에 나와 충분히 판매되는 것을 보고 결정해도 늦지 않다. 목-업 제품이나 시제품을 한두 대밖에 만들지 못할 정도의 제품이라면 중고가 제품일 것이고, 양산에 들어간다 하더라도 한 번에 몇 천 대씩 들어가지 못할 것이다. 따라서 일단 첫 번째 양산 제품 판매를 통해 검증하고 그 결과를 가지고 추가 개발에 들어가도 될 것이다. 첫 번째 양산 제품만 팔고 나서 사업을 종료할 것이 아니라면 가능성을 확인하는 것만으로 충분하다.

물리적 제품의 제품 · 서비스 검증

물리적 제품 MVP 검증과정도 웹서비스 MVP 과정과 비슷한 순서로 진행하면 된다. 제품을 보여주고 이 제품을 고객이 제대로 사용하는지 지켜보는 것이다. 참고로 제품을 사용하면서 고객이 혼잣말이라도 계속 할 수 있도록 유도하면 더 큰 도움이 된다.

"여기가 스위치 같고, 여기에 빨간 단추를 연결해보면 되지 않을까? 아… 이게 아니네. 설명서를 다시 봐야겠다. 아, 파란선이구나. 그런데 왜 파란선을 이어야 하지? 꼽는 곳은 빨간색인데? 빨강과 파랑을 연결해서 태극무늬를 만드는 건가? 음… 차라리 빨간색 단자에 빨간색 단추를 연결하게 했더라면 더 직관적이었을 텐데….”

DO IT **18**

높은 수준의 MVP 개발

높은 수준의 MVP를 만든다. 웹이나 앱 서비스는 핵심기능을 넣어 실제 서비스가 돌아가는 것처럼 보이도록 만들어 본다. 물리적 MVP 역시 제품 특성에 맞추어 실제처럼 시제품을 만든다.

DO IT **19**

제품·서비스 검증

높은 수준의 MVP가 개발되면 고객 인터뷰를 통해 제품·서비스 검증 (MVP 검증)을 진행한다. 진행 후 보고서를 작성하여 향후 어떻게 대응할 것인지 정리한다.

최초의 고객에게는
컨시어지 서비스를 제공한다

웹서비스든, 물리적 제품이든 고객에게 제품이 전달되었으면 최대한 고객만족을 시켜야 한다. 그러기 위해서는 고객이 제품을 잘 사용하는지, 부족한 점은 없는지 계속 확인해야 한다. 이것을 '컨시어지(Concierge) 서비스'라고 한다. 컨시어지란 손님에 관한 모든 업무를 처리해주는 사람으로 주로 호텔에서 사용한다. 스타트업의 최초 고객도 컨시어지 고객을 만드는 것이다. 컨시어지의 목적은 두 가지다.

첫째, 초기 고객의 만족도를 극대화하는 것이다. 스타트업에게 최우선 거점고객은 성공 여부를 가늠할 수 있는 중요한 대상이다. 이들이 만족하지 못하면 성공적인 사업을 기대하기 어렵다. 하지만 스타트업의 초기 제품은 무언가 부족하기 마련이다. 이것을 만회하기 위해서는 다른 방식을 이용해야 한다. 초기 고객이 자사 제품을 구매했다면 한 번 팔고 끝나는 것이 아니라, 지속적으로 사용 편리성을 확인해야 한다. 이용하는 데 불편함이 없는지, 사용방법 숙지에 문제가 없는지, 망가진 부분이 없는지 등 제품을 구입한 목적을 만족스럽게 달성하고 있는지 적극적으로 확인해 주어야 한다. 조금이라도 불편함이나 부족함이 있다면 적극적으로 보완해 주어야 한다. 기기에 문제가 생겼다면 고객이 직접 A/S를 맡기러 오게 하는 게 아니라, 현장으로 가서 문제를 파악하고 최대한 빠르게 대처해야 한다. 이런 활동이 적지 않은 비용을 수반하겠지만 초기 고객만족도를 위해 해야 할 의미 있는 일이다.

둘째, 스타트업이 놓치고 있는 것이 있는지 확인하는 과정이다. 컨시어지 서비스를 통해 혹시라도 놓치고 있는 제품 자체의 문제점, 제품 사용상의 문제점, 제품 제작 과정에서의 문제점 등을 알아볼 수 있다. 이런 문제점이 있다고 하더라도 스타트업이 적극적으로 나서지 않으면 조기에 발견하기 힘들다. 이 문제를 알려주는 고객도 있지만, 대부분 고객은 마음에 들지 않으면 조용히 떠날 뿐이다.

대부분 최초의 제품은 완전하지 않다. 부족함이 있더라도 고객가치가 명확하다면 계속 발전시켜야 한다. 마이크로소프트사가 윈도우를 처음 내놓았을 때 사람들의 반응은 그다지 좋지 않았다. 속도는 느리고 군데군데 버그가 있었다. 하지만 마이크로소프트는 끊임

없이 윈도우를 개선했다. 그리고 오늘날 우리는 대부분 윈도우 기반의 OS를 사용하고 있다.

Action 09

토론해봅시다

1. 높은 수준의 MVP를 개발하면서 어려웠던 점이나 공유할 만한 경험
   은 무엇이었습니까?

2. 제품·서비스 검증과정에 대한 경험을 공유해 봅시다.

3. 제품·서비스 검증을 통해 당신의 제품이 본격적으로 개발 또는 서
   비스할 수 있는 단계에 이르렀습니까?

Action 10

수익 모델을 만들어라

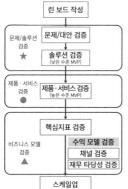

고객 문제 대상 고객이 가지고 있는 문제 (3가지 정도)	솔루션 문제해결 방법/ 기능 (3가지 정도)	고유가치 제안 제품이 추구하는 핵심가치 (한 문장)	수익 모델 수익을 올리는 패턴, 가격 정책	대상 고객 전체고객, 유효 고객, 목표고객
★	★ ●	★	▲	★ ●
문제 대안 문제를 해결하기 위한 고객의 대안	핵심지표 매출 발생까지의 과정에서 체크할 중요지표	카테고리 일반적으로 알려진 제품 분류	채널 고객 도달 방법	최우선 거점 고객 가장 필요로 하는 고객, 파급력이 높은 고객, 접근 이 쉬운 고객
	▲		▲	
손익분기 계획 손익분기점 도달 시점, 도달 방법		3년간 손익계획 향후 3년간 추정손익계산		
▲		▲		

Startup Bible

수익 모델의 중요성

비즈니스 모델이 사업의 흐름을 구체화한 것이라면 수익 모델은 여기서 제시된 고객가치를 어떻게 수익으로 만드는지 핵심 구조를 보여주는 것이라 할 수 있다. 고객에게 상품이나 서비스를 팔아 수익을 내는 사업이라면 '판매 수익 모델(sales revenue model)'이라고 이름 붙일 수 있다. 물론 오래전부터 진행된 전형적인 방식이라 당연한 것으로 간주할 수 있겠지만, 정보기술의 발달로 다양한 수익 모델이 생겨남에 따라 이름을 붙여 개념화할 필요가 생겼다. 이번 장에서는 성공한 수익 모델들을 살펴보며 새로운 고객가치를 만들거나 추가적인 수익창출 방법을 탐색해볼 것이다.

스타트업은 수익 모델을 어떤 관점에서 바라보고 적용해야 할까?

첫째, 현재 보유한 수익 모델의 핵심에 집중한다. 진행하고자 하는 수익 모델이 고객에게 충분한 가치를 제공하는지 실행해보며 더 나은 방향을 모색한다. 계획대로 되고 있다면 그대로 진행하면 된다. 창출하는 수익이 기대에 미치지 못한다면 더 적극적으로 새로운 수익 모델을 찾아야 한다.

둘째, 새로운 고객가치를 만들 수 있는지 살펴본다. 수익 모델을 변경함으로써 새로운 고객가치를 창출할 수 있다. 이것은 결국 더 나은 비즈니스 모델로 발전될 것이다. 과거 코웨이는 정수기를 만들어 판매하는 회사였다. 문제는 1990년대 후반 IMF 외환위기가 터지고 경제가 곤두박질치자 정수기를 구입하는 고객들이 없었다. 사람들은 정수기의 필요성은 인지하고 있었지만 경제위기 시절에는 우선순위에서 밀리는 고가의 제품일 뿐이었다. 만들어 놓은 정수기는 창고에 쌓여갔다. 회사로서는 절체절명의 위기였다. 뭔가 해결책을 세워야 했다. '정수기에 대한 수요는 있지만 너무 고가라는 게 구매를 막고 있다. 그런데 고객들이 원하는 것은 정수기가 아니라 깨끗한 물 아닌가. 접근 방식을 바꿔보면 어떨까? 정수기를 파는 게 아니라 깨끗한 물을 팔자. 렌털 방식으로 판매하면 초기비용 부담을 대폭 줄일 수 있을 것이다' 이렇게 출발한 렌털 서비스는 고객의 초기비용 부담을 줄여 새로운 수요를 창출하는 혁신적인 모델로 자리 잡게 된다. 수백만 원대의 정수기를 무료로 주고 월 몇만 원에 깨끗한 물을 판매하는 개념이 되었다. 또한 고객들은 정수기를 이용하지만 청소와 필터 관리는 귀찮아한다는 것을 알게 되었다. 정수기가 아니라 물을 파는 사업이니 정수기 청소, 필터 관리, 수질검사 등에 신경 쓰지 않게 해야 한다고 판단했다. 코웨이는 이를 위해 '코디'라는 관리 조직을 만들었다. 제품 판매에서 끝나는 게 아니라, 제품을 서비스화한 제품 서비스화 수익 모델이 된 것이다. 이후 이 방식을 통해 정수기뿐만 아니라, 비데 · 공기청정기 · 가습기 등으로 제품을 늘려 나갔다. 코웨이는 비즈니스 모델 혁신의 대표적인 사례가 되었다.

셋째, 창출한 고객가치를 기반으로 새로운 수익원을 탐색해본다. 오늘날 맥도날드는 1954년 멀티믹서기 사업을 하던 레이 크록(Ray Kroc)이 맥도날드 형제의 햄버거 가게를 방문하면서 시작되었다. 간단한 메뉴, 신속한 프로세스, 저렴한 가격, 맛있는 햄버거에 매료되어 프랜차이즈 사업을 제안했던 것이다. 1955년 일리노이주의 데스 플레인스(Des Plaines)에 첫 매장을 오픈하고 계속해서 확장해 나갔다.[16] 크록은 고객들이 만족할 수 있도록 언제 어디서나 변함없이 좋은 품질의 식사와 완벽한 서비스를 제공할 수 있도록 서비스 프로세스를 표준화하는 데 매진했다. 고객이 만족해야 본사와 매장 모두가 잘될 수 있다는 생각이었다.

그런데 이 과정에서 본사는 자금 문제를 겪기 시작했다. 메뉴 개발, 운영 프로세스 개발, 창고 운영 등 수익보다 지출이 훨씬 많았다. 사업을 위해 대출까지 받았으나 현금 부족에 시달렸다. 맥도날드의

---

16 맥도날드 홈페이지(http://www.mcdonalds.co.kr)

기본적인 수익 모델은 프랜차이즈 매장에서 음식 판매액의 일부를 수수료로 받는 모델이었다. 그리고 받은 수수료의 일부를 맥도날드 형제에게 지급해야 했다. 당시 햄버거 하나의 가격이 15센트였고 여기서 1.9%의 수수료(여기서 0.5%는 맥도날드 형제 몫)를 받다보니 판매 규모를 대폭 키우기 전에는 소요 비용을 감당하기 어려웠다. 또한 멀리 떨어져 있는 매장들이 본사에서 만든 프로세스를 제대로 따르지 않는 것도 문제였다. 실제로 일부 프랜차이즈 매장들이 자기 마음대로 메뉴를 개발하여 판매하기도 했다. 고객들은 맥도날드 레스토랑을 좋아했지만 크록은 현금 부족에 시달려야 했다.

이때 만난 사람이 해리 소너본(Harry Sonneborn)이었다. 소너본은 크록으로부터 맥도날드의 비즈니스 모델을 듣더니 수익 모델을 바꿔야 한다고 조언했다. 바로 '부동산을 가져야 한다'는 것이었다. 그때까지는 맥도날드 매장을 열고자 하는 사람이 자기 돈으로 가게를 구해 오픈하는 방식이었다. 본사는 단지 브랜드와 운영 프로세스를 제공하고 수수료를 받았다. 그러다 보니 크록이 버는 수입은 적고 매장 관리도 어려웠던 것이다.

크록은 '프랜차이즈 리얼티 코퍼레이션'이라는 부동산 회사를 설립한다. 그때부터 프랜차이즈 매장을 개설하기 위한 부동산을 프랜차이즈 리얼티가 구매했다. 구입한 부동산을 담보로 대출을 받을 수 있어서 많은 비용이 들지 않았다. 매장 개설은 프랜차이즈로 들어올 점주의 가맹비로 상당 부분 충당하고 임대료를 받고 매장을 제공했다. 이렇게 되자 임대료 수입을 추가로 얻을 수 있었고, 프랜차이즈 매장에 대한 통제권도 가질 수 있었다. 거기다 매장에 고객들이 몰리면서 부동산 가격이 덩달아 오르기 시작했다. 15센트짜리 햄버거의 1.9%를 받는 수익 모델뿐 아니라, 부동산을 활용한 수익 모델이 회사 성장에 크게 기여하게 된다. 이후 프랜차이즈 매장이 늘어나고 프랜차이즈 사업 자체에서도 수익을 확보할 수 있게 되었다. 수익 모델의 중요성을 보여주는 대표적인 사례다.

이 사례를 통해 혹자는 '맥도날드 비즈니스 모델의 핵심은 부동산 사업이다' 혹은 '맥도날드 사업의 본질은 부동산이나'라고 말하기도 한다. 하지만 부동산 사업이 비즈니스 모델의 핵심일까? 맥도날드 사업의 본질이 부동산일까? 물론 수익 모델의 한 축으로 중요한 의미가 있고, 사업을 성장시키는 데 중요한 역할을 했지만 그것을 사업의 핵심이라고 하기에는 적절치 않다고 생각된다.

고객 가치를 창출하는 것은 맥도날드 레스토랑이 제공하는 맛, 스피드, 청결, 간결한 메뉴다. 맥도날드 이전 다른 레스토랑과는 차별화된 가치를 제공하고 있는 것이다. 맥도날드 레스토랑이 제대로 된 고객 가치를 만들지 못했다면 부동산 수익 모델이 가능했을까? 부동산으로 수익을 내려면 맥도날드 레스토랑이 잘 돼야 한다. 맥도날드 레스토랑 자체의 경쟁력이 있어야 새로운 수익 모델이 자기 역할을 하는 것이다.

넷째, 수익 모델 벤치마킹을 통해 더 나은 고객 가치를 제공할 수 있다. 근래 마이크로소프트사는 개인 컴퓨팅(Personal Computing) 부문의 사업을 성장시키려하고 있다. 이 사업 부문에 속한 상품 중 하나가 엑스박스(Xbox)라는 게임기다. 엑스박스는 소니의 플레이스테이션과 경쟁하며 잘 성장해왔지만, 좀 더 획기적인 성장 방안을 고민 중이었다. 지금까지 그랬듯 게임기의 성능을 개선하고 더 재미있는 게임 소프트웨어를 만드는 것이 기본적인 방법일 것이다. 이 외에 다른 방법은 없는지 벤치마킹할 제품이나 서비스도 살펴보았다. 그중 영화 구독 서비스인 넷플릭스(Netflix)도 벤치마킹의 대상이 되었다. DVD 대여 사업으로 시작한 넷플릭스는 현재 다양한 영화와 드라마를 월정액 스트리밍 서비스로 제공하며 크게 성장하고 있다. 마이크로소프트사는 엑스박스를 판매한 후 게임 소프트웨어를 판매하는 것뿐만 아니라 넷플릭스처럼 게임을 모아놓고 월정액 서비스를 제공하는 모델을 시도하기로 했다. 마이크로소프트사의 클라우드 서비스에 여러 게임 소프트웨어를 올려놓고 이용자는 자신의 엑스박스, PC, 스마트폰을 이용하여 게임을 할 수 있도록 한 것이다. 이렇게 탄생한 게 바로 '엑스박스 게임패스(XBOX Gamepass)' 서비스다. 월 15달러만 내면 백 개가 넘는 인기 게임을 마음껏 즐길 수 있도록 했다. 고객들도 즐기고 싶은 게임을 매번 구입하는 게 부담이었는데, 월회비만 내면 모든 게임을 이용할 수 있으니 매력적인 서비스가 아닐 수 없었다. 엑스박스 게임패스는 2020년 가을 1천 5백만명을 넘어서며 인기를 끌고 있다. 2020년 9월에는 마이크로소프트사가 75억 달러의 거금을 들여 인기 게임 '둠(Doom)' 개발사인 제니맥을 인수했고, 앞으로도 계속 게임개발사를 인수하겠다고 발표했다. 게임계의 넷플릭스를 만들기 위한 움직임이었다.

이렇듯 큰 회사도 수익 모델을 벤치마킹한다. 스타트업도 수익 모델 벤치마킹을 통해 자사에 대입시킬 만한 것이 있는지 찾아보자. 그런 모델을 찾고, 고객도 그 모델에 만족할 수 있다면 모두가 윈-윈할 수 있을 것이다.

Action

다양한 수익 모델 검토

사업계획을 수립하는 과정에서 어떻게 수익을 낼 것인지 이미 계획을 세워놓았을 것이다. 비즈니스에서 수익을 만드는 방법은 여러 가지가 있는데, 여기서는 스타트업 단계에서 벤치마킹해볼 만하다고 생각되는 모델들을 살펴보도록 할 것이다.

각 수익 모델이 가진 특징과 사례를 살펴보며 자사에 적용시킬 수 있을지 강제로라도 연결해 생각해보자. 말이 되는 것도 있고 그렇지 않은 것도 있을 것이다. 한 가지라도 시도해볼 만한 수익 모델을 찾아낸다면 그것만으로도 큰 의미가 있을 것이다.

기반구축 후속 수익 모델

기초가 되는 바탕 또는 토대를 만든 후 이를 기반으로 지속적인 수익을 올리는 모델이다. 기반이 되는 제품 자체에서 수익을 내기보다 기반 구축 후 후속 제품을 통해 수익을 내는 게 목적이다. 따라서 기반 제품은 수익 자체보다는 판매량을 늘리는 데 주력하게 된다. 후속 제품을 통해 지속적인 수익을 창출할 것이므로 기반 제품의 이용자 확보가 중요하다.

지금으로부터 100년여 전 남성들은 면도를 할 때 면도날이 무뎌지면 가죽 끈으로 칼날을 갈아야 했다. 면도날은 원래 반영구적으로 사용할 수 있게 만들어진 도구였기 때문이다. 병뚜껑 판매원이자 발명가였던 질레트는 출근 준비를 하던 어느 날 무뎌진 면도날을 보며 '면도날도 병뚜껑처럼 일회용으로 만들 수 없을까?'를 생각했다. 그의 아이디어는 6년 만에 교체용 면도날의 탄생으로 실행됐다. 그의 이름을 딴 질레트사는 면도기 본체와 교체용 면도날 세트를 판매하며 큰 인기를 얻었다. 1903년 면도기 51개, 면도날 168개 판매를 시작으로 1918년에는 100만 개의 면도기, 1억 2천만 개의 면도

<그림 10-1> 기반구축 후속 수익 모델

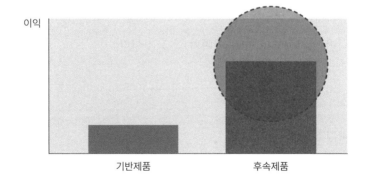

날을 판매하기에 이른다. 승승장구하던 질레트는 1921년 면도날 특허 만료를 앞두고 수익 모델을 변경한다. 이전에는 면도기와 면도날 판매 모두에서 수익을 추구했으나 경쟁사가 등장할 것으로 예상되자 면도기 수익을 포기하고 면도날 판매에서 수익을 창출하고자 한 것이다. 질레트는 이 정책으로 면도기 판매량이 400만 개 이상으로 늘어났다. 이렇게 되자 면도날 판매가 폭증했다. 질레트사는 교체용 면도날 세트의 면도날 수량을 줄이고 가격을 인상하는 방식으로 수익을 높였다. 기반구축 후속 수익 모델이 완성되며 독점에 가까운 사업자로 성장하게 된 것이다. 이런 방식의 대표적 사업으로는 프린터 판매 후 해당 프린터용 토너 판매, 커피 머신 판매 후 해당 커피 머신에 사용할 커피 캡슐, 가정용 게임기와 게임 소프트웨어 등이 있다.

참고로 이런 모델을 만들 때 주의할 점은 후속 제품에 대한 독점력을 확보해야 하고, 고객에게 독점으로 인해 너무 높은 가격이라는 인상을 주지 말아야 한다는 것이다. 대표적 기반구축 후속 수익 모델 제품인 레이저프린터의 경우, 후속 제품인 자사 토너를 판매해야 이 모델이 유지될 것이다. 그런데 시중에는 제조사 정품 토너에 비해 50~75% 저렴한 재생 토너들이 판매되고 있다. 프린터 제조사 입장에서는 자사의 수익 모델이 방해받고 있는 셈이다.

브랜드 수익 모델

제품의 기능이 유사하더라도 고객들이 선호하는 브랜드 정체성 (identity)을 가졌다면 경쟁 제품에 비해 높은 가격을 책정할 수 있다. 브랜드 정체성이란 '고객들이 해당 브랜드에 대해 기대하는 연상 혹은 이미지'라고 할 수 있다. 고객은 이러한 브랜드 정체성을 자신의 가치와 일치시키고 싶어 하는 경향이 있다. 그러다 보니 기업은 특정 고객군이 선호할 만한 브랜드 이미지와 그에 걸맞은 품질을 유지하려 힌다. 이런 상황이 반복되어 고객의 머릿속에 확고한 브랜드 이미지가 자리 잡히면 제품의 특징, 기능, 품질을 강조하지 않아도 고객은 그 회사 제품이라면 이럴 것이라는 이미지를 기반으로 구매하게 된다. 브랜드 수익 모델이 되는 것이다. 명품 브랜드들이 극단적인 성공 사례가 될 것이다. 명품 가방 브랜드를 가진 기업은 가방뿐만 아니라, 다른 소품도 고가로 판매되는 것을 볼 수 있다.

그런데 이 브랜드 수익 모델은 고가의 명품 브랜드가 되기 위해서만 필요한 것이 아니다. 사업을 장기적으로 진행하며 수익을 확보하는 데 있어서 브랜드 정체성을 구축하는 것은 대단히 중요하다.

스타트업 초기고객은 스타트업 제품을 구입하는 데 있어 품질의 완전성, 안정성, 지속성, 유지보수 가능성 등을 의심한다. 이 의심이 구매를 방해한다. 브랜드 정체성도 없거니와 고객이 처음 보는 물건이기 때문이다. 이런 모든 우려에도 불구하고 고객이 구매한다는 것은 제품에 대한 기대 효용이 크기 때문일 것이다.

이 말을 조금 더 생각해보면 신뢰할 수 있는 브랜드 정체성을 가

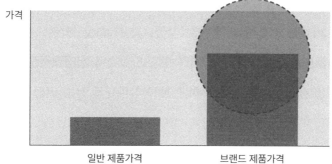

<그림 10-2> 브랜드 수익 모델

가격

일반 제품가격   브랜드 제품가격

진 제품이라면 구매의사결정이 훨씬 수월해진다는 것이다. 여러분이 가정에서 같은 가격의 냉장고를 구입한다면 대기업 제품과 스타트업 제품 중 무엇을 선택하게 될까? 기능에 특별한 차이가 없다면 신뢰할 수 있는 브랜드 이미지를 가진 대기업 제품을 선택할 것이다.

브랜드 정체성을 만드는 것은 그 나름대로 살펴볼 부분이 많겠으나 스타트업 초기에는 신뢰도를 높여 고객의 의심을 낮추는 것부터 생각해볼 필요가 있다. 신뢰할 만한 인물을 모델로 기용하는 방법, 공신력 있는 기관의 인증, 추천, 대기업과의 제휴, 신뢰할 수 있을 만한 데이터 제시, 고객 후기 노출 등이 검토해볼 만하다. 브랜드가 구축되기 시작하면 향후 출시되는 제품들의 판매가 훨씬 수월해질 수 있다. 나이키 브랜드를 선호하는 고객은 평범한 기능과 고가에도 불구하고 나이키라는 이유로 셔츠나 양말을 구입한다. 브랜드 정체성이 주는 이점이다.

솔루션 구독 수익 모델

상품이나 서비스를 지속적으로 제공받거나 사용하기 위해 주기적으로 비용을 지불하는 방식을 '구독(subscription)'이라고 한다. 신문·잡지는 대표적인 구독 상품이다. 가판대나 서점에서도 구입할수 있지만 정기구독 신청을 하면 때마다 배달해주니 얼마나 편리한가. 최근에는 셔츠, 꽃, 영양제, 양말 등 다양한 상품들을 구독 수익모델 방식으로 판매하는 기업들이 늘고 있다. 이러한 구독 수익 모델은 상품에 구독 방식을 붙여 지속적이고 안정적인 수익을 창출하는 데 도움을 준다.

솔루션 구독 수익 모델은 주로 고가의 제품을 소유권이 포함된 상태로 판매하는 게 아니라, 해결하고자 하는 문제에 대한 솔루션을 판매하는 방식이다. 고객이 부담해야 하는 초기 비용 부담을 낮춰더 많은 수요를 꾸준히 만들어내는 효과가 있다. 고가의 정수기 판매가 아니라 깨끗한 물을 제공하기 위한 월정액 방식의 렌털 서비스가 대표적인 솔루션 구독 수익 모델이다.

솔루션 구독 수익 모델은 한계생산비용[17]이 0에 가까운 소프트웨어의 경우 더욱 효과적이다. 고객이 유튜브에 올릴 영상을 편집하기 위해 어도비(Adobe)사의 포토샵(Photoshop)과 프리미어(Premiere)를 이용하고자 한다. 그런데 이 소프트웨어의 가격이 수백만 원에 이른다. 일반 개인 사용자로서는 구매 결정이 쉽지 않다.

---

17 재화나 서비스 한 단위를 추가로 생산할 때 필요한 총비용의 증가분

어도비사의 입장을 보자. 어도비는 포토샵, 일러스트레이터, 프리미어 등 고가의 그래픽 소프트웨어를 판매하는 글로벌 기업이다. 제품의 가격이 고가이다 보니 기업에서만 라이센스를 구입하고 수요가 훨씬 많은 개인들은 복제판을 사용하고 있었다. 기업의 경우도 한 번 라이센스를 구입하면 이후 업그레이드 버전만 구입하면 되는데, 기술적 완성도가 높아지면서 업그레이드 버전에 대한 수요 증가율도 상당히 둔화되었다. 매출 성장률은 그저 제품 가격을 인상하는 비율 만큼만 늘어났다.

반면 유튜브, 인스타그램 등의 성장에 따라 개인들의 영상 편집 수요가 늘어났는데, 고가의 어도비 제품들은 그 수요를 흡수하지 못하고 있었다. 그래서 결정한 것이 매월 비용을 나누어 받는 솔루션 구독 모델 '크리에이티브 클라우드(Creative Cloud)' 서비스였다. 한 달 몇만 원으로 어도비사 주요 그래픽 도구들을 사용할 수 있게 한 것이다. 사람들이 원하는 것은 고가의 소프트웨어가 아니라, 그래픽

<그림 10-3> 솔루션 구독 수익 모델

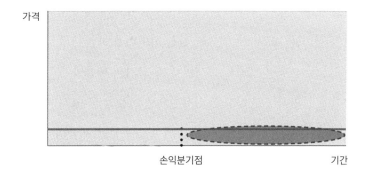

이나 영상을 편집하는 솔루션이었다. 더군다나 구독 기간 동안에는 소프트웨어가 업그레이드 되더라도 별도의 비용 없이 더 나은 제품을 이용할 수 있었다. 그야말로 최상의 솔루션만 이용할 수 있게 된 것이다. 이 방식은 그동안 어도비의 고객이 될 수 없었던 수많은 개인 고객들을 불러들이는 계기가 되었다. 회사는 소프트웨어를 고가에 한 번 팔고 끝나는 것보다 훨씬 높은 매출을 확보할 수 있었다.

소프트웨어뿐만 아니다. 필립스(Philips)는 2013년 미국 위싱턴 교통국(Washington Metropolitan Area Transit Authority)과 워싱턴 내 25개 주차장의 조명 업그레이드 계약을 체결했다. 일반적이라면 워싱턴 교통국은 조명 가격과 설치 용역비를 일시에 납부해야 했다. 하지만 그런 내용은 없었다. 필립스는 13,000개가 넘는 LED 조명으로 68%의 에너지 소비를 낮추고 11,000톤의 이산화탄소를 절감할 수 있게 했다. 필립스는 워싱턴 교통국이 기존 대비 매월 절감되는 금액과 현재 납부하고 있는 유지관리비를 받는 조건으로 10년간 계약했다. 서로가 혜택을 얻는 훌륭한 계약이 되었다. 유럽 리히텐슈타인에 본사를 둔 건설공구 기업 힐티(HILTI)는 과거 건설용 장비를 만들어 판매하는 기업에서 고객사의 공사 목적에 부합되는 최상의 건설 장비를 사용하게 해주는 월간 서비스를 제공하고 있다.

솔루션 구독 수익 모델은 고객이 초기 고가의 비용을 부담하지 않고 목적에 부합하는 솔루션만 경제적으로 이용할 수 있게 해주는 장점을 가진다. 여러분의 사업에서는 핵심 솔루션만 제공해서 고객과 회사 모두 혜택을 얻을 수 있는 방법이 없을까?

멤버십 수익 모델

　멤버십 수익 모델은 멤버십 회비를 수익의 기반으로 한다. 고객 입장에서 보면 멤버십 회비를 정기적으로 지불하는 것이니 구독 수익 모델과 비슷하다고 생각할 수 있다. 그러나 멤버십 수익 모델은 특정 상품이나 서비스를 구독하는 게 아니라 멤버십 회비에 해당하는 더 나은 혜택과 특별함을 누리는 것이 목적이라 할 수 있다.

　할인매장 코스트코(Costco)를 생각해보자. 대부분의 유통매장은 고객이 납득할 만한 적정 수준에서 최대한의 이익을 얻고자 한다. 반면 코스트코는 자체 유통 마진율을 제한해 놓고 판매한다. 제품의 가짓수를 줄이는 대신 가장 많이 팔리는 상품만 구매력을 발휘하여 재고로 확보한다. 결제 가능한 카드도 단일 카드로 제한하여 비용을 절감한다. 이런 노력들이 모여 코스트코의 경쟁력인 저가 정책을 가능하게 한다. 그럼 코스트코는 무엇으로 수익을 낼까? 바로 연회비를 받는 멤버십 서비스이다. 2019년 기준 9,850만명의 회원이 연회비를 내고 있다. 2019년 코스트코의 총이익은 36억 6천만 달러인데, 이 중 멤버십 수익이 33억 5천만 달러이다.[18] 멤버십 연회비가 수익 모델의 핵심인 것이다.

　아마존 프라임(Amazon Prime) 서비스도 그렇다. 아마존 프라임 회원은 24~48시간 무료 배송, 프라임 나우를 통한 비용 지불 시 2시간 내 배송, 스트리밍 음악과 비디오 혜택 등을 제공받는다. 연간

---

18 https://investor.costco.com/

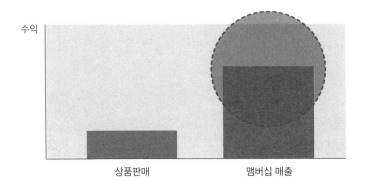

<그림 10-4> 멤버십 수익 모델

수익

상품판매 맴버십 매출

119달러의 서비스인데, 2020년 1억 5천만명의 회원을 넘긴 상태다.

네이버도 2020년부터 네이버플러스 멤버십을 시행하고 있다. 월 회비를 내면 네이버 쇼핑에서 구매 시 더 많은 포인트를 적립해주고 영화, 음악, 웹툰, 클라우드, 오디오 클립 등을 일정 부분 무료로 제 공하고 있다.

기반사업 부가요소 수익 모델

기반사업에서 수익이 생기지만 해당 사업의 부가요소에서 더 큰 수익이 생기는 모델이다. 호텔 사업의 기반은 숙박이라고 할 수 있 다. 하지만 숙박 자체만 놓고 보면 마진율이 높지 않으며 룸 개수가 제한되어 있기 때문에 매출에도 한계가 있다. 그러나 호텔을 숙박시 설이 아닌 공간 비즈니스라고 보면 각종 비즈니스 행사, 이를 통한 식·음료 판매라는 부가요소를 통해 수익을 만들 수 있다. 호텔이

<그림 10-5> 기반사업 부가요소 수익 모델

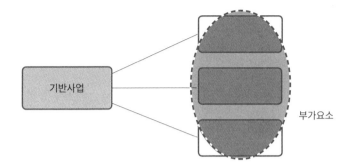

없었으면 얻을 수 없는 부가요소이다. 극장의 경우에도 영화 상영이 주사업이지만 입장료 수입만으로는 충분한 이익을 내기 어렵다(티켓 가격의 55% 정도는 영화제작사와 세금으로 납부). 이런 상황에서 팝콘과 음료수 판매는 높은 마진을 보장하는 부가요소 수익 모델이 된다. 물론 극장이 없었으면 팝콘과 음료수를 팔기 어려웠을 것이다.

유럽 최대의 저비용 항공사 라이언에어는 운항 시간 4시간 노선의 항공권을 3만원대에 판매할 정도로 저가 항공사다. 2016년에는 CEO가 미디어에 나와 향후 5년에서 10년 사이 항공료를 무료화하는 것이 목표라고 했을 정도다.[19] 이러한 구조를 만들기 위해 이 항공사는 대도시 교외 공항을 이용하고, 좌석은 모두 일반석으로, 마일리지 적립, 기내식, 음료수도 제공하지 않는다. 줄일 수 있는 비용은 모두 줄인 것이다. 하지만 비용만 줄인다고 수익이 나지는 않는

---

19 https://www.thetravelmagazine.net/ryanair-free-flights-in-5-10-years.html

다. 라이언에어는 항공운송이라는 기반사업을 바탕으로 나머지 모든 것을 부가 서비스로 만들어 판매하고 있다. 기내식, 음료수, 짐 보관, 우선 탑승 서비스 등은 모두 유료다. 기반사업 부가요소에서 수익을 만드는 셈이다. 이런 수익 모델의 핵심은 기반 사업을 통해 다수의 고객을 확보할 수 있느냐 하는 점이다. 수익이 충분치 않더라도 기반 사업에서 경쟁력을 가져야 부가 요소에서 수익을 창출할 수 있기 때문이다.

OSMU 수익 모델

OSMU는 '원소스멀티유즈(One Source Muliti Use)'의 약자이다. 즉, 하나의 자원으로 다양한 사용자를 확보할 수 있는 수익 모델이다. 인기 있는 애니메이션 영화가 탄생하면 DVD, VOD, 캐릭터 용품, 연극, 뮤지컬, 게임, 놀이동산 등으로 확대되어 수익을 만들 수 있는 모델이다. 이런 수익 모델을 가장 잘 구사하는 곳 중 하나가 미국의 월트 디즈니 컴퍼니(Walt Disney Company)다. 애니메이션 영화 〈라이온 킹〉을 예로 들어보자. 〈라이온 킹〉이 히트를 치자 얼마 후 DVD가 나온다. 그다음 뮤지컬이 나오고 소설책과 만화책이 발간된다. 고객들은 영화의 감동을 뮤지컬에서는 어떻게 구현했는지 궁금해했다. 라이온 킹에 사용된 음악을 묶어 오리지널 사운드트랙 앨범이 출시된다. 음악을 들으며 다시 한 번 영화를 시청한다. 라이온 킹 캐릭터의 각종 팬시 상품들이 쏟아진다. 디즈니랜드에 라이온

<그림 10-6> OSMU 수익 모델

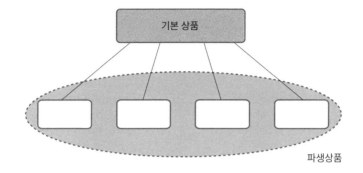

킹 테마구역이 만들어지고 놀이기구와 공연이 펼쳐진다. 가족단위 고객들은 거기서 다시 라이온 킹 기념품을 구입한다. 라이온 킹 게임이 출시되고 TV에서 라이온 킹이 방영된다. 이렇게 몇 년에 걸쳐 라이온 킹을 OSMU한 후 신선함이 사라질 즈음이 되면, 라이온 킹2를 개봉한다. 그리고 OSMU 수익 모델은 다시 시작된다.

락-인(Lock-in) 수익 모델

현재 사용하는 제품에서 다른 제품을 사용하려고 할 때 전환비용[20]이 많이 들어 원래 사용하던 제품을 그대로 이용할 수밖에 없는 경우가 있다. 이런 경우 락-인(Lock-in)되었다고 표현한다. 우리는 컴퓨터 키보드로 2벌식 한글 자판을 사용하고 있다. 아마 다른 방식의

---

20 현재 사용하는 제품에서 대체 제품을 사용하려고 할 때 들어가는 비용. 금전적 비용뿐만 아니라 개인의 희생이나 노력 등 무형의 비용도 포함

더 편리한 키보드가 나오더라도 쉽게 구매하지 않을 것이다. 이미 2벌식 한글타자 방식에 락-인되어 있기 때문이다. MS 윈도우를 사용하는 사람들은 다른 OS가 설치된 PC를 사용하기 어렵다. 그래서 계속 MS윈도우를 사용한다. 다시 배우려면 시간과 비용이 많이 들기 때문이다. 각종 소프트웨어도 그렇다. 한글과 컴퓨터사의 아래한글을 사용하던 사람들이 MS 오피스의 한글워드로 바꾸려면 다시 배워야 하므로 여간해서는 아래한글을 이용하고자 한다. 해당 제품에 대해 락-인되어 있기 때문이다.

스타트업이 자사 제품으로 락-인 효과를 만드는 것은 쉬운 일이 아니다. 대개 경쟁사에 락-인되어 있는 고객을 빼앗아 오거나, 락-인을 생각하기 이전에 고객에게 선택받는 게 우선이기 때문이다. 따라서 스타트업은 조금 다른 방식으로 접근할 필요가 있다. 고객을 핵심 기능 자체에 락-인시키는 것도 방법이지만 특정 기능, 남겨진 자산, 네트워크 효과,[21] 기반구축 후속 수익 모델 등을 활용하여 락-인 수익 모델을 만드는 것이다.

먼저 아이폰과 아이튠즈는 특정 기능으로 락-인시키는 예다. 아이폰 이용자의 경우(비단 아이튠즈에만 해당되는 사항은 아니지만) 안드로이드폰으로 바꾸고 싶지만 아이튠즈를 사용해야 하기 때문에 전환하지 못하는 사람이 많다. 특정 기능을 이용하기 위해 바꾸지 못하는 경우다.

---

21 어떤 재화의 수요자가 늘어나면 그 재화의 객관적 가치, 즉 재화 이용자들이 느끼는 가치도 더불어 변하게 되는 효과를 의미.

이동통신사의 멤버십 포인트는 남겨진 자산으로 락-인시키는 예다. 이동통신사의 장기 우수 고객인 경우 연간 포인트 적립액이라든지, 로얄 고객 서비스가 있다. 이렇게 남겨놓은 혜택을 버리고 다른 이동통신사로 변경하려면 그 이상의 효용이 있는지 생각해봐야 한다. 특정 소프트웨어를 통해 만들어 놓은 작업물 파일도 파일 간 호환이 되지 않는다면 다른 소프트웨어로 옮겨가기가 쉽지 않다. 남겨진 자산 효과 때문이다.

네트워크 효과로는 카카오톡을 생각해보자. 카카오톡 출시 초기에는 당연히 사용자가 많지 않았고 마이피플, 왓츠앱 등의 경쟁 앱들도 있었다. 그러나 카카오톡으로 사람들이 몰리기 시작하자 편의성이 기하급수적으로 커졌다. 자신이 알고 있는 사람들 대부분이 카카오톡을 이용하는데 본인 혼자만 다른 서비스를 이용할 수는 없을 것이다. 네트워크 효과에 락-인되는 것이다.

끝으로 기반구축 후속수익 모델인 네슬레의 네스프레소 머신을

<그림 10-7> 락-인(Lock-in) 수익 모델

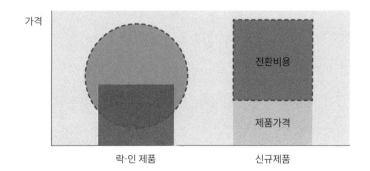

보자. 일단 네스프레소 머신을 구입하면 네슬레에서 나온 커피 캡슐만 이용할 수 있다. 머신을 바꾸지 않는 한 네슬레 커피 캡슐을 구입해야 한다. 머신에 락-인된 상황이라고 할 수 있다.

자산가치 수익 모델

기업 활동을 하다보면 제품 판매를 위해 만들었던 무언가가 새로운 수익원이 되기도 한다. 이것을 수익 모델로 만드는 것이다. 미국의 가전제품 유통사인 베스트바이(Bestbuy)도 여느 오프라인 매장들처럼 인터넷 쇼핑몰에 밀려 성장의 어려움을 겪고 있었다. 매장에 방문하는 고객들도 제품을 구경한 후, 정작 구입은 인터넷으로 하는 쇼루밍(Showrooming)족이 되어가고 있었다. 온라인과 맞서 싸우기 위해 가격 인하도 해보고, 오프라인 전용 제품도 만들어봤지만 뾰족한 해결책이 되지 못했다. 베스트바이는 자사의 역량을 다시 한 번 점검했다.

오프라인 매장의 장점은 제품을 눈으로 보고 손으로 만져볼 수 있다는 것이었다. 만약 매장이 없어지면 고객들은 화면으로만 제품을 봐야하기 때문에 구매의사결정에 불편함이 생길 것이다. 반대로 생각하면 오프라인 매장은 고객들이 원하는 제품을 만날 수 있게 하는 전시 공간 역할을 한다는 것이다. 이에 착안한 베스트바이는 새로운 수익 모델을 개발했다. 매장 자산, 즉 진열할 수 있는 공간을 전시실 개념으로 전환하여 전시 공간을 제조사에 판매하기로 한 것이었다.

전국 단위의 판매 매장이 없는 제조사는 연 6억명이 방문하는 전시 공간을 구입하여 잠재 고객에게 주도적으로 제품 광고를 할 수 있게 되었다. 원래 진열 공간은 팔매할 제품을 올려놓는 곳이지 누군가에게 판매하는 공간이 아니었다. 하지만 베스트바이는 자사가 가진 숨은 자산을 찾아 새로운 수익 모델을 만든 것이다.

잡지는 정기적으로 발행된 후 그냥 소멸되는 게 일반적이었다. 그런데 동아비즈니스리뷰 같은 경우 이전의 기사들을 온라인 자산화하여 검색 서비스를 판매하고 있다. 맥도날드는 프랜차이즈 사업을 하는 과정에서 부동산이라는 자산을 수익화할 수 있다는 판단을 하여 맥도날드 리얼티라는 부동산 회사를 설립, 주요한 수익 모델로 만들었다. 이런 수익 모델은 스타트업의 성장 과정에서 보유 자산의 가치를 알게 되는 경우 시도해볼 수 있다.

<그림 10-8> 자산가치 수익 모델

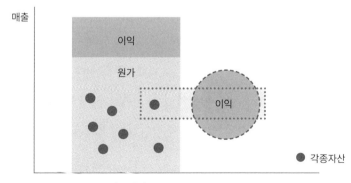

자산 사업화 수익 모델

자산 사업화 수익 모델은 자산가치 수익 모델보다 좀 더 적극적인 수익 모델이라 할 수 있다. 자산가치 수익 모델의 자산 수익은 본 사업의 성장과 연계되어 시너지를 내는 경우라고 할 수 있다. 반면 자산 사업화 수익 모델은 사업 과정에서 생성된 자산을 아예 신규 사업화하는 수익 모델이다. 즉, 기존 사업과는 다른 별도의 사업이 된다.

아마존(Amazon)의 클라우드서비스인 AWS는 2019년 기준 아마존 전체 매출의 10% 초반 규모다. 그런데 영업이익은 아마존 전체의 절반 이상을 차지한다. 다른 사업 분야의 영업이익은 분기마다 들쑥날쑥한데 AWS 사업은 꾸준히 성장하며 안정적인 수익을 내고 있다. 또한 AWS는 글로벌 IT 인프라 서비스 시장에서 시장 점유율 1위를 달리고 있는 서비스다. 아마존의 주요 사업은 전자상거래인데, 어떻게 클라우드 서비스가 선전하고 있을까? 최초의 AWS 서비스는 신규 사업을 위해 개발한 게 아니라, 자사 상거래 서비스를 효율적으로 하기 위해 만들어진 솔루션이었다. 그런데 만들고 나니 다른 기업들도 이러한 솔루션이 필요하다는 것을 알게 되었다. 내부 자산을 아예 신규 사업으로 돌려버린 것이다.

기업 내 협업 커뮤니케이션 프로그램인 슬랙(Slack)은 타이니 스팩(Tiny Speck)이라는 게임 회사에서 사용하던 자체 개발 메신저였다. 원거리 개발자들 간의 협업 솔루션이었는데, 그것을 '슬랙'이라는 이름으로 출시한 것이다. 슬랙은 2019년 뉴욕증권거래소에 상장했고 상장 첫날 기업가치는 약 230억 달러를 기록했다. 내부 자산의

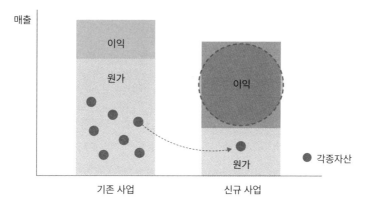

<그림 10-9> 자산사업화 수익 모델

사업화가 성공 확률을 높이는 가장 큰 이유는 기업 내부에 고객이 있고, 그들을 만족시킨 제품이기 때문이다. 그렇다면 자신들과 비슷한 프로필을 가진 사람들, 자신들과 유사한 환경에 처한 사람들이라면 그들 역시 만족할 가능성이 높다. 내부적으로 스스로를 위해 만들어서 사용하는 것 중 만족스러운 것이 있다면 자산 사업화 수익 모델을 검토해볼 만하다.

가치사슬 위치 수익 모델

가치사슬 위치는 자사의 사업이 산업 분야의 어느 영역에 있는지 파악하는 데서 출발한다. 하나의 산업군이라 하더라도 세부적인 사업마다 시장 규모와 이익률이 다르기 때문이다. 자사가 어느 위치에 있는지 정확히 파악하여 어느 방향으로 이동해야 수익 모델을 찾을 수 있을지 판단해야 한다.

가령 자동차산업에서는 완성차 업체가 많은 매출을 올리고 있지만, 정작 수익률이 높은 분야는 리스 시장과 자동차보험 시장이다. 리스 시장은 상대적으로 규모는 작지만 높은 수익을 내는 분야이다. PC의 경우 부품을 조립하여 판매하는 회사들이 많고 상대적 시장 점유율이 높지만, 수익은 마이크로소프트 같은 OS 제공업체와 인텔CPU, 삼성전자 DRAM과 같은 핵심 부품업체들이 가져가고 있다.

스타트업의 경우 이미 특정 산업 영역에서 사업을 진행하고 있는데 산업의 가치 사슬을 그려 특정 영역에서 높은 수익률이 나온다는 것을 알게 되더라도 옮겨가는 것이 쉬운 일은 아니다. 하지만 자신이 매력적인 위치에 있는지, 어느 영역이 매력적인지 아는 것은 중요하다. 가치사슬상 매력적인 위치를 찾은 경우 장기적으로 사업 영역을 그 방향으로 옮기거나, 그 영역의 신규 사업을 시작하거나, 향후 해당 영역의 기업을 인수하여 성장시키는 방법이 있다. 다른 기업을 인수하여 성장하는 것도 기업의 중요한 전략적 의사결정인데

<그림 10-10> 가치사슬 위치 수익 모델

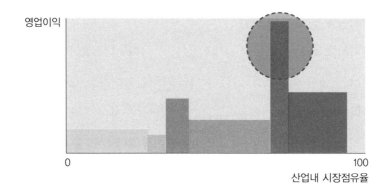

이때 자사와 시너지를 낼 수 있는지 여부와 함께 가치사슬상 어느 위치에 있는지 확인하는 것도 중요하다.

프리-미엄 수익 모델

프리-미엄(Free-mium) 수익 모델은 무료의 '프리(free)'와 프리미엄(premium)의 '미엄(mium)'을 합친 말로 기본 기능은 무료로 제공하되 고급 기능을 유료로 제공해 수익을 내는 모델을 말한다. 주로 인터넷 서비스와 소프트웨어에서 많이 활용되는 방식이다.

스마트폰용 게임들은 대부분 무료로 이용할 수 있도록 제공되는데, 제작사들은 유료 아이템을 판매하여 수익을 만들고 있다. 전형적인 프리-미엄 수익 모델이다.

추가 기능을 제공하는 것도 고급 기능이라 할 수 있다. 데이터 저장 서비스인 네이버 MYBOX('네이버 클라우드 서비스'에서 명칭 변경)의 경우 30GB까지는 무료로 제공하는데, 그 이상 용량은 유료로 판매한다.

대상 고객에 따라 유료, 무료를 구분하여 프리-미엄 구조를 만들 수도 있다. 컴퓨터 백신 소프트웨어인 V3의 경우 개인 이용자에게는 무료로, 기업 이용자에게는 유료로 제공한다. 마이크로소프트의 오피스365는 학생에게는 무료로, 일반인에게는 유료로 제공한다. 무료 버전 제공을 통해 제품을 알리고 저변을 넓히는 것이다. 개인 이용자가 V3를 많이 사용하면 기업에서도 V3를 선택할 가능성이,

학생이 오피스365를 많이 사용하면 졸업 후에도 유료 오피스 프로그램을 사용할 가능성이 높을 것이라는 점을 전제로 한다.

프리-미엄 서비스를 구상할 때 가장 고려해야 할 사항은 무료 기본 기능과 유료 고급 기능을 구분하는 것이다. 프리-미엄 수익모델은 기본 기능을 통해 다수의 사용자를 확보하고 고급 기능을 통해 유료 전환율을 높여야 하는 두 가지 목표를 달성해야 한다. 기본 기능이 부족해 다수의 사용자 확보를 못하거나, 사용자는 충분히 모았는데 유료로 전환되지 않는 경우 실패하게 된다. 결국 기본 기능은 고객이 가진 문제를 얼마나 경쟁력 있게 해결해줄 수 있는지, 고급 기능은 기본 기능으로 충족되지 못한 기능을 찾아내 제시할 수 있는지가 관건이다. 이를 확인하려면 이용자의 사용 형태를 면밀히 관찰해야 하고, 고급 기능의 유용성에 대해 충분히 설명해야 한다.

<그림 10-11> 프리-미엄 수익모델

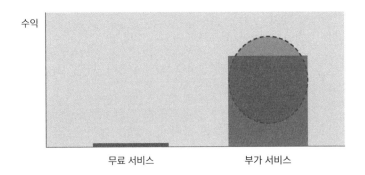

수익

무료 서비스　　　　　부가 서비스

플랫폼 수익 모델

플랫폼(platform)이라고 하면 특정 장치나 시스템 등에서 이를 구성하는 기초가 되는 틀 또는 골격을 의미한다. 보다 직관적으로는 '기차 플랫폼' 또는 '기차 승강장'을 떠올리면 될 것이다. 승객과 교통수단이 만나는 공간이 핵심이다. 그리고 이 공간이 발전하면서 매점이나 자판기가 설치되고 크고 작은 상가가 조성되며 주변에 광고판이 들어선다. 플랫폼은 참여자 간 거래를 지원하는 역할을 하며 참여자들로부터 수수료를 확보하는 것이 수익 모델의 핵심이다. 스타트업의 비즈니스 모델이 플랫폼 서비스인 경우 이미 그 자체로 고객검증을 진행하며 실행되고 있을 것이다. 여기서는 애초에 플랫폼이 아닌 제품이나 서비스를 판매하고 있는 기업이 플랫폼화되어 추가 수익 모델을 만들 수 있는지 관점에서 살펴보려 한다. 이 모델의 전제는 '고객은 개방된 인터넷 환경 속에서 구매하려는 제품들을 비교한 후 구입한다는 것'을 인정하는 데에서 출발한다. 따라서 스타트업이 판매하고자 하는 제품도 고객은 사전에 다른 제품들과 비교 검토를 할 것이다. 그렇다면 아예 자사 제품을 포함하여 경쟁사 제품까지 모아서 살펴볼 수 있도록 플랫폼을 만드는 것이다. 이 모델을 이용하면 타사 제품 판매에 대한 수수료 수익을 얻을 수 있고, 해당 분야에 관심이 있는 고객들을 확보할 수 있으며, 단순히 모아놓은 것 이상 제안, 검색, 분석 등을 해 놓았을 것이므로, 자사 제품의 판매 채널로도 활용할 수 있다.

미디어 스트리밍 서비스 분야 1위 기업은 넷플릭스(Netflix)다.

아마존(Amazon)은 아마존 프라임 비디오라는 서비스로 넷플릭스를 쫓고 있다. 이러한 상황에서 아마존은 2019년 아마존 화이어TV(Fire TV)라는 플랫폼과 아마존 화이어TV 스틱(stick)을 내놓는다. USB처럼 생긴 화이어TV 스틱을 TV의 HDMI 포트에 연결시키면 일반TV도 스마트TV가 된다. 그리고 화이어TV라는 플랫폼을 만나게 되는데 이 안에는 아마존 프라임 비디오를 비롯 넷플릭스, 유튜브, 애플 TV+, 디즈니+ 등을 앱 설치 형태로 볼 수 있도록 했다. 미디어 스트리밍 서비스 플랫폼의 플랫폼이 된 깃이다. 이로써 아마존은 프라임 비디오 서비스 수익, 고객의 타사 서비스 이용 시 수수료 수익, 플랫폼 트래픽을 기반으로 한 광고 수익까지 얻을 수 있게 되었다.

소프트웨어에서만 플랫폼 수익 모델이 가능한 것이 아니다. 2014년 1월 구글이 32억 달러에 인수한 지능형 온도 조절기 네스트(Nest)를 보자. 구글은 자동 온도 조절을 위해 네스트를 인수한 게 아니다. 네스트를 커넥티드 홈(Connected Home, 사물 인터넷을 이용해 집안

<그림 10-12> 플랫폼 수익 모델

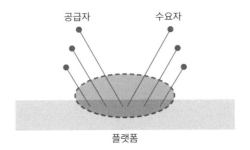

의 여러 기기를 하나로 연결)의 플랫폼으로 이에 연동되는 서비스를 제공하기로 한 것이다. 네스트는 스마트LED 전구, 세탁기, 가정 보안 시스템 등이 연결되는 플랫폼이 된 것이다. 가정용 사물인터넷의 필수 기기가 되어 고객 가정에 침투한 후 스스로 플랫폼 역할까지 맡게 된 것이다.

원가절감 수익 모델

어떤 방법으로든 원가를 절감할 수 있다면 경쟁사에 비해 가격 경쟁력을 가질 수 있다. 감소한 원가만큼 제품 가격을 낮춘다면 소비자에게 더 높은 효용을 줄 수 있어 판매량을 높일 수 있는 방법이 된다. 대신 원가 절감 수익 모델은 경쟁업체들이 따라 하기 어려운 기술 혁신이나 비즈니스 모델 혁신을 통해 이루어져야 의미가 있다. 단순히 인건비를 일부 절감하는 것으로는 장기적으로 원가절감 수익 모델을 지속시킬 수 없다. 기술혁신을 통한 원가 절감 수익 모델

<그림 10-13> 원가 절감 수익 모델

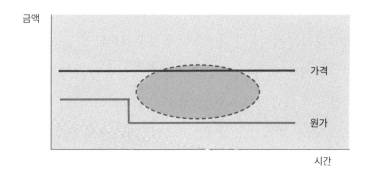

사례를 주위에서 쉽게 볼 수 있을 것이다. 비즈니스 모델 혁신을 통한 원가절감 수익 모델로는 사우스웨스트 항공, 라이언에어, 이케아(IKEA) 등이 좋은 사례가 된다.

롱테일 수익 모델

인터넷의 등장과 함께 롱테일(long tail) 수익 모델이 생겨났다. 롱테일 수익 모델은 잘 팔리는 일부 상품에서만 수익을 창출하는 것이 아니라, 소량씩 판매되지만 많은 종류의 제품들이 판매되어 발생하는 수익 모델이다. 이 모델이 가능한 이유는 상품 목록이 디지털화되어 있기 때문이다. 일반 오프라인 매장에서는 주로 잘 팔리는 상품을 진열해 놓는다. 어쩌다 한 번씩 찾는 상품들까지 모두 진열해 놓을 수는 없다. 그럴 경우 판매 수익보다 재고 관리 비용이 더 많이 들어갈 것이기 때문이다. 하지만 인터넷에서는 가능하다. 아마존닷컴의 도서 판매가 대표적인 롱테일 수익 모델에 속한다. 아마존이 판매하는 모든 도서 목록을 진열해 놓을 수 있는 서점은 없다. 아마존은 목록만 제공한다. 실제로 일반 서점에는 비치되어 있지 않은 인기 없어 보이는 서적들이 아마존 전체 서적 매출의 상당수를 차지하고 있다고 한다. 판매량 그래프의 뒷꼬리가 상당히 긴 것이다. 이런 롱테일 수익 모델은 주로 인터넷을 기반으로 하는 쇼핑몰과 플랫폼 비즈니스에서 발생한다. 플랫폼 비즈니스의 경우도 플랫폼 활성화를 위해 거래가 빈번한 대표적인 플레이어들을 양성해야 하지만

<그림 10-14> 롱테일 수익 모델

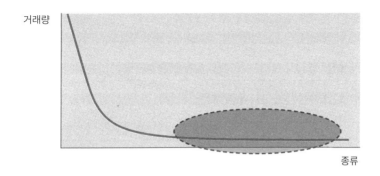

거래 횟수가 많지 않더라도 서로 주고받을 게 있는 당사자들을 확보하는 게 중요하다. 중고 매매 플랫폼, 재능 거래 플랫폼 같은 경우에도 롱테일 수익 모델이 적용될 수 있을 것이다.

제품 서비스화 수익 모델

보통 유형 제품은 한 번 고객에게 판매하고 나면 제조사와 고객 간 관계가 끝나는 경우가 많았다. A/S가 필요할 때나 다시 만나게 된다. 그런데 최근에는 이런 제품들에 서비스가 붙으며 새로운 관계, 새로운 가치가 창출되는 경우들을 보게 된다. 가령 정수기 제조사는 정수기를 잘 팔면 되었다. 하지만 정수기라는 게 관리가 필요하다. 필터를 제때 갈아야 하고, 계속해서 깨끗한 물이 나오는지 확인할 필요도 있다. 제품 자체와 더불어 서비스가 필요한 것이다. 그러다 보니 이제 정수기는 한번에 구입하는 것보다 정수기에 관리

<그림 10-15> 제품 서비스화 수익 모델

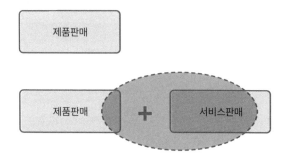

서비스가 붙은 렌털 상품을 이용하는 경우가 많다. 고객은 렌털 상품이 금융비용을 포함하고 있기 때문에 일시 구매보다 비싸다는 것을 알고 있지만, 관리 서비스가 추가되어 렌털 서비스가 제공되면 그만한 가치가 있다고 판단하게 된다.

IBM은 과거 컴퓨터 하드웨어 업체로 명성을 날렸지만, 지금은 네트워크 컴퓨팅 기술을 기반으로 기업 대상의 아웃소싱, 컨설팅, 소프트웨어 및 솔루션 서비스 등으로 제품 자체가 아닌 제품 서비스화로 수익 모델을 만들었다. 제록스는 복사기 판매회사였지만 지금은 더 이상 복사기 광고를 하지 않는다. 제록스의 모토가 생각나는가? '도큐멘트 컴퍼니(The Document Company)'다. 복사기를 만들어 팔긴 하지만 문서작성·전달·보관·확산에 필요한 모든 솔루션을 제공하는 서비스 기업인 것이다. 복사기가 아니라, 기업의 문서관리 서비스를 제공하는 회사인 것이다. 제품 서비스화 수익 모델은 수익 모델 자체도 매력적이지만 이를 통해 고객과 지속적인 관계를 맺을 수 있다는 것이 중요한 포인트다.

인수합병 수익 모델

인수합병 수익 모델은 말 그대로 수직적 통합이나 수평적 통합을 통해 수익률을 높이는 데 기인하는 모델이다. 수직적 통합이란 가치사슬상 상위 또는 하위에 있는 기업을 인수하여 통합하는 것을 말한다. 원재료 공급자는 상위에 있고, 구매자 또는 유통채널은 하위에 있다고 볼 수 있다. 이들을 인수하여 통합하면 수직적 통합이 되는 것이다. 수평적 통합은 같은 업종에 있는 기업들을 통합하는 것을 말한다. 동종 업계의 기업을 인수하면 시장점유율을 높여 가격선도자가 될 수 있고, 판매량을 늘려 규모의 경제를 만들어 원가를 줄일 수 있으며, 셀링 파워(selling power)가 생겨 유통망에 영향력을 행사할 수 있다. 이러한 목적을 위해 수직적·수평적 통합이 이루어질 수 있다. 인수하는 기업의 성장성이 높은 경우, 거기에 자사와 시너지를 낼 수 있다면 새로운 수익지대가 생겨날 수 있다. 스타트업은 주로 자사가 타사를 인수하는 것보다 자사가 더 큰 회사에 인수되는 것만 기대하는 경우를 보게 된다. 하지만 눈에 띄게 성장하는 스타트업들은 자사와의 시너지를 위해 크고 작은 인수합병을 반복하며 성장한다. 기업공개(IPO)를 염두하고 있는 기업이라면 인수합병 수익 모델은 전체적인 기업가치를 높일 수 있는 이점까지 있다. 누군가의 인수만 기다리는 게 아니라, 성장을 위해 고려할 수 있는 중요한 전략이다.

<그림 10-16> 인수합병 수익모델

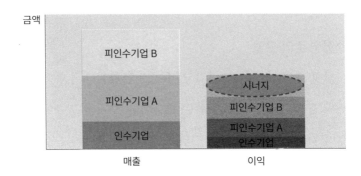

지금까지 소개한 수익 모델이 현존하는 수익 모델 모두를 다룬 것은 아니다. 그렇게 할 수도 없거니와 앞으로 더 새로운 수익 모델들이 등장할 것이다. 여기서는 스타트업 입장에서 생각해볼 만한 수익 모델에 대해 알아보고 자사에 응용할 수 있는지 생각해보는 관점에서 다루었다. 이로써 향후 새로운 수익 모델 기업을 만났을 때 스스로 벤치마킹할 수 있는 역량을 쌓는 데 도움이 되길 바란다.

DO IT 21

수익 모델 작성하기
본문의 내용을 바탕으로 린 보드에 적용 가능한 수익 모델을 작성한다.

Action

가격 결정의 기술

지난해 100억원의 매출을 올린 한 기업이 있다. 단일 제품을 판매하고 있고 매출원가는 50억원, 판매비 및 관리비는 40억원, 영업이익은 10억원이었다고 한다. 제품의 판매 가격은 10만원이었다. 매출액이 100억원이라는 것은 한 제품을 10만개 판매했다는 의미다. 만약 이 회사가 제품 가격을 10만원에서 10만 1천원으로 1% 올렸다고 치자. 이때 고객들이 이전과 동일한 개수를 구입했다면 이 회사의 영업이익은 어떻게 될까?

일단 10만 1천원짜리 제품이 10만개 판매되었으므로 매출액은 101억원이 될 것이다. 원가는 변화가 없으니 50억원 그대로이고, 매출이익은 51억원(매출액 101억원-원가 50억원)이 된다. 별도의 추가 비용이 들어간 것이 없으므로 판매비 및 관리비는 그대로일 것이다. 그렇다면 기존 판매비 및 관리비 40억원을 제외한 영업이익은

11억원이 된다. 가격을 1% 올렸는데, 영업이익은 10%가 올라간 것이다. 만약 가격을 10% 올린 11만원에 책정해도 판매량에 변화가 없다면 영업이익은 20억원이 되어 100% 증가하게 된다. 10% 가격 인상이 영업이익을 두 배로 만든 것이다. 이렇게 가격은 기업 이익에 직접적인 영향을 미친다.

가격 설정은 어떻게 하는 게 좋을까? 우선 일반적으로 가격 설정의 기준은 크게 세 가지로 구분된다.

첫째, 원가 기반 가격 결정 방식이다. 원가에 적절한 이익을 붙여서 가격을 설정하는 것이다. '적정 마진'을 붙여 판매한다는 개념이 공정하다는 인식을 준다. 제조기업들이 선호하는 방식이며 '원가 플러스 알파' 개념이라 쉽게 가격을 책정할 수 있다. 하지만 기술 집약적인 제품 중에는 초기 연구개발비는 많이 들었는데, 양산 제품의 원가 자체는 높지 않은 경우가 있다. 이런 경우 연구개발비를 단위당 원가에 분할하여 넣어야 하는데 현실적으로 쉽지 않다. 디지털 콘텐츠 같은 경우 개발비는 많이 소요되는데 이후 판매원가는 0에 가까운 상품이라면 더 어려워진다. 더불어 이 방식은 생산자 중심의 가격 결정 방식이라 할 수 있다.

둘째, 경쟁제품에 기반한 가격 결정 방식이다. 대개의 경우 경쟁 상품이 나와 있을 것이므로 경쟁 제품을 기준으로 가격을 결정하는 것이다. 종합적인 제품 기능이 경쟁제품보다 우수하다면 좀 더 높은 가격을, 낮다면 더 낮은 가격을 책정할 수 있다. 경쟁사에 비해 원가 경쟁력을 가지고 있는 경우에도 낮은 가격을 설정할 수 있다. 이 방식은 시장에서 비교 가능한 경쟁사가 있을 때 효과적으로 사용할 수 있을 것이다.

셋째, 고객가치 기반의 가격 결정 방식이다. 고객이 제품을 이용하는 가치에 기반한다. 단위당 원가를 측정하기 곤란하고 명확한 경쟁제품이 없는 경우에 유용하다. 기본적으로 고객이 인식하는 제품 효용에 비해 낮은 가격이어야 할 것이다. 문제는 고객이 느끼는 효용 가치를 어떻게 측정할 수 있느냐는 점이다. 한 가지 방법으로 린 보드에 적어놓은 고객 문제와 문제 대안을 살펴보자. 해결하고자 하는 고객 문제에 대해 고객이 가지고 있는 문제 대안에서 힌트를 얻을 수 있다.

어느 음식점에 구성원들의 출퇴근을 자동으로 관리해 주는 앱 서비스가 있다고 하자. 월 회비를 책정한다면 얼마가 좋을까? 원가 기반 가격 설정으로는 조금 애매하다. 연구개발비는 많이 들었으나 앱 형태로 제공되는 것이라서 고객당 원가를 도출해내는 게 쉽지 않다. 경쟁제품이 있다면 해당 제품을 기준으로 가격 설정에 기준을 가져갈 수 있을 것이다. 경쟁제품보다 더 유용한 기능을 제공한다면 비슷한 가격이나 좀 더 높은 가격에 책정할 수 있을 것이다. 비교할 만한 경쟁제품이 없는 경우라면 어떨까? 고객이 이 서비스에 대해 어느 정도의 가치를 느끼게 될까? 이 앱이 나오기 전에 매장 매니저들은 구성원 출퇴근 관리를 어떻게 하고 있었을까? 출퇴근 기록 기계를 이용하는 방법, 출근부를 이용하는 방법들이 있을 것이다. 이런 방법을 이용하면 시간이 조금 줄어들 수는 있지만 그래도 급여 계산은 별도로 해야 한다. 시간이 하루 5분씩 소요된다면 한 달이면 150분이 걸릴 것이다. 시간당 최소 인건비를 1만원으로 잡았을 때 2만 5천원의 비용이 소요되고 있다고 볼 수 있다. 이렇게 문제를 해결하는 여러 가지 대안을 금액으로 환산히여 그 금액을 기준으로 가격을 책정할 수 있다. 출퇴근 자동관리 앱이 매니저의 두 시간을 아껴줄 수 있으면서 2만 5천원 이하로 가격을 책정한다면 고객에게 충분히 가치 있는 가격이 될 것이다. 최소한 이 제품을 사용하지 않으면 비효율적이라고 자신 있게 말할 수 있을 것이다.

DO IT 22

제품가격 설정하기
본문의 내용을 바탕으로 린 보드의 수익 모델란에 제품가격을 기재한다.

■ ■ ■

린 보드의 고객 문제 대안 항목의 내용은 보통 창업자가 제시할 솔루션과 경쟁 관계에 있다고 할 수 있다. 그러면 문제 대안에 있는 항목을 금액화하여 가격 설정의 기준으로 삼는다는 것은 두 번째 가격 설정 방식인 경쟁 제품에 기반한 가격 설정과 동일한 것이 아닌지 의문이 생길 수 있다. 여기서 우리가 경쟁 제품이라고 부르는 것은 엄밀히 말해 '대체재(substitute)'를 의미한다. 즉, 숫자 계산 업무를 위한 MS엑셀의 대체재는 한글과소프트사의 한셀 같은 프로그램이다. 반면 문제 대안 항목에 포함되는 것은 대체재도 있지만 '대안재(alternative)'도 있다. 즉, 어떤 숫자 계산을 하느냐에 따라 전자계산기, 주판, 펜과 종이 등이 문제 해결의 대안재가 될 수 있다.

따라서 경쟁제품에 기반한 가격설정의 경우 경쟁제품은 주로 '대체재'를 의미하고, 고객 가치를 기반으로 가격을 설정하는 경우 '대안재'까지 모두 포함하여 생각한다고 보면 될 것이다.

Action

가격 차별화의 필요와 사례

    고객은 상품에 대해 자신이 느끼는 가치에 따라 지불하고자 하는 금액이 다르다. 〈그림 10-17〉의 수요 곡선을 보자. 제품 가격이 P_0 원일 때 예상 판매량은 Q_1개라고 하자. 그러면 매출액은 $P_0 \times A$가 된다. 사각형A의 넓이가 매출액이 되는 것이다. 매출을 최대화하기 위해서는 사각형A의 넓이를 가장 크게 할 수 있는 가격을 책정하면 된다. 그렇게 찾은 가격이 Q_0원이라고 해보자. 하지만 이 가격이 최선이었을까? 문득 이런 생각이 든다. 가격이 P_1이라고 해도 기꺼이 구매하려던 고객이 있었을 텐데 너무 저렴하게 판매한 것은 아닐까? P_1에 구매하고 싶은 고객들만 선별할 수 있으면 매출은 사각형B만큼 더 늘어날 것이다. 또 가격을 P_2로 책정한다면 더 많은 고객이 구매할 것이다. P_0는 비싸다고 생각했는데, P_2면 기꺼이 구매하겠다는 것이다. 이들에게만 P_2에 판매할 수 있다면 사각형C 만큼 매출액이 늘어날 것이다.

고객에 따라 복수 가격을 설정할 수는 없을까? 동일한 제품을 고객에 따라 가격을 달리하여 받는다고 하면 무언가 부도덕하고 불합리한 것처럼 느껴질 수 있다. 하지만 제품 자체가 동일하다 하더라도 언제 판매하는지, 어디서 판매하는지, 어떻게 판매하는지 등에 따라 고객이 느끼는 제품 가치가 달라진다. 기능 일부를 조정할 수도 있다. 몇 가지 예를 보면 너무나 일상적인 상황이라는 것을 알게 될 것이다.

백화점에서 판매되고 있는 유명 브랜드 의류를 생각해보자. 신상품은 계절이 바뀌기 전에 진열되기 시작한다. 유행을 좇는 경제력 있는 고객은 백화점에서 정가에 구매할 것이다. 그러다가 해당 계절이 끝나갈 즈음 세일 판매가 시작된다. 계절이 완전히 바뀐 게 아니라서 아직 몇 번은 더 입을 기회가 있다. 10~20% 세일 시기에 기분

<그림 10-17> 수요 곡선의 예

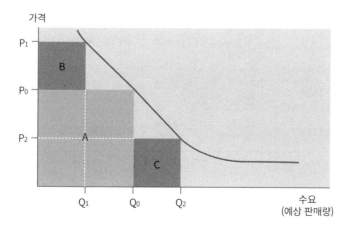

좋게 옷을 구입하는 고객도 있을 것이다. 계절이 바뀌면 이 옷은 해당 브랜드의 상설할인 매장에서 판매되기 시작할 것이다. 상설할인 매장은 1~2년 전에 나온 옷들을 30~50% 할인해서 판매한다. 작년에 나온 옷이면 어떤가, 무슨 문제가 있는 것도 아닌데. 유명 브랜드 제품을 대폭 할인된 금액에 구매하는 고객들이 있다. 패션 분야에서는 동일한 제품이지만 시간 가치와 유통 채널에 따라 다양한 가격으로 상품이 판매된다. 마치 〈그림 10-17〉의 수요 곡선에서 사각형A, B, C를 모두 치지할 태세로 가격 선략을 실행하는 것이다.

가격 차별화 사례들을 통해 여러분 제품의 가격 차별화 정책에 반영할 방식이 있는지 살펴보자. 차별화관점은 고객 기반 차별화와 상품 기반 차별화로 나누어 본다.

<표 10-1> 고객 기반 차별화

차별화 방법	내용	예
인구 통계적 특성	나이, 성별, 소속, 근접성에 따른 차별화	놀이동산의 어린이할인, 관광지의 지역민 할인, 사무빌딩 1층 커피점의 입주사 할인
할인 쿠폰	가격 할인에 대한 적극성에 대한 차별화	할인마트의 전단지 할인쿠폰, 백화점의 우수회원 우편 할인쿠폰
유통채널	고객이 접근하는 유통채널별 차별화	동일 제품에 대한 백화점 판매, 로드샵 판매, 인터넷 판매
개별 협상	판매사원과 고객 간 협상에 따른 차별화	자동차, 휴대폰, 인테리어 공사 등

먼저 고객 기반 차별화부터 살펴보자. 고객 기반 차별화는 제품 자체는 동일한데 고객 특성에 따라 차별화된 가격 책정 방식이다.

(1) 인구통계적 특성

먼저 인구통계적 특성에 따른 차별화다. 나이, 성별, 소속, 근접성 등에 따라 가격을 달리 할 수 있다. 놀이동산의 어린이 할인, 관광지의 지역민 할인, 사무 빌딩 1층 커피점의 입주사 할인 등이 여기에 해당될 것이다.

(2) 할인 쿠폰

가격이 너무 높다는 이유로 구매를 꺼리는 고객이 있다. 가격만 더 낮아진다면 구매 결정을 하거나 더 많은 양을 구매할 수 있다. 이런 고객들은 인터넷 서핑 중에 파격 할인 소식을 접한다면 구매로 이어질 가능성이 높다. 할인 쿠폰을 보관했다가 사용하는 약간의 불편도 감수한다. 할인마트의 전단지 할인쿠폰, 백화점의 우수회원 우편 할인 쿠폰, 신용카드사에서 제공하는 할인 쿠폰 등도 여기에 해당될 것이다.

(3) 유통 채널

고객이 접근하는 유통채널에 따라서도 달라진다. 앞에서 소개한 패션 제품의 경우가 대표적이다. 동일한 상품도 백화점 판매, 로드숍 판매, 인터넷 판매 시 가격이 다르다.

(4) 개별 협상

어느 정도 기준가는 정해져 있지만 높낮이에 대해서 판매자와 구매자 간 협상을 하는 경우들이 있다. 보통 영업 사원은 자신이 가진 권한과 영업 수수료를 기반으로 고객과 개별 협상을 한다. 각자가 가진 협상력에 따라 서로 다른 가격이 결정된다. 자동차, 휴대폰, 인테리어 공사 등이 해당될 것이다.

다음은 상품에 기반한 차별화 전략이다. 상품 자체에 약간의 구성 변화를 두어 가격을 다양화하는 방식이다.

(1) 상품 구성 다양화

제품 특성을 다양화하는 경우다. 호텔 객실의 경우 같은 객실이라도 오션 뷰가 마운틴 뷰, 시티 뷰에 비해 비싸다. 오션 뷰에 가치를 부여하는 고객은 좀 더 비싸도 오션 뷰를 선택하게 된다. 컴퓨터를 판매할 때에도 고객 요구에 따라 구성이 달라지고 가격도 당연히 달라진다. 메모리 크기, 하드 디스크 용량, 그래픽 카드 종류, OS 설치 등에 따라 가격이 다양해진다.

(2) 번들링

묶음 판매 방법인 번들링에 의한 차별화 전략이다. 보통 제품을 묶어 할인 판매를 한다. 할인 판매이긴 하지만 판매 단가가 올라가기 때문에 수익률도 높아지는 경우가 많다.[22] 하나 더 사면 두 번째 상품을 50% 할인해 주는 경우도 이에 해당된다. 여행 상품으로는 항공, 숙박, 자동차 렌털을 번들링한 패키지를 판매한다.

(3) 시간 단축

제품의 시간 단축을 통해 가격을 차별화할 수 있다. 놀이동산에서 고객의 대기시간을 아껴주고 가격을 달리할 수 있다. 테마파크에서 줄을 서지 않고 바로 탑승 가능한 자유이용권을 판매하는 경우다. 롯데월드의 경우 매직패스 프리미엄 티켓을 구입하면 대기시간 없이 놀이기구를 탈 수 있다.

(4) 시간 가치

시간이 지나면 상품 가치가 없어지거나 현저히 낮아지는 상품이 있다. 항공권, 호텔, 공연 티켓, 신선식품 등이 여기에 해당한다. 이 경우 마감 시간이 임박한 경우 낮은 가격에라도 판매하는 게 기업 입장에서는 도움이 된다.

(5) 소유 정도

소유 정도에 따라 가격을 달리 할 수 있다. 콘도 분양권이 대표적

---

22 제품 가격은 100원, 원가는 50원인 두 종류의 제품이 있다고 하자. 하나를 판매할 때 매출이익은 50원이다. 그런데 두 개를 묶어서 20% 할인된 160원에 번들링 판매하면 이익은 어떻게 될까? 원가가 100원이므로 매출이익은 60원이 된다. 매출도 증가되고 이익도 증가되는 효과를 가져온다.

이다. 고가의 콘도를 구입하는 데 부담을 느끼는 고객들을 대상으로 10인 소유권, 20인 소유권 방식으로 나누어 판매하여 소유자들끼리 나누어 사용하게 했다. 거기다 콘도들을 번들링하여 여러 곳의 콘도를 사용할 수 있도록 편의를 제공하고 있다. 넷제트는 미국에서 이런 방식으로 제트기를 판매하기도 했다.

(6) 리스

고정된 기간 동안 제품에 대한 사용권을 구매하는 방식이다. 보통 매월 사용료를 지불한 후 리스 기간이 끝나면 최초 합의한 가격으로 제품을 구매할 수도 있다. 리스 기간 후 다른 최신 제품을 이용하고 싶으면 기간 만료 후 돌려주면 된다. 자동차, 선박, 컴퓨터 등 고가의 설비 판매 시 설계 가능한 방식이다.

(7) 렌털

제품을 소유하는 것을 선호하는 고객도 있지만 필요할 때만 사용하고 싶은 고객도 있다. 관리에 소요되는 비용은 렌털회사가 부담한다. 보통 렌털회사가 제품을 소유하고 운영관리를 담당한다. 따라서 자동차를 렌털하는 경우 고객은 보험, 세금과 상관없이 이용만 하면 된다(물론 렌털비에 해당 비용들이 포함 됨). 자동차, 정수기, 도서, 컴퓨터, 의류, 명품가방 등 다양한 상품들이 렌털 서비스로 제공되고 있다.

(8) 선불

고객들이 서비스를 받기 전에 현금을 먼저 지불하고 사용하는 방식이다. 이런 상품의 경우 고객 입장에서는 추가 혜택을 받을 수 있다. 더 많은 금액을 충전해 준다든지, 선불 고객에게 더 많은 할인 혜택을 주는 등의 방식이 있다. 기업 입장에서는 돈을 먼저 받아 현금 흐름이 좋아지고 고객도 붙잡아 놓을 수 있는 장점이 있다. 상품권, 선불카드, 포인트 충전카드 등이 이에 해당된다. 스타벅스의 충전식 선불카드에는 전 세계적으로 20억 달러 이상이 충전되어 있는 것으로 추산되고 있다.[23]

가격 차별화로 수요 곡선상에 있는 다양한 고객 수요를 만족시킬 있는 방법을 알아보았다. 다만 가격 차별화를 할 때 고객 효용에 따라 가격을 다르게 가져간다는 명분하에 기회주의적 가격 정책을 사용하면 안 된다는 점을 주의해야 한다. 감염병이 돌아 시장에 마스크가 부족해진 상황이라고 하자. 수요 자체의 폭증으로 공급이 수요를 따라가지 못하게 된 것이다. 제조사에서 이것을 기회로 삼아 가격을 몇 배 올렸다고 생각해보자. 기업은 단기적으로 수익을 창출하는 데 도움이 되겠지만 이것이 공정하지 않다는 것을 고객도 인지하게 될 것이다. 고객 입장에서는 단기적으로 구매할 수밖에 없겠지만 그 폐해가 크면 클수록 장기적으로 기업도 부정적 영향을 받을 것이다.

---

23 아주경제신문, 2020.1.30, https://www.ajunews.com/view/20200129113621115

<표 10-2> 상품 기반 차별화

차별화 방법	내용	예
상품 구성 다양화	동일한 목적을 지향하는데 세부 구성의 다양성으로 인한 가격 차별화	컴퓨터 구매시 내부 사양, 호텔 객실의 오션 뷰와 마운틴 뷰
번들링	제품의 묶음 방식에 따른 차별화	음료수 번들, 과자 번들, 여행상품 (항공, 숙박, 자동차 렌털 번들)
시간 단축	시간에 대해 고객이 인지하는 가치 활용	유니버설 스튜디오매직 패스, 롯데월드 매직패스 프리미엄 티켓
시간 가치	시간에 따른 가치 변화에 따라 상품 가격 구성	항공권, 호텔, 공연, 신선식품 등의 마감, 할인 티켓
소유 정도	주로 고가의 제품을 소유하는 방식에 따른 상품 구성	콘도 분양권, 제트기 분양(복수의 소유)
리스	일정 기간 사용 비용 납부 후 소유와 반환을 결정할 수 있도록 상품 구성	자동차, 선박, 컴퓨터 리스
렌털	일정 기간 사용권 제공	자동차, 정수기, 도서, 컴퓨터, 의류, 명품가방 등 렌털
선불	이용 전 선불 지급 방식의 상품 구성	상품권, 전화카드, 선불카드, 포인트 충전카드

DO IT 23

제품가격 모델 작성하기

본문의 내용을 바탕으로 별도의 가격 정책을 수립할 수 있다면 린 보드의 수익 모델란에 작성해본다.

토론해봅시다

1. 본문에서 제시한 수익 모델에 적용할 수 있는 추가적인 성공 사례 기업을 말할 수 있습니까?

2. 본문에서 제시한 수익 모델 사례 중 자사 사업에 적용해볼 만한 모델을 찾았습니까? 그 모델은 어떤 것들입니까?

3. 당신은 자사 제품의 가격을 설정할 때 어떤 기준으로 책정했습니까?

고객 채널을 찾아라

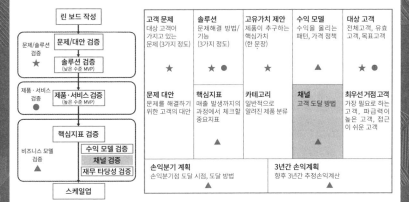

고객 문제	솔루션	고유가치 제안	수익 모델	대상 고객
대상 고객이 가지고 있는 문제 (3가지 정도)	문제해결 방법/ 기능 (3가지 정도)	제품이 추구하는 핵심가치 (한 문장)	수익을 올리는 패턴, 가격 정책	전체고객, 유효 고객, 목표고객
★	★ ●	★	▲	★ ●
문제 대안	핵심지표	카테고리	채널	최우선 거점 고객
문제를 해결하기 위한 고객의 대안	매출 발생까지의 과정에서 체크할 중요지표	일반적으로 알려진 제품 분류	고객 도달 방법	가장 필요로 하는 고객, 파급력이 높은 고객, 접근이 쉬운 고객
	▲		▲	
손익분기 계획		3년간 손익계획		
손익분기점 도달 시점, 도달 방법		향후 3년간 추정손익계산		

린 보드 작성

문제/솔루션 검증 ★ — 문제/대안 검증 → 솔루션 검증 (낮은 수준 MVP)

제품·서비스 검증 ● — 제품·서비스 검증 (높은 수준 MVP)

핵심지표 검증

비즈니스 모델 검증 ▲ — 수익 모델 검증 / 채널 검증 / 재무 타당성 검증

스케일업

스타트업의 채널 정책

채널(Channel)은 세분화된 고객에게 가치를 제안하기 위한 커뮤니케이션 경로이다. 이러한 방법은 여러 가지가 있는데, 인바운드(inbound)[24] 채널과 아웃바운드(outbound)[25] 채널, 온라인 채널과 오프라인 채널 등으로 나누어 볼 수 있다. 고객의 특성과 창업자의 역량에 따라 적합한 채널을 찾는 것이 중요하다. 〈표 11-1〉은 스타트업 기업이 적용해볼 만한 채널들이다.

다양한 채널을 활용하여 제품 판매의 성과를 높이는 것도 중요하지만, 스타트업 단계에서는 각 채널을 하나씩 실행해보고 비용대비 효과가 높은 게 무엇인지 알아나가는 게 더 중요하다. 그래야 향후 비즈니스 모델을 확장할 때 집중해야 할 채널을 선정할 수 있기

---

24 외부(고객)에서 내부(기업)로 유입되도록 유도하는 마케팅 방식
25 내부(기업)에서 외부(고객)로 발신하여 고객을 확보하려는 마케팅 방식

<표 11-1> 스타트업의 채널 분류

인/아웃바운드	온/오프라인	해당 채널 종류
인바운드	온라인	블로그, 소셜네트워크서비스(SNS), 검색엔진의 키워드 광고, 배너 광고, 이메일 발송, 파워 블로거 활용, 오픈마켓 같은 쇼핑몰 입점, 소셜커머스를 이용한 판매
	오프라인	미디어 홍보, 미디어 광고, 세미나, 컨퍼런스 발표/개최, 직영매장, 대리점 영업 지원
아웃바운드	온라인	인터넷 커뮤니티 사이트, 인터넷에 대상 고객들이 모여 있을 만한 곳들 방문
	오프라인	직접 영업, 대상 고객들의 행사 협찬, 대상 고객들이 모여 있는 곳으로 방문, 콜센터 운영외부 영업 조직 구성, 외부 영업망과 제휴

때문이다. 어떤 채널이 중요하고, 성과를 어떻게 측정할 것인가는 〈Action 13〉의 퍼널(funnel)과 연관 지어 활용하면 도움이 될 것이다. 또한 이러한 채널은 가급적 비용이 적게 드는 온라인 채널을 우선 활용할 것을 권장한다. 온라인 채널은 비용이 적게 들 뿐만 아니라, 성과를 측정하기에 용이하고 고객의 반응을 살피는 데 유용하다. 제공하는 제품이 온라인 서비스가 아닌, 제품 판매라 하더라도 인터넷 홈페이지를 통해 유입되는 고객들을 관찰하면 큰 도움이 될 수 있다. 홈페이지에 있는 제품 설명을 보고 얼마나 많은 고객들이 반응하는지 아는 것은 온라인 채널만이 제공할 수 있는 강점이다. 고객이 제품 구매에 관심을 보이는지, 게시판에 어떤 의견을 남기고 가는지 점검하자.

Action

인바운드 채널

스타트업 단계에서 마케팅 채널은 최우선 거점고객 혹은 핵심고객을 자사 고객으로 확보하는 것에 주안점을 두게 될 것이다. 그러기 위해서는 적절한 채널을 통해 자사 제품을 알려야 한다. 고객에게 다가가는 채널은 앞에서 예를 든 것처럼 다양한 방식이 있는데, 초기 단계의 스타트업은 가급적 비용을 최소화시키고 성과측정이 가능한 방식으로 고객 채널을 확보해야 한다. 그러기 위해서 인바운드(Inbound) 채널과 아웃바운드(Outbound) 채널 중 스타트업이 최우선으로 검토해야 할 채널을 알아보자.

인바운드 채널은 고객이 알아서 찾아 오게 하는 방법이다. 어느지역에 커피 전문점을 열었는데, 이곳을 지나치다가 들어오는 손님은 인바운드 채널로 들어온 고객이라고 할 수 있다. 스타트업이 최소의 비용으로 인바운드 고객을 확보할 수 있는 방법은 블로그, 소셜네트워크 서비스, 키워드 광고, 미디어 홍보 등이 있다.

블로그(Blog)

제품 안내를 비롯하여 제품의 탄생 배경, 회사 소개, 제품 개발 에피소드, 제품 활용사례를 소개하는 등 블로그를 통한 홍보를 생각할 수 있다. 블로그를 활용한 홍보는 큰 비용을 들이지 않고 검색엔진에 적절히 검색될 수 있도록 하면 고객들로부터 정보 획득 창구가 되고 친근한 이미지를 제공하는 데 도움이 된다. 또한 검색을 통해해당 블로그에 연결된 고객의 경우 해당 제품에 관심이 있는 사람들일 가능성이 대단히 높기 때문에 유용한 고객 채널로 활용할 수 있다. 단, 단순히 블로그에 내용을 올리는 것뿐만 아니라, 어떻게 해야 검색엔진에 효과적으로 노출될 수 있을 것인지에 대한 방법을 익힐 필요가 있다.

소셜네트워크 서비스(Social Network Service)

스타트업 창업자가 트위터, 페이스북 같은 소셜네트워크 서비스를 활용하고 있고, 온라인 인맥을 많이 확보하고 있을수록 저비용으로 큰 효과를 낼 수 있는 채널이 된다. 특히 소셜네트워크 서비스는 유용하고 재미있는 내용일수록 해당 내용을 공유하는 사람들이 늘어나고, 그렇게 되면 입소문 홍보효과가 기하급수적으로 늘어날 수 있기 때문에 효과적인 채널이 될 수 있다.

키워드 광고(Keyword AD)

키워드 광고는 네이버 같은 검색 포털, 트위터, 페이스북과 같은 소셜네트워크 서비스를 비롯하여 인터넷 사용자들이 많이 모이는 사이트에서 활용할 수 있는 방법이다. 특히 키워드 광고는 스타트업이 제공하고자 하는 제품과 관련 있는 단어를 검색하는 과정에서 자사 웹사이트가 노출된 것이기 때문에 직접적인 고객이 될 가능성이 높은 사용자들이 접속하게 된다. 키워드 광고는 광고 클릭당 비용이 들지만, 스타트업의 사이트 개설 초기 고객 반응을 가장 명확히 확인할 수 있는 중요한 채널이 된다. 수백~수천만원의 광고비가 아니라, 수십만원 혹은 수만원의 비용으로도 테스트해볼 수 있고, 이를 통해 측정 · 학습할 수 있는 기회가 있으므로 적극적으로 활용 방안을 검토할 필요가 있다.

미디어 홍보(Media PR)

미디어 홍보만큼 비용을 안 들이고 높은 효과를 얻을 수 있는 방법이 있을까? 물론 최근에는 블로그, 소셜네트워크 서비스 등의 등장과 활용으로 신문 · 방송 미디어에 대한 홍보효과가 줄어든 면이 있다는 것은 부인할 수 없다. 하지만 여전히 미디어 홍보는 돈을 들이지 않고 많은 사람들에게 제품을 알릴 수 있는 아주 좋은 기회가 된다. 새로운 제품이 출시되었거나 출시된 제품과 관련한 에피소드가 있다고 판단되면 보도자료를 써서 관련된 미디어 기자들에게 배포하는 것이다. 관련 기자 리스트는 보도를 희망하는 미디어 홈페이지에 접속해서 스타트업이 알리고 싶은 내용과 유사한 기사를 작성한 기자를 찾아서 이메일 주소를 확보하면 된다. 특정 미디어에 기사가 나가고 나면 소셜네트워크 서비스에 링크를 해둠으로써 확대 재생산되어 효과를 높일 수 있도록 노력해야 한다.

Action

아웃바운드 채널

아웃바운드 채널은 스타트업이 직접 최우선 거점고객 혹은 핵심 고객을 찾아가는 것이다. 기본적으로 스타트업의 사업 분야와 내용에 따라 최우선 거점고객이 모인 곳으로 가야 한다.

인터넷 커뮤니티(Internet Community)

아웃바운드 채널의 기본은 인터넷 커뮤니티라고 할 수 있다. 네이버에는 이미 1천만 개의 커뮤니티 카페가 개설되어 있다. 다음에도 카페가 있고, 페이스북에도 수많은 그룹이 형성되어 있다. 창업자가 만든 제품에 관심이 있는 사람들은 대부분 관련 카페를 개설하여 활동하고 있을 것이다. 우선 이들 카페 회원들에게 제품을 알리고 피드백을 받아 볼 필요가 있다. 이들은 해당 제품에 가장 관심 있는 사람들이 될 것이고, 좋은 제품이라면 입소문을 낼 수 있는 파급력도 가진 사람들일 것이다.

영업(Sales)

그다음 아웃바운드 채널은 역시 직접 영업이다. 대상 고객군을 직접 만나 제품을 알리는 것이다. 영업방식은 초기에 창업자가 직접 해보는 것, 영업사원들을 채용하여 진행하는 방법, 외부 제휴를 통한 방법 등 여러 가지가 있다. 적절한 방법을 선택하면 되는데, 중요한 것은 초기에는 창업자가 함께 뛰어야 한다는 것이다. 자신이 직접 해봐야 알 수 있는 것들이 많기 때문이다. 창업자의 영업역량이 부족하여 영업전문가를 채용했다면 그 사람과 함께 고객을 만나러 다닐 것을 권장한다. 판매 초기부터 직접 판매보다 제휴를 통한 판매를 검토하는 창업자도 있다. 그렇다 하더라도 제휴사만 믿으면 안 된다. 초기에는 제휴사의 영업담당자와 함께 고객을 만나야 한다. 창업자도 고객을 알아야 하기 때문이다. 그래야 학습할 수 있고, 학습해야 다음 방향을 잡을 수 있다.

DO IT 24

고객 채널 설정하기
본문의 내용을 바탕으로 린 보드에 접근 가능한 고객 채널을 작성한다.

Action

소비자 구매 행동 이론

스타트업의 마케팅 채널을 인바운드와 아웃바운드로 나누어보았는데, 사실 이런 구분은 기업 관점의 방식이다. 어떤 채널을 어떻게 활용할지 생각하는 것도 좋지만, 그보다 먼저 목표 고객의 구매 행동 방식을 알면 그에 걸맞은 채널을 선택하는 데 도움이 될 것이다. 전통적인 소비자구매 행동 이론은 롤랜드 홀(Rolland Hall) 박사가 1920년대에 제시한 AIDMA가 되겠다. AIDMA는 주목(Attention), 흥미(Interest), 욕구(Desire), 기억(Memory), 행동(Action)의 약자이며 구매행동의 순서다.

고객이 광고, 진열된 제품, 누군가가 제품을 사용하는 모습을 '주목'하고, "어? 저런 게 있네…"라는 생각을 한다. 그리고 '흥미'를 느끼면 "괜찮아보이는데?"라는 생각을 하고, 조금 더 생각하다보면 "사고싶다"는 '욕구'가 생긴다. 그 욕구를 계속 '기억'하고 있거나 광고,

주변에서 사용하는 모습, 해당 제품이 없어 겪게 되는 불편이 생기면 다시 그 제품에 주목하게 된다. 그러면 '행동'에 옮겨 제품을 구입한다. 아주 전형적인 소비자구매행동 이론이다. 전통적인 마케팅 방식이 이러한 소비자구매 행동 이론 사이사이에 끼어들어간다. 주목도를 높이고 기억을 자극하기 위해 TV, 라디오, 신문, 잡지 광고 등 적합한 채널을 활용하는 것이다.

그러나 지금은 소비자구매 행동이 과거에 비해 상당히 달라졌다. 2005년 일본 광고회사인 덴츠(Dentsu)사에서는 인터넷 시대를 반영해 AIDMA가 아니라, AISAS를 제시했다. AISAS는 주목(Attention), 흥미(Interest), 검색(Search), 행동(Action), 공유(Share)의 앞글자다. 어떤 제품을 '주목'하는 과정에서 '흥미'를 느끼게 되는 것까지는 동일한데, 흥미를 느끼면 일단 그 제품이 정말 괜찮은지 인터넷에서 '검색'한다. 상세한 제품 소개와 이용자들의 후기가 구매 의사 결정에 큰 영향을 미치는 것이다. 언뜻 보기에 좋아보였어도 후기가 좋지 않으면 구매하지 않는다. 검색 결과가 좋으면 그때서야 '행동'에 나선다. 인터넷을 통해 바로 구매하는 것이다. 여기서

<그림 11-1> 소비자 구매행동 AIDMA

기업들이 주목해야 할 중요한 소비자 행동이 하나 더 남아있다. 고객들의 '공유' 활동이다. 고객들은 제품이 좋으면 좋은 대로, 나쁘면 나쁜 대로 쇼핑몰 후기란이나 자신의 소셜네트워크에 사용 후기를 남긴다. 이것이 다음 고객의 '검색'에 영향을 미치게 된다.

자사의 고객이 AISAS 패턴을 가지고 있다면 기업은 여기에 적절하게 마케팅 전략을 수립하고 해당 채널을 전략적으로 관리해야 한다. 목표 고객에게 노출시키는 전략, 고객이 자사 제품을 검색할 때 어떤 결과를 보게 할 것인지 대처해야 한다. 그리고 고객의 후기를 확보하는 방법, 고객이 남긴 후기가 검색될 수 있도록 하는 방법 등 채널 전략이 AISAS의 구석구석에 잘 스며들어 있어야 효과적인 마케팅이 가능해진다. 채널 전략도 고객 입장에서 세울 수 있게 된다.

<그림 11-2> 소비자 구매 행동의 변화 AISAS

Interest(흥미)
괜찮아 보이는데?

Action(행동)
사자!

Attention(주목)
어? 저런 게 있네?

Search(검색)
어떤 건지 좀 찾아보자

Share(공유)
내가 써 봤어

Action

출시 전 관심 고객 모으기:
랜딩 페이지

P사는 전시회에 자사의 신제품을 공개하여 고객들의 반응을 보고
자 했다. 아직 양산 제품이 나오지 않아 조금 아쉬운 감이 있지만 정
부 부처에서 창업지원 사업으로 전시회 참가비를 지원해 준다고 하
여 참여를 결정하게 되었다. 시제품 시연을 하며 고객들의 반응을
보는 것도 의미 있을 것이라고 생각했다. 고객 반응을 좀 더 자세히
알아보기 위해 설문지를 만들었다. 설문 참가율을 높이기 위해 설문
에 응답해 준 참가자들에게는 물티슈를 제공하기로 했다.

전시회는 생각보다 많은 참가자들로 붐볐다. P사의 부스에도 많
은 사람들이 몰려 관람하고 제품에 대해 관심을 보여주었다. P사의
CEO는 제품 시연과 함께 설문을 받느라 바빴다. 선호하는 제품의
색상, 양산 제품이 나온다면 구매할 의사가 있는지, 구매를 한다면
왜 구매하는지, 얼마면 구매하겠는지 등을 물어보았다. 이틀밖에 안

되었는데 천 명이 넘는 고객들이 설문에 응했다. 이런 식이면 물티슈가 부족할 지경이었다. 긍정적인 구매 의사를 남기는 참가자들의 설문자료를 모으며 CEO는 힘들어도 힘이 났다. 예비 고객들의 반응이 뜨겁다는 생각을 했다. 사흘간의 전시회는 끝이 났고, 설문지 2,000여 장을 회수했다. 수북이 쌓인 설문지를 보니 마음이 뿌듯했다. 분석하는 데 시간이 걸리긴 하겠지만 대부분 긍정적인 대답이었던 것으로 보여 걱정이 없었다.

전시회가 끝나고 모든 것이 성공적이었다고 생각했다. 필자는 이 전시회의 마지막 날에 참관을 하러 갔었다. 필자 역시 설문지를 접할 수 있었다. 그런데 설문지에 중요한 게 하나 빠져 있었다. 바로 고객 연락처였다. 전시회에 참여한 참관객들은 대부분 P사의 잠재 고객이 될 수 있는 사람들이었다. 그리고 90% 이상이 제품을 긍정적으로 생각했고, 출시되면 소개를 받기 원했다. 그때까지 1,800명 이상이 제품에 관심이 있다고 대답한 것이다. 그런데 이들의 연락처가 없었다. 이메일 주소나 휴대폰 번호라도 받아놓아야 제품이 나왔을 때 소개를 할 텐데 그게 없는 것이었다.

제품이 출시되기 전에 제품에 관심 있는 고객의 연락처를 확보하는 것은 향후 마케팅 비용과 시간을 절감하는 데 대단히 중요하다. 또한 지금은 소셜네트워크 시대이다. 제품의 소개를 담은 한 페이지짜리 웹페이지라도 있다면 우선 오픈하고, 거기서 관심 고객의 이메일 주소나 휴대폰 번호를 받는 것이다. 출시되면 혜택이 있음을 강조하면서 말이다. 검색엔진, 광고, 홍보를 통해 유입되는 사용자가 최초로 만나게 되는 웹페이지를 랜딩 페이지(Landing page)라고 부른다. 이 랜딩 페이지에서 제품의 핵심기능을 소개하고 관심 고객의 연락처를 확보하는 것이다. 해당 제품에 관심을 가진 고객에게 출시 일정을 알려준다면 좋은 정보가 될 것이기 때문이다.

보통 사업 준비부터 양산 제품이 나오기 전까지 6개월 내외의 마케팅 공백이 발생한다. 창업자는 이 기간에 많은 사람을 만날 것이다. 이 기간 중에 페이스북에 글을 쓰거나 블로그에 글을 쓰는 것이 좋다. 이 중에는 창업자의 제품에 관심을 가진 사람들도 있을 것이다. 그중에는 알고 지내던 사람도 있고, 소셜네트워크를 통해서는 잘 모르는 사람도 있을 것이다. 이들이 제품소개 페이지에 들어와서 자신의 연락처를 남겨준다면 향후 제품 출시가 이루어질 때 초기 판

<그림 11-3> 신간 홍보를 위한 랜딩 페이지 예

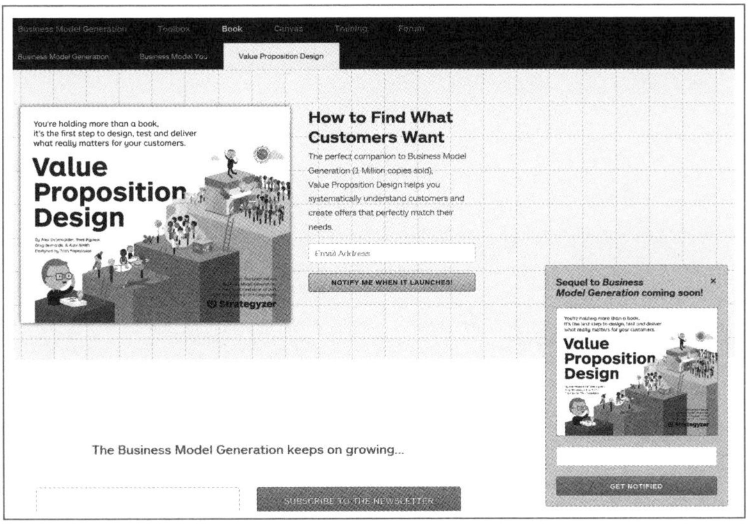

매에 큰 역할을 하게 된다. 인플루언서나 파워블로거인 경우에는 최우선 거점고객에 접근할 채널을 걱정할 필요 없이 이미 확보된 고객 연락처만 해도 수백에서 수천 건에 이를 것이다. 사전에 관심 고객의 연락처를 받아두는 일은 제품 출시 이전까지 할 수 있는 가장 린 스타트업 스타일의 채널 활용 방식이다.

토론해봅시다

1. 당신의 제품·서비스가 활용하고자 하는 최초의 채널은 어디입니까?

2. 인바운드 채널과 아웃바운드 채널의 장단점은 무엇입니까? 당신은 어떤 방식을 선택하였습니까?

3. 어떤 채널이 비용 대비 수익이 적절하다고 판단했습니까? 실제로 진행해보았습니까? 실제로 진행해 본 후에 느낀 점은 무엇입니까?

Action 12

향후 손익계획을 세워라

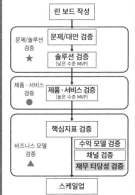

고객 문제	솔루션	고유가치 제안	수익 모델	대상 고객
대상 고객이 가지고 있는 문제 (3가지 정도)	문제해결 방법/기능 (3가지 정도)	제품이 추구하는 핵심가치 (한 문장)	수익을 올리는 패턴, 가격 정책	전체고객, 유효고객, 목표고객
★	★ ●	★	▲	★ ●
문제 대안	**핵심지표**	**카테고리**	**채널**	**최우선 거점 고객**
문제를 해결하기 위한 고객의 대안	매출 발생까지의 과정에서 체크할 중요지표	일반적으로 알려진 제품 분류	고객 도달 방법	가장 필요로 하는 고객, 파급력이 높은 고객, 접근이 쉬운 고객
	▲		▲	

손익분기 계획		3년간 손익계획	
손익분기점 도달 시점, 도달 방법		향후 3년간 추정손익계산	
	▲	▲	

Action

시장 규모를 파악하라

손익계획을 세우기에 앞서 시장 규모를 살펴볼 필요가 있다. 시장 규모는 보통 스타트업 비즈니스 모델의 성장성을 판단하는 기준이 된다. 가령 시장에서 수요가 있어 보여도 고객군이 적은 경우 사업의 매력도가 떨어지게 된다. 성장의 한계가 보이기 때문이다. 반대로 시장 규모가 크고 그 시장이 성장하고 있다면 스타트업의 성장 가능성도 높기 때문에 매력도가 올라간다.

시장 규모는 사업계획서나 투자유치용 피칭(pitching) 자료에 제시해야 할 항목이다. 보통 시장 규모를 제시한 후 추정손익계산서를 통해 매출 목표를 기재하게 된다. 그런데 이런 순서로 작성하다보니 조금 곤란한 경우들이 생겼다.

시장 규모를 크게 잡고 나니 시장 점유율 목표와 매출 목표간 간극이 커지는 경우다. 예를 들어 시장 크기는 1조원이라 했는데, 3년

<그림 12-1> 전체시장, 유효시장, 수익시장

뒤 매출 목표를 50억원으로 잡은 경우, 시장 점유율은 0.5%가 된다. 그러면 투자자가 "시장 1위를 하겠다면서 점유율 목표는 고작 0.5% 밖에 안 되나요?" 혹은 "1조 시장에서 겨우 매출 목표가 50억입니까?"라고 묻게 된다. 말문이 막힌 창업자는 안 되겠다 싶어 다음번 피칭에서는 시장 규모를 1,000억원으로 낮게 잡았다. 그러고 나서 시장 점유율 5%에 매출 목표 50억원을 제시했다. 그러자 "너무 작은 시장 아닌가요?"라는 질문을 받았다. 어떻게 해야 좋을까?

최근 많이 사용하는 방식은 시장 규모를 TAM-SAM-SOM 프레임워크 이용하는 것이다. 각각 '전체시장(TAM: Total Addressable/Available Market)-유효시장(SAM: Served Available Market)-수익 시장(SOM: Serviceable Obtainable Market)'을 의미한다.[26]

---

26 'Serviceable Obtainable Market'을 '서비스가능하고 (수익)획득이 가능한 시장'으로 해석하여 'SOM'을 '수익시장'으로 번역하여 사용하는 경우가 많다. 그러나 '수익시장'이라는 용어의 의미가 직관적으로 이해되지는 않는다. 수익시장 대신 '목표시장(Target Marekt)'으로 변경하여 표현하는 것이 더 적절할 것이라 생각된다.

앞에서 고객군을 나눌 때 전체고객, 유효고객, 목표고객으로 나눈 것과 비슷한 구조다. 전체시장(TAM)은 스타트업이 영위하는 사업에 해당하는 산업군 정도를 의미한다. 유효시장(SAM)은 해당 산업군 내에서 사업화하는 제품이나 서비스 자체의 시장 규모를 말한다. 수익시장(SOM)은 유효시장 중에서도 수익 획득이 바로 가능한, 초기 단계에 접근할 목표 시장이라 할 수 있다.

국내에서 대학생을 대상으로 하는 모바일 광고 앱을 만드는 사업을 시작한다고 해보자. 전체 시장은 우리나라 광고 시장이 될 수 있다. 수많은 광고 방식 중 모바일 광고 앱이므로 유효 시장은 모바일 광고 시장이라 할 수 있다. 그 다음 초기 단계에 목표하고 있는 수익시장은 대학생 대상 모바일 광고 앱 시장이 되겠다. 이렇게 시장을 TAM-SAM-SOM 방식으로 구분했다면 이제 각 시장의 크기를 추정해보자. 시장 크기를 구하기 위해서는 주로 시장조사기관 자료, 신문기사 검색, 통계청, 경제연구소 검색 등의 방법으로 찾아볼 수 있다. 가령 2019년 우리나라 광고시장의 규모는 13.3조원 정도로 추산된다.[27] 인터넷 검색을 통해 사단법인 한국온라인광고협회의 자료를 얻을 수 있었다. 다행히 동 자료를 통해 2019년 모바일 광고 시장 규모도 알 수 있었다. 온라인 광고 시장 6조 4,213억원 중 모바일 광고시장은 67%의 비중을 차지하고 있고, 2020년에는 70%까지 성장할 것이라 예상했다. 이제 대학생 대상 모바일 광고 앱 시

---

27 〈온라인광고 시장 분석 및 전망 2019〉, (사)한국온라인광고협회(http://onlinead.or.kr/)

장 규모를 구해야 한다. 그런데 단순 인터넷 검색으로는 수익시장에 해당하는 수준의 시장 규모 자료를 찾기가 쉽지 않다. 이런 경우 나름대로의 기준으로 추정해야 한다. 가령 우리나라 대학생 숫자는 인터넷에서 찾을 수 있을 것이다. 그러면 모바일 광고 시장 규모에서 전체 인구 중 대학생 숫자만큼의 비율을 곱해서 규모를 추산할 수 있을 것이다.[28] TAM-SAM-SOM 프레임워크를 활용한 시장 구분과 시장 규모 수립 방법을 알아보았다. 그런데 막상 이런 구분 방식으로 시장 규모를 작성하려고 하면 설명처럼 깔끔하게 정리되지 않는 경우들이 발생한다. 가령 광고시장의 전체 시장을 우리나라 광고시장 규모로 잡는 게 적절한 것일까? 글로벌 진출 계획이 있다면 글로벌 광고시장을 전체 시장으로 해야 하는 게 아닐까? 그런데 광고 시장의 범위는 어디서부터 어디까지일까? TV 광고를 만들기 위한 제작비는 광고 시장 범위에 들어가 있을까? 제작비가 들어간다면 제작에 사용되는 카메라는 광고 시장에 포함될까? 제작비가 광고 시장에 포함되어 있지 않다면 광고 제작사는 광고 시장에 존재하지 않는 것일까? 스타트업의 사업 모델이 콘텐츠를 무료로 제공하고 광고비를 받는 방식이라면 이 사업의 전체 시장은 광고 시장일까? 콘텐츠 시장일까? 우리 회사는 과연 어느 시장에 존재하고 있는 것일까? 이런 질문들이 꼬리에 꼬리를 물고 이어질 것이다. 그렇게 되면 시장 규모 추정도 어려워진다.

---

28 어떠한 문제에 대해 기초적인 지식과 논리적 추론만으로 짧은 시간 안에 근사치를 추정하는 방법으로 '페르미 추정(Fermi Estimate)' 방식이라 부르기도 한다.

이런 고민은 어떻게 해결해야 할까? 우선 여기서 소개한 TAM-SAM-SOM을 가지고 고민해본다. 일반적으로 창업 생태계에서 받아들여지는 방식이고, 사업 내용에 따라 시장 구분과 규모 추정이 잘 이루어질 수 있기 때문이다. 그런데 사업을 해 나가는 관점에서는 시장이 아니라 고객으로 구분한 '전체고객-유효고객-목표고객' 개념으로 시장 규모를 추정해볼 수 있다. 즉, 추상적인 '시장'이 아니라 실체를 가진 '고객'을 생각하는 것이다. 인구통계학적으로 대상 고개의 숫자를 추정할 수 있을 텐데, 여기에 솔루션 가격을 곱하거나, 고객이 가진 문제대안에 속한 경쟁재, 대체재의 평균 가격을 대상고객 숫자에 곱해서 규모를 가늠해볼 수도 있다.

시장 규모 추정은 하나의 정답이 있는 것은 아니니 창업자 스스로 설명할 수 있는 숫자를 찾는 것이 중요하다.

DO IT 25

시장 규모 점검하기

본문의 내용을 바탕으로 린 보드 '3년간 손익계획'란에 시장 규모-전체 시장, 유효시장, 수익(목표)시장의 크기를 작성한다.

손익분기점을
예측하고 목표로 삼아라

사업을 시작하면서 살펴봐야 할 것 중 하나가 언제부터 수익을 낼수 있느냐는 것이다. 수익이 비용을 넘어서는 시점, 바로 손익분기점(BEP, Break-Even Point)을 체크하는 것이다. 그런데 이 지점이 언제라고 쉽게 답할 수 없다. 왜냐하면 손익분기점은 창업자가 결정한다고 되는 게 아니라, 모든 가설이 검증되는 가운데 나타나는 결과이기 때문이다. 하지만 창업자는 손익분기점을 예상해야 하거나 최소한 목표치라도 잡아야 한다. 물론 이 역시 가설일 뿐이지만, 이에 따라 필요한 현금을 준비해 놓아야 하기 때문이다. 아쉽게도 매출은 늘 희망이며 목표에 미치지 못하는 경우가 많고, 비용은 현실이고 예상을 넘어서는 경우가 많다.

손익분기점에 대한 인식

손익분기점에 대한 인식은 사업의 특성, 창업자의 특성에 따라 달라질 수 있다. 단기간에 손익분기를 맞추어 적게라도 자신의 힘으로 성장하고자 하는 비즈니스의 경우 손익분기점을 앞으로 당기려고 노력하게 된다. 대부분의 사업이 이에 해당될 것이다. 다만, 경우에 따라 손익분기점보다 다른 지표가 더 중요한 비즈니스도 있다. 인터넷 플랫폼 서비스의 경우 단기적으로는 적자를 보더라도 충분한 트래픽을 모으는 게 더 중요할 수 있다. 이 경우 손익분기점까지 가는 시간이 길어진다. 그래서 이런 서비스는 보유한 자금이나 조달할 수 있는 자금이 충분해야 한다. 그러나 이 경우에도 무작정 기간을 늘리는 게 아니라, 계획에 의해 어느 정도 예측 가능한 수준이어야 한다.

손익분기점의 의미

손익분기점을 구하는 것에 대한 의미가 비즈니스 특성에 따라 다를지라도 그 작업은 여전히 중요하다. 손익분기점을 예상할 수 있어야 얼마의 자금을 가지고 있어야 하는지 알 수 있기 때문이다. 이것은 생존을 위한 자금이다. 손익분기점을 넘어서면 생존 자체를 위한 자금은 급하지 않다. 손익분기를 넘어섰다는 것은 반복가능하고 확장시킬 수 있는 비즈니스 모델을 달성했다고 할 수 있으므로, 이때부터는 사업을 확장시킬 성장자금이 필요하다.

손익분기점 구하기

우선 간단한 손익계산서 작성을 통해 손익분기점을 알아보도록 하자. 여기에서는 매출액, 매출원가, 매출총이익, 판매비와 관리비, 영업이익 이렇게 다섯 용어만으로 손익계산서를 작성해볼 것이다.

매출액은 제품을 판매한 총금액이다. 판매한 제품의 원가에 해당하는 것이 매출원가이다. 치킨 가게를 예로 들어보자. 치킨을 한 마리 팔 때마다 원재료인 생닭이 한 마리씩 필요하다. 여기에 치킨무, 포장 봉투도 하나씩 필요하다. 이런 것들이 매출원가다. 그리고 매출에서 매출원가를 뺀 금액이 매출총이익이 된다.

$$\begin{array}{r} \text{매출액} \\ -\ \text{매출원가} \\ \hline \text{매출총이익} \end{array}$$

치킨 가게에서 지출되는 비용은 치킨의 원가만 있는 게 아니다. 치킨 판매와 상관없이 매장 임대료, 전기세, 광고비, 인건비 등이 지출된다. 매출원가를 제외한 대부분의 비용은 판매비와 관리비에 들어간다. 매출총이익에서 판매비와 관리비를 뺀 금액을 영업이익이라고 한다.

$$\begin{array}{r} \text{매출액} \\ -\ \text{매출원가} \\ \hline \text{매출총이익} \\ -\ \text{판매비와 관리비} \\ \hline \text{영업이익} \end{array}$$

스타트업은 영업이익 개념까지만 알아둬도 좋을 것 같다. 다만 회사의 이익을 '당기순이익'이라고 부르던데 왜 '영업이익'까지만 알아두면 된다고 하는지는 아래에서 조금 더 부연한다.

영업이익에서 영업외비용(예를 들어, 회사 자금으로 주식에 투자했는데 손실이 발생한 경우)을 빼거나 영업외수익(예를 들어, 회사 자금으로 주식에 투자했는데 수익이 발생한 경우)을 더한 금액을 세전이익이라고 부른다. 세전이익에서 법인세를 빼면 당기순이익이 된다. 스타트업의 경우 영업외손익이 거의 없을 것이므로 영업이익과 당기순이익의 차이가 크지 않을 것이다. 그래서 간단히 영업이익을 기준으로 살펴보자고 한 것이다.

손익분기점은 매출과 비용이 만나는 점이다. 즉 매출과 비용(매출원가, 판매비와 관리비)이 동일하여 영업이익이 0이 되는 시점을 말한다. 만약 제품의 원가가 판매가의 50%이고, 매달 소요되는 인건비, 임대료 등이 2,000만원이라고 하자. 이 회사가 손익분기점에 도달하기 위해서는 얼마의 매출액을 올려야 할까? 간단한 1차 방정식을 하나 풀어보자. 구해야 할 매출액을 x라고 하면 비용에 해당하는 매출원가, 판매비와 관리비의 합이 x와 같아야 한다. 즉 x=매출원가+판매비와 관리비이다. 이때 매출원가는 x의 50%라고 했고, 판매비와 관리비가 2,000만원이므로, $x = 0.5x + 2000$만원이다. 따라서 $0.5x = 2000$만원이고, x는 4,000만원이 된다. 이 경우 손익분기점에 도달하기 위한 매출액은 4,000만원이 되는 것이다.

손익분기점까지 생존자금 구하기

이번에는 손익분기점에 다다르기까지의 생존자금을 구해보자. 이를 위해 사업이 시작되는 시점부터 손익분기점에 이르는 달까지 간략한 손익계산서를 작성해본다. 손익분기점에 이르기 전까지 영업이익이 마이너스일 텐데, 이 금액들을 모두 더해 0을 만들어줄 수 있는 금액을 계산해 놓는다. 여기에 한 가지 추가해야 할 금액이 있는데, 바로 초기 투자비이다. 사업 초기에 구입한 생산설비나 임대보증금 등을 별도로 계산해 놓아야 한다. 생산 설비 구입비는 회사의 자산으로 처리되어 해당 금액 전체가 당월 비용으로 계상되지 않고 몇 년에 걸쳐서 판매비와관리비에 들어가야 한다는 회계규정 때문이다. 임대보증금은 나중에 돌려받을 금액이므로 판매비와관리비에 들어가지 않지만 초기에 필요한 자금이므로 계산해 놓아야 한다. 따라서 생존자금에는 손익분기점이 되기까지의 영업손실에 해당하는 금액과 초기 투자비를 더한 금액이 포함되어야 한다.[29]

손익분기 계획

린 보드의 손익분기 계획에는 손익분기점 도달시점과 도달에 필요한 매출액을 기재해 놓는다. 매출액과 함께 손익분기점의 근거가

---

[29] 생존자금과 관련해서는 원래 손익계산서로 계산하는 게 아니라 재무제표의 현금흐름표를 살펴보는 게 정석이다. 하지만 스타트업 단계에서는 손익계산서를 기준으로 실제 현금이 언제 오가는지를 고려하여 생존자금을 측정해볼 수 있다.

되는 매출원가, 판매비와 관리비 항목을 함께 적어 두면 된다. 어떻게 달성할 것인지도 적을 수 있으면 좋겠지만 지금 당장 기재가 어렵다면 향후 수익 모델, 고객 채널, 핵심지표 등을 잘 관리하여 목표한 시점에 달성할 수 있도록 노력해보자.

〈표 12-1〉은 어느 스타트업의 월간 손익계산서이다. 초기 투자비용은 5,000만원이 들었다고 한다. 매출원가는 매출액의 50% 수준이다. 영업이익이 0이 되는 시점인 10월이 월간 손익분기점이 되는 시점이다. 10월을 기점으로 매달 수익을 낼 수 있는 구조가 되었다. 이 회사의 생존자금은 10월까지 영업손실에 해당하는 1,900만원과 초기투자금 5,000만원의 합계인 6,900만원이 될 것이다.

<표 12-1> 월간 손익계산서 예　　　　　　　　　　　　　　　　　　　(단위 : 백만원)

	6월	7월	8월	9월	10월	11월	12월	1월	2월
매출액	-	-	6	10	18	25	32	35	36
매출원가	-	-	3	5	9	12.5	16	17.5	18
매출총이익	-	-	3	5	9	12.5	16	17.5	18
판매비와 관리비	6	6	6	9	9	9	12	12	12
영업이익	-6	-6	-3	-4	0	3.5	4	5.5	6
누적 영업이익	-6	-12	-15	-19	-19	-15.5	-11.5	-6	0

DO IT 26

손익분기 계획 작성하기

　본문의 내용을 바탕으로 린 보드의 '손익분기 계획'란에 손익분기 도달 시점과 도달방법을 작성한다.

Action

3년간 추정손익계산서를
작성하라

대부분의 사업계획서 형식에는 보통 향후 3년간 추정손익계산서를 작성하라는 항목이 있다. 제품을 만들어서 당장 팔릴지 안 팔릴지, 당장 다음 달에 얼마나 팔릴지도 모르는데, 수년간의 추정손익계산서를 작성하라고 하니 머리가 지끈지끈할 것이다. 더구나 '첫 번째 고객을 만난 후에도 그대로 유지되는 사업계획서가 없다'고 하는 마당에 3년 치 추정손익계산서가 왜 필요한지 모르겠다 싶다. 맞는 말이다. 추정손익계산서를 보는 사람도 그대로 되리라고 믿지 않는다. 보는 사람도 사정을 다 알기 때문이다.

그럼에도 3년 치 추정손익계산서를 작성해야 하는 이유는 두 가지로 설명할 수 있다.

첫째, 창업자가 구상하는 비즈니스 규모를 예측해볼 수 있다. 이것은 창업자가 생각하는 시장 규모, 앞으로 사업을 어떤 방식으로 끌고 갈 것인지에 대해 알아볼 수 있는 대목이다. 매출 규모는 작지만 착실히 이익을 만들어 가도록 구성된 손익계산서는 창업자의 내실과 안정지향적인 성격을 읽을 수 있다. 매출 규모가 크고 성장률도 큰 손익계산서는 창업자의 적극성과 기대하는 성장속도를 읽을 수 있다. 이 경우 매출 규모를 뒷받침할 수 있는 데이터가 있다면 훨씬 높은 신뢰를 줄 수 있고, 반대의 경우 터무니없는 계획의 창업자로 인식될 수 있다.

둘째, 향후 필요한 자금조달 규모를 확인해볼 수 있다. 손익분기점 분석을 통해 생존에 필요한 자금이 얼마인지 구할 수 있었다면 3년간 추정손익계산서를 통해서는 생존 자금과 더불어 성장에 필요한 자금도 확인할 수 있다. 비즈니스 모델이 검증된 다음 이를 확대하기 위해 필요한 자금을 가늠할 수 있는 것이다.

물론 이렇게 작성해 놓은 3년 치 추정손익계산서는 시간이 지날 때마다 조금씩 바뀔 것이다. 때에 따라 아침에 생각했던 추정손익계산서가 다르고, 저녁에 생각하는 추정손익계산서가 다를 것이다. 중요한 것은 이를 염두하여 사업을 구상하고, 구상한 대로 사업을 끌어 가고 있는지 확인하는 것이다.

〈표 12-2〉는 렌털옥션 비즈니스의 3년간 추정손익계산서 사례이다. 이 회사의 손익분기점은 2년차 후반일 것으로 보인다. 2년차에

영업이익이 −2,500,000원인 것을 보면 2년차 중에 월간 손익분기 점이 넘어간다는 것을 알 수 있다. 이 회사가 보유해야 할 최소자금 은 초기 시설 투자를 위해 사용했던 금액과 영업이익이 플러스가 되 는 지점까지 소요되는 영업손실액이 될 것이다.

<표 12-2> 3년간 추정손익계산서 예

(단위 : 원)

	1년차	2년차	3년차
매출액	109,500,000	647,500,000	1,595,000,000
매출원가	-	-	-
매출총이익	109,500,000	647,500,000	1,595,000,000
판매비와 관리비	250,000,000	650,000,000	1,200,000,000
판매비	*100,000,000*	*300,000,000*	*600,000,000*
관리비	*150,000,000*	*350,000,000*	*600,000,000*
영업이익	-140,500,000	-2,500,000	395,000,000

* 이 비즈니스는 마케팅활동을 위한 판매비 비중이 높아 판매비와 관리비를 구분하여 기재하였다.

DO IT 27

3년간 손익 계획 작성하기

본문의 내용을 바탕으로 린 보드의 '손익분기 계획'란에 손익분기 도달 시점과 도달방법을 작성한다.

Action

투자는 언제 받아야 할까

린 스타트업은 최소의 자금과 시간을 들여 비즈니스 모델을 검증할 수 있도록 하고 있다. 이런 방법이 가장 잘 어울리는 분야는 웹이나 앱과 관련된 스타트업일 것이다. 이런 회사들은 창업자들이 개발자로 구성된 경우가 많아 일할 수 있는 공간만 있으면 별도의 비용이 들지 않는 경우가 많다. 컴퓨터만 한 대씩 있으면 되기 때문이다. 따라서 일단 고객 조사를 하고, 최소기능 제품(MVP)을 만들어서 고객의 반응을 보며 본격적인 사업 진행을 모색한다.

〈그림 12-2〉는 위키피디아에 소개된 스타트업 단계별 자금조달 그래프이다. 이 그래프가 스타트업 자금조달 시점을 교과서적으로 보여주고 있다. 사업 초기에는 창업자들이 가진 자금으로부터 시작해 가족, 친구, 엔젤 투자자로부터 시드 머니(seed money, 종잣돈)를 조달하여 비즈니스 모델을 검증하는 작업을 하게 된다. 보통 비즈니

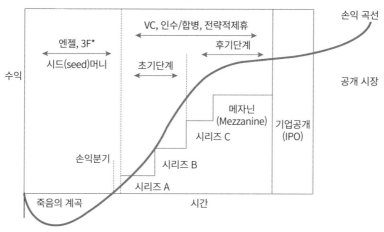

＜그림 12-2＞ 스타트업 단계별 자금조달

3F*(Family, Freind, Fool)
＊ 출처 : http://en.wikipedia.org/wiki/Seed_money

스 모델이 돌아가는 것으로 판단되면 본격적인 외부 투자 유치를 진행하게 된다. 보통 벤처캐피탈로부터 투자 유치를 진행하는데,[30] 이때 한 번의 투자로 필요 자금을 모두 확보하는 것이 아니라 사업 진행 상황에 맞추어 시리즈A, 시리즈B, 시리즈C라는 이름으로 단계별 투자를 유치한다. 향후 필요한 자금이 100억원이고 한 번에 투자를 받으면 좋은데 왜 단계별로 진행해야 할까? 사업 초기에는 100억원이라는 큰 자금을 투자받기 어려울 수 있고, 기업 가치가 크지 않아 100억원을 투자받는 순간 기업의 대주주가 바뀔 수 있기 때문이다. 따라서 사업 진행 현황에 따라 적절한 기업 가치를 산정하고, 그 시기에 필요한 자금을 투자받는 것이다. 그렇게 해서 더 나은 성과를

---

30 최근에는 시드 머니 이후 초기 자금 조달 방법이 벤처캐피탈 외에도 크라우드펀딩, 스타트업 액셀러레이터, 개인투자조합 등 조금 더 다양해지고 있다.

내면 기업 가치가 커지고, 커진 기업 가치를 토대로 다시 추가 투자를 유치하는 것이다. 이들 자금은 해당 기업의 성장 그래프를 하키 스틱 모양처럼 빠르게 올리는 데 기여할 것이다.

〈그림 12-2〉의 그래프는 일반적인 모형이다. '일반적인 모형'이라는 말은 그렇지 않은 경우도 많다는 것이다. 국내의 경우 최근 몇 년 사이에 스타트업을 대상으로 한 펀드들이 많이 결성되었다. 이러한 펀드를 보유하고 있는 벤처캐피탈의 경우 시드머니 투자 단계에서 투자하는 경우들이 생겼다. 손익분기점과 상관없이 비즈니스 모델의 가능성을 보고 투자를 진행하는 것인데, 이 역시 과거와 달라진 점이라 할 수 있다. 이 시점에서 투자를 받으려면 두 가지 포인트가 있다. 하나는 투자 의사결정을 하는 벤처캐피탈 심사역이 해당 사업계획이나 창업팀에 매료된 경우다. 이 경우는 사업계획도 매력적이어야 하지만 창업팀에 대한 호감도가 크게 좌우되는 경우가 많다. 창업팀의 누군가가 이미 성공한 경험이 있다거나, 업계에서 평판이 좋다거나, 해당 심사역과 오랜 관계를 통해 신뢰를 확보한 사람인 경우 등이다. 두 번째 경우는 사업계획서가 매력적임과 동시에 많은 가설들이 검증되어 있는 상태다. 고객 문제가 검증되고, 솔루션이 검증되고, MVP가 검증되는 등 검증 진도가 많이 진행돼 사업성을 보여준 경우이다.

투자를 받는 과정은 여러 가지 조건이 맞아야하므로 적지 않은 시간과 노력이 필요하다. 스티브 잡스도 수십 번 거절당했다는 것을 잊지 말자. 투자를 받기 위해 성장 가능성 있는 사업이라는 것, 이것을 충분히 해낼 수 있는 창업팀이라는 것을 보이는 게 중요하다. 아직 성장하지 못한 사업의 가능성을 보여줘야 하므로 각종 가설들이 실현되고 있다는 것을 보여주어야 한다. 검증된 가설이 많으면 많을수록 투자 가능성 또한 높아질 것이다.

DO IT 28

투자 유치시점 정하기

외부투자가 필요하다면 어느 시점에서 어느 만큼의 투자금이 필요한지 린 보드의 3년간 손익계획란에 메모해본다.

토론해봅시다

1. 당신의 사업은 현재 목표하는 손익분기점이 잡혀 있습니까? 또한 손익분기점에 도달하기 위한 진행이 잘 되고 있습니까?

2. 3년간 손익계산서를 작성하며 어떤 생각을 했습니까? 실현 가능성에 대해 어떻게 생각합니까?

3. 창업자로부터 많이 나오는 질문 중의 하나가 '3년 뒤, 5년 뒤 예상 매출액을 어느 정도로 적어야 가장 유리합니까?'라는 것이었습니다. 여러분은 어떤 기준으로 3년 뒤, 5년 뒤 예상 매출액을 작성하고 있습니까?

4. 당신이 벤처캐피탈의 투자자이고 스타트업에 투자한다면 어떤 점을 가장 중요하게 생각하고 투자 의사결정을 하겠습니까? 우선순위 세 가지를 말해보세요. 당신의 기업은 그 우선순위에 해당합니까?

Action
13

핵심지표를 관리하라

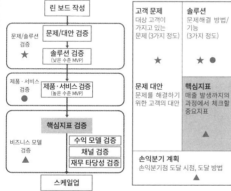

고객 문제 대상 고객이 가지고 있는 문제 (3가지 정도)	솔루션 문제해결 방법/ 기능 (3가지 정도)	고유가치 제안 제품이 추구하는 핵심가치 (한 문장)	수익 모델 수익을 올리는 패턴, 가격 정책	대상 고객 전체고객, 유효 고객, 목표고객
★	★ ●	★	▲	★ ●
문제 대안 문제를 해결하기 위한 고객의 대안	**핵심지표** 매출 발생까지의 과정에서 체크할 중요지표	카테고리 일반적으로 알려진 제품 분류	채널 고객 도달 방법	최우선 거점 고객 가장 필요로 하는 고객, 파급력이 높은 고객, 접근 이 쉬운 고객
	▲		▲	★ ●
손익분기 계획 손익분기점 도달 시점, 도달 방법		3년간 손익계획 향후 3년간 추정손익계산		
▲		▲		

Startup Bible

Action

핵심지표의 필요성

린 스타트업의 핵심 프로세스는 만들고, 측정하고, 학습하는 것이다. 학습하려면 측정해야 하고, 측정 되면 우리가 제대로 하고 있는지 학습하고 다음 방향을 설정할 수 있다. 스타트업의 핵심지표는 비즈니스 모델이 제대로 실행되고 있는지 측정할 수 있는 중요한 도구가 된다.

유망 스타트업을 선발하여 일정 기간 동안 멘토링을 지원하는 한 기관의 멘토로 참여한 적이 있다. 함께 하게 된 스타트업은 대부분 2년 가량의 사업 경험을 이미 가지고 있었다. 교육용 앱을 개발하여 서비스하는 회사였는데, 기존 발표했던 몇 가지 앱은 앱 스토어 해당 분야에서 1위를 한 적도 있었다. 창업자는 이제 어느 정도 인지도가 생겨서 어떤 앱을 만들어도 사람들이 다운받을 것이라는 자신감도 갖고 있었다. 그런데 이 회사가 수익 모델을 바꾸려는 시도를 하고 있었다. 유료 앱을 만들어봤지만 사용자들이 다운로드 받는 기간에만 매출이 발생하고 그 뒤로는 매출이 일어나지 않았다. 무료 앱은 다운로드는 많이 되었지만 수익을 만들 수 없었다. 결국 앱 안에 광고를 넣어 수익 모델을 만들 계획이었다.

"다음 번에 만날 때 기존 출시한 앱들에 대한 소개와 고객지표들을 좀 알려주시겠어요?"

첫 만남은 인사를 나누는 시간이어서 다음 시간에 현황 자료를 공유하자고 했다. 창업자는 약간 당황하는 것 같았고, 첫 미팅 일정을 예정보다 좀 더 미루자고 했다.

이후 첫 미팅을 가졌다. 그런데 생각하지 못했던 문제가 생겼다. 이 회사는 아무런 숫자를 가지고 있지 않았다. 오직 알고 있는 것은 애플 앱스토어와 구글 플레이에서 알려주는 다운로드 횟수뿐이었다. 다운로드받은 숫자 대비 재접속하는 사람수, 개별 이용자들의 현재 이용현황, 푸시 메시지를 보냈을 때 해당 푸시를 받을 수 있는 사람수, 푸시 메시지를 받아본 사람수 등 어떠한 숫자도 알 수 없었다. 창업자가 콘텐츠 품질에 집중하느라 다른 것들은 생각하지 못했던 것이다. 이렇게 되면 수익 모델을 결정하는 것, 새로운 앱을 출시하는 것 모두 판단의 기준이 되는 데이터를 가질 수 없었다. 가령 앱 설치 건당 접속자수, 하루 방문자수, 이용자의 평균 페이지뷰를 알아야 광고모델로서 가능한지 살펴볼 수 있을 텐데 말이다. 이러한 상황은 새로 사업을 시작하는 것과 다름이 없었다. 창업자는 자사 제품의 인지도가 있어 새로운 시리즈가 출시되면 많은 수의 다운로드가 일어날 것이라고 낙관하고 있었지만, 설득력 있는 근거는 되지 못했다.

Action

대표적인 핵심지표(1)
퍼널

스타트업의 핵심지표 중 가장 기본적으로 이해해야 할 것은 '퍼널(Funnel)'지표라는 개념이다. 여기서 '퍼널'의 뜻은 '깔때기'다. 퍼널 지표를 쉽게 이해하기 위해서 요구르트를 생각해보자. 우리가 요구르트를 마시는 목적은 유산균 섭취이다. 유산균은 장까지 내려와서 흡수돼야 효능을 제대로 발휘할 수 있는데, 소화기를 거치는 도중 위산, 담즙 등에 의해 죽게 된다. 그러다 보니 장에서 흡수되는 유산균 숫자가 상당히 적다. 주요 소화기관을 거칠 때마다 유산균의 수가 점점 적어지는 것이다.

고객 유치도 비슷한 과정으로 설명할 수 있다. 쇼핑 사이트를 운영하고 있다고 하자. 우선 고객들에게 사이트를 알려야 한다. 광고나 홍보를 본 고객들이 해당 제품에 관심을 가진다면 사이트에 집속할 것이다. 사이트에 접속한 후 해당 제품 설명을 보기도 하고, 사이트 이곳저곳을 둘러보기도 할 것이다. 구매 의사가 생기면 회원 가입을 할 것이고, 제품 설명이 기대에 미치지 못하면 그냥 떠나갈 것이다. 회원 가입을 한 고객 중에는 상품을 장바구니에 담아 바로 구매하는 사람도 있고, 담아놓기만 하고 구매를 포기하기도 한다. 이러한 과정을 보면 광고에 노출된 고객수 대비 구매에 이르는 고객수는 퍼널 모양처럼 갈수록 적어진다. 고객의 의사결정이 필요한 주요 단계마다 통과하는 숫자가 줄어드는 것이다. 쇼핑몰 운영자 입장에서는 주요 단계를 고객 유입 단계, 활성화 단계, 구매 단계, 재구매 등으로 구분할 수 있을 것이다. 각 단계마다 비용 대비 광고 노출도, 노출 대비 유입률, 유입 대비 회원 가입률, 구매율, 재방문율, 재구매율 등 효율성을 측정할 수 있는 지표들이 나오는데 이런 것들을 '퍼널 지표'라고 부른다. 이 퍼널 지표 중 중요하게 관리되어야 할 지표를 핵심지표라고 부르며 스타트업은 핵심지표의 효율을 높일 수 있도록 노력해야 한다. 이것은 뒤에서 설명하겠지만 비즈니스 모델 검증의 주요 지표로 활용된다.

　스타트업은 많은 고객들이 퍼널로 들어올 수 있도록 마케팅하고, 일단 들어오면 구매까지 이어지는 것을 목표로 한다. 구매 만족도를 높여 한 번 구매로 끝나지 않고 재구매할 수 있도록 하거나 다른 사람들에게 추천해줄 수 있도록 하는 데까지 관리해 나가는 것이다. 〈그림 13-1〉은 인터넷 쇼핑몰의 간략한 퍼널과 해당 퍼널에서 이용 가능한 지표를 나타낸 것이다.

<그림 13-1> 인터넷 쇼핑몰의 퍼널과 이용가능한 지표의 예

키워드광고 유입률	회원가입률	구매율	2회 이상 구매자 평균 단가
SNS마케팅 유입률	조회 상품 수	평균 구매단가	2회 이상 구매자 비율
블로그 통한 유입률	재방문율		장바구니 보관 대비 구매율

DO IT 29

퍼널 작성하기

　창업자 기업의 퍼널을 그려본다. 유통채널이 복수인 경우 퍼널 수도 늘어날 수 있다. 이런 경우 핵심채널의 퍼널을 작성해본다.

대표적인 핵심지표(2)
해적지표

앞에서 설명한 것은 퍼널의 기본 개념이다. 퍼널의 구성은 사업의 종류에 따라 달라진다. 가장 대표적인 퍼널 지표는 스타트업500의 창업자 데이브 맥클루어(Dave Mcclure)의 해적지표(Startup Metrics for Pirates)19[31]가 있다. 스타트업에서 왜 갑자기 해적지표가 나오는지 궁금할 것이다. 특별한 이유는 없고, 지표의 앞 글자가 AARRR인데 이걸 소리 내어 읽으면 '아~르~~', 즉 해적이 전진할 때 내는 소리 같다고 하여 해적지표라고 이름 붙인 것이다.

맥클루어는 처음 해적지표를 만들었을 때 뒷부분의 RR의 순서를 추천(Referral), 매출(Revenue)로 해놓았는데, 《Running Lean》, 《Lean Analytics》 같은 도서에서는 추천과 매출의 순서를 바꾸어

---

31 http://www.slideshare.net/dmc500hats/Startup-metrics-for-pirates-long-version

<그림 13-2> 해적지표

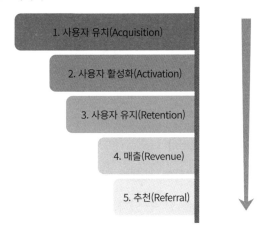

1. 사용자 유치(Acquisition)

2. 사용자 활성화(Activation)

3. 사용자 유지(Retention)

4. 매출(Revenue)

5. 추천(Referral)

배치했고, 필자 역시 구매 후 만족도에 따라 추천할 수 있다고 생각하여 매출 항목을 추천 앞에 제시했다.

(1) 사용자 유치(Acquisition)

사용자들이 어떻게 알고 들어왔는지 살펴볼 필요가 있다. 검색엔진을 통해 들어왔는지, 창업자가 낸 키워드 광고를 보고 들어왔는지, 누구의 소개를 받고 찾아왔는지 알아낼 수 있는 것들을 지표화하는 것이다. 키워드 광고 유입률, SNS마케팅 유입률 등이 이에 해당될 것이다. 이런 지표들을 통해 어떤 방식으로 알리는 것이 비용 대비 효과가 큰지 알 수 있다.

(2) 사용자 활성화(Activation)

사용자가 자사 웹사이트에 들어온 후 활성사용자가 되는지, 금방 나가 버리는지 점검해야 할 것이다. 이것을 알 수 있는 지표의 예는 회원 가입률, 이메일 등록률, 평균 머무는 시간 등이 되겠다. 해당 비율을 통해 방문객이 회원 혹은 고객으로 전환되는 효율을 알 수 있게 된다.

(3) 사용자 유지(Retention)

사용자들의 재방문에 관한 사항이 된다. 한 번 이용해본 사람이 지속적으로 이용하는지를 알 수 있다. 마지막 방문 후 얼마 만에 재방문 했는지, 날짜별 활동 사용자 비율, 서비스 해지비율 등으로 알 수 있다. 스타트업은 사용자 유지를 위해 이메일, SMS 문자서비스 발송 등 다양한 노력을 하게 된다.

(4) 매출(Revenue)

사용자를 활성화시키고 재방문을 유도하는 목적은 매출이다. 사용자의 활동이 매출로 이루어지는 것을 확인한다. 사업 모델에 따라 다르지만 인당 평균 구매액, 광고 클릭률, 매출고객으로의 전환율, 회당 평균 구매액 등이 지표가 된다.

(5) 추천(Referral)

사용자들이 해당 서비스를 주위에 얼마나 알리는지에 대한 지표다. 특히 지금은 과거와 달리 개개인이 자기 매체를 가지고 있고(예: 블로그), 소셜네트워크를 통한 정보의 흐름이 빠르고 넓기 때문에 고객 추천의 중요성이 커지고 있다. 이를 효과적으로 유도하기 위해서 후기글 작성, 페이스북의 좋아요, 트위터의 리트윗 등을 활용하고 있다.

DO IT 30

핵심지표 고르기

작성된 퍼널에서 체크 가능한 지표들을 점검해본다. 이 중 중점적으로 관리해야 할 핵심지표를 린 보드에 작성한다.

핵심지표의 활용

린 스타트업 검증의 세 번째 단계는 '비즈니스 모델 검증'이다. 이대로 진행하면 되는지 검증하는 과정이며 수익 모델, 채널, 재무 타당성 등을 고려하여 핵심지표를 통해 확인하게 된다. 핵심지표를 어디에 어떻게 활용할 것인지 살펴보자.

비즈니스 모델 검증

스타트업의 전략적 목표는 '반복가능하고 확장할 수 있는 비즈니스 모델을 검증'하는 것이다. 지금 당장 매출 목표를 달성하고 영업이익을 만들 수는 없지만, 이대로 계속 실행하면 목표한 매출과 수익이 나올 수 있는지 가늠할 수는 있다. 그러한 방향성이 확실히 보인다면 비즈니스 모델을 검증했다고 할 수 있을 것이다.

퍼널 지표를 통해 비즈니스 모델 검증 가능성을 살펴보자. 인터넷 쇼핑 사이트를 높은 수준의 MVP로 만들어 운영에 들어갔다. 소셜미디어에 하루 10만원씩 광고비로 집행했다. 하루 평균 300여 명이 사이트로 유입되었다. 한 명을 유입시키는데 평균 333원 정도 소요된 것이다. 이렇게 유입된 고객들의 10%(30명)가 회원으로 가입하고, 가입한 회원의 20%인 6명이 상품을 구매했다. 구매자별 평균 구매단가는 3만원이었다. 제품별 평균 매출원가는 20%인 6천원이었다.

이 내용을 퍼널 지표로 정리하면 〈그림 13-3〉처럼 될 것이다.

〈그림 13-3〉 일간 퍼널 지표의 예

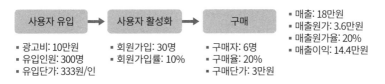

퍼널 지표를 보면 하루 매출액이 18만원, 매출원가 3만 6천원을 제외하면 매출이익은 14만 4천원이 되었다. 매출이익에서 판매비 및 관리비를 제외하면 영업이익이 나온다. 광고비 10만원을 지출하였으므로 판매비는 10만원이 되었고, 하루에 들어가는 관리비가 4만 4천원보다 적게 나온다면 손익분기점을 넘어섰다고 볼 수 있다. 관리비가 4만 4천원보다 높게 나오는 경우는 현 시점에서 적자다. 하지만 매출이익이 광고비보다 많으므로 광고비를 더 높여 매출이익을 키우는 방법이 있을 것이다. 또 고객이 한 번만 구입하는 것은 아니므로 고객생애가치(Customer Lifetime Value)[32]를 고려하여 현재 상황을 판단해볼 수 있을 것이다. 핵심지표들을 살펴보며 '반복가능하고 확장할 수 있는 비즈니스 모델'을 만드는 이정표로 삼는다.

목표 구체화

퍼널을 통한 핵심지표가 나오기 시작하면 각자가 어디에 집중해야 할 것인지 명확해진다. 마케팅 담당자는 어떻게 해야 마케팅 효율성을 높일 것인지 고민하게 된다. 하루 광고비 10만원으로 300명이 아니라 330명을 유입시킬 수 없을지, 100만원으로도 그런 효율을 낼 수 있을지 계속 실험하며 더 나은 숫자를 만들어야 한다. 운영 담당자는 유입된 고객들의 회원 가입 전환율 10%를 어떻게 하면 15%로 올릴 수 있을지, 회원 가입자의 구매 전환율을 어떻게 하면 더 높일 수 있을지 고민해야 한다. 상품 담당자 역시 구매 전환율을 높이는 방법과 객당 구매 단가를 높이는 방법, 제품 원가를 낮추는 방법들을 고민해야 할 것이다. 스타트업 구성원들은 핵심지표 어딘가에서 각자의 역할을 하고 있을 것이다. 이렇게 핵심지표가 구체

---

32 소비자가 평생에 걸쳐 구매할 것으로 예상되는 이익 흐름에 대한 현재가치를 말하며, 장기적인 관점에서 판매자가 수익성을 극대화하기 위해 사용하는 개념이다(출처: 두산백과).

화 되면 각자의 역할 목표가 명확해지고 효율을 높이기 위한 노력이
구체화될 것이다.

지표의 해석

운영과정에서 발생되는 각종 숫자들을 지표화하는 것도 중요하지
만 그것을 어떻게 해석할 것인지가 더 중요하다. 다운로드한 후 앱
을 재실행하는 고객비율이 20%에서 15%로 떨어졌다면 이것은 문
제가 생긴 것이라 할 수 있다. 문제의 원인은 고객에게 물어봐야 한
다. 왜 안 들어오는지, 유사한 제품이 나와서 그런 것인지, 프로그램
에 버그가 생겨 자꾸 멈춰서 그런 것인지, 사회적 이슈가 생겨서 일
시적인 관심도 저하인지 확인해야 한다.

떠나는 고객 확인

서비스의 문제점이나 개선점을 말하는 고객들은 우리 서비스에
관심 있는 사람들이다. 의견을 제공하는 고객은 좋은 고객들이다.
현실에서는 조용히 떠나는 고객이 더 많다. 이 바쁜 세상에 굳이 의
견을 알려주고 개선을 기다릴 필요가 없는 것이다. 그리고 많은 경
우 대안 서비스들이 존재하기 때문에 그냥 그쪽으로 가면 된다. 따
라서 이들에 대한 숫자를 살펴볼 필요가 있다. 앱 설치 후 삭제비율
이 50%라고 하면, 이 50%에 주목할 필요가 있다. 아마존 같은 곳

에서는 특정 유료서비스를 종료하려고 하면 집요하게 확인한다. '왜 나가려고 하시나요, 다시 생각해 보세요', '가격 때문인가요? 그럼 매달 10달러 내던 것을 두 달에 10달러로 바꿔드리겠습니다', '그래도 나갈 건가요? 이유라도 알려 주세요'와 같은 질문이 이어진다.

Action

코호트 분석

스타트업이 가장 부러워하는 매출 그래프는 초기에는 평평하지만 어느 순간 높은 각도로 성장하는 곡선일 것이다. C라는 스타트업이 만든 그래프를 보자. 이 회사는 유료회원을 모집하여 연간 회비를 받는 수익 모델을 가지고 있다. 〈그림 13-4〉의 그래프를 보면 2013년 5월 드디어 하키스틱 형태의 곡선이 나타나기 시작했다. 스타트업 기업이라면 누구나 부러워할 모양의 그래프이다. 물론 초기 단계이고, 연간 회비를 받는 방식이기 때문에 1년 뒤 회비 재납부율이 또 한 번 중요한 포인트가 되겠지만, 우선 현재는 좋아 보인다.

이 회사는 2013년 4월에 외부 투자를 받았고, 투자받은 자금을 활용하여 5월부터 광고에 집중, 사용자를 대거 확보했다. 이에 힘입어 6월부터 유료회원수가 급속히 늘어나기 시작했다. 앞으로 C사는 잘되는 일만 남은 것 같다. C사는 이대로만 영업활동을 진행하면 되

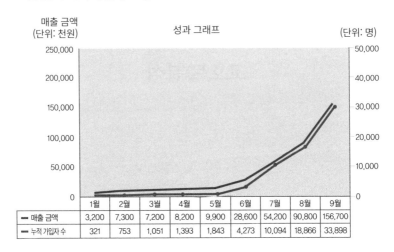

<그림 13-4> C사의 성과 그래프

	1월	2월	3월	4월	5월	6월	7월	8월	9월
━ 매출 금액	3,200	7,300	7,200	8,200	9,900	28,600	54,200	90,800	156,700
━ 누적 가입자 수	321	753	1,051	1,393	1,843	4,273	10,094	18,866	33,898

는 것일까? 아쉽게도 위 표와 그래프만 가지고는 잘되고 있는지, 그렇지 않은지 말하기가 곤란하다.

〈표 13-1〉을 살펴보자. C사의 유료고객을 월단위로 묶어서 추세를 본 것이다. 일단 마케팅을 통해 고객유입률을 높이고, 가입자수를 끌어올린 것은 좋은 현상이라고 보여진다. 초기에는 가입자수 대비 10% 정도가 유료회원으로 등록한 것을 알 수 있다. 그런데 시간이 갈수록 유료회원으로 전환하는 비율이 현저히 떨어지는 것을 볼 수 있다. 7월 가입 회원은 첫 달 유료회원 전환율이 5.5%까지 떨어졌다. 이 부분에 어떤 문제가 있는지 살펴볼 필요가 있다. 이 부분의 전환율을 10% 수준으로 유지할 수 있었다면 5,821명의 무료 가입자를 유치하는 데 들인 마케팅비용의 반을 아낄 수 있었을 것이다.

C사가 신경 써야 할 부분이 또 보인다. 가입자들의 유료회원 전

<표 13-1> C사의 월간 유료회원 코호트 분석

월	가입자수	1월		2월		3월		4월		5월		6월		7월		8월		9월	
		유료회원	비율	유료회원	비율	유료회원	비율	유료회원	비율	유료회원	비율	유료회원	비율	유료회원	비율	유료회원	비율	유료회원	비율
1월	321	32	10.0%	33	10.3%	6	1.9%	3	0.9%	0	0.0%	1	0.3%	0	0.0%	0	0.0%	1	0.3%
2월	432			40	9.3%	32	7.4%	9	2.1%	3	0.7%	0	0.0%	1	0.2%	0	0.0%	2	0.5%
3월	298					34	11.4%	38	12.8%	11	3.7%	5	1.7%	6	2.0%	2	0.7%	1	0.3%
4월	342							32	9.4%	43	12.6%	18	5.3%	7	2.0%	3	0.9%	2	0.6%
5월	450									42	9.3%	32	7.1%	9	2.0%	8	1.8%	4	0.9%
6월	2,430											230	9.5%	198	8.1%	98	4.0%	32	1.3%
7월	5,821													321	5.5%	265	4.6%	103	1.8%
8월	8,772															532	6.1%	390	4.4%
9월	15,032																	1,032	6.9%
합계	33,898	32		73		72		82		99		286		542		908		1,567	

환율이 첫 달과 두 번째 달에 몰려 있다. 이 기간이 지나면 유료회원 전환율이 현저히 떨어진다. 그렇다면 C사는 둘 중 하나에 집중해야 한다. 하나는 회원 가입 후 두 달 이내에 유료회원으로 전환될 수 있도록 노력하거나 가입 두 달 이후 고객에 대한 프로모션을 통해 가입률을 높이는 것이다. 이 비율을 높일 때 소요되는 비용과 신규 고객을 유치할 때 드는 비용을 비교해보면 어떤 것이 효과적인지 알 수 있을 것이다.

〈표 13-1〉은 동일한 회사, 동일 기간의 데이터인데, 〈그림 13-4〉로는 알 수 없었던 내용들을 학습할 수 있었다.

이렇게 고객군을 특성에 따라 묶어 준 후 묶은 고객군별로 통계치를 보는 방식을 코호트(Cohort) 분석이라고 한다. 코호트(Cohort)는 '조사연구와 인구학적 연구에서 특별한 기간 내에 출생하거나 주제와 관련된 특성을 공유하는 대상의 집단'을 말한다.[33] 코호트 분석은 고객을 특성별로 묶음으로써 그 특징을 분석하는 것이다.

코호트 분석을 동질 집단 분석이라고 표현하기도 하는데, 월별로 가입한 고객군의 활동 특성을 살펴보는 것 외에도 다양한 분석이 가능하다. 사용하는 기기(PC, 스마트폰)에 따른 서비스 이용 형태가 다른지 확인해볼 수 있다. 어느 사이트의 광고(네이버 키워드 광고, 페이스북 페이지 광고, 인스타그램 광고 등)를 보고 들어왔는지에 따라 고객을 코호트하여 회원 가입률, 구매 전환율 등의 효율을 분석할 수 있다. 이를 통해 가장 효율적인 광고 채널이 어디인지 판단할 수 있을 것이다. 그밖에도 성별, 연령별, 지역별 코호트를 만들어 기간별 사용 현황을 살펴보면 고객 특성, 강화할 점, 개선할 점 등을 발견하게 될 것이다. 코호트 분석은 핵심지표의 성과를 높이는 데 의미 있는 통찰력을 얻게 될 것이다.

---

33 《사회복지학사전》, 이철수 외 공저, 2009. 8. 15, Blue Fish

Action

A/B 테스트

아무리 팀워크가 좋은 스타트업이라 하더라도 기획자와 개발자 또는 디자이너 간에 의견이 맞지 않을 때가 종종 있다. 어느 날은 클릭 유도 버튼을 네모로 할지, 세모로 할지, 들어가야 할 문구를 '클릭하세요'라고 할지 '클릭클릭'이라고 할지를 가지고 논쟁할 때가 있다. 무엇이 됐든 선택해야 한다. 이런 버튼 하나쯤이야 어떤 결론이 나도 대세에 영향을 미치지 않겠지만(실제로는 이런 것들이 모여서 대세에 영향을 미친다), 웹사이트 전반적인 구성이나 이미지 위치를 정하는 데도 의견이 다를 수 있다. 이런 일이 잦아지면 팀 내 갈등이 될 수 있다. 이런 경우 대부분 창업자가 결정을 내리게 된다. 그런데 창업자도 잘 모르겠으면 어떻게 될까? 그럼 둘 다 해보자. 어떻게? A/B 테스트로.

A/B 테스트는 A와 B라는 방식을 모두 시험해보고 좋은 결과가

나오는 쪽을 채택하는 방법이다. 원래 다이렉트 메일에 사용하던 수법으로 '어느 전단지의 응답률이 높은가?'를 알기 위해 이 방법을 사용했다. 전단지를 보낼 때 A타입과 B타입을 만들어 일부에게 보내서 응답률을 알아본 후, 응답률이 높은 타입의 전단지를 발송하는 것이다. A/B 테스트가 유명해진 것은 2008년 미국 대통령 선거에서였다. 구글에서 PM으로 일하던 댄 시로커(Dan Siroker)는 다니던 회사를 휴직하고 버락 오바마 캠프에 들어가게 되었다. 시로커는 인터넷 홍보를 담당했다. 먼저 목표가 되는 지표를 정하고 지표를 달성하기 위한 효과를 숫자로 측정하며 지속적으로 개선했다. 그가 했던 방식이 A/B 테스트였다. 〈그림 13-4〉는 오바마 후보 홍보 페이지이다.

이 페이지를 보며 사람들이 'LEARN MORE'를 클릭하도록 유도

<그림 13-5> 오바마 후보 홍보 페이지

<그림 13-6> 미리 만들어 놓은 문구

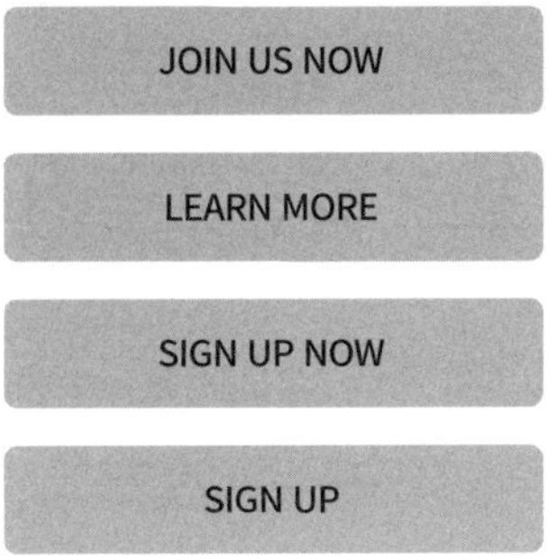

JOIN US NOW

LEARN MORE

SIGN UP NOW

SIGN UP

하는 게 핵심이다. 어떤 문구를 적어야 사람들이 더 많이 클릭할까? 시로커는 다양한 문구를 만들어서 사이트에 적용시켰다. 그리고 방문 순서에 따라 1번 문구, 2번 문구, 3번 문구, 4번 문구를 보여주었고, 그중 가장 효율이 높은 문구를 최종적으로 적용시켰다.

시로커는 A/B 테스트에 더 다양한 조합을 만들어 가장 효과 있는 조합을 선택했다. 시로커는 이 방식을 통해 '웹사이트 등록률 40% 증가, 이메일 주소 300만 건 증가, 자원봉사자 30만 명 증가, 기부금 6,000만 달러 증가'를 만드는 데 일조했다.[34]

---

34 http://blog.optimizely.com/2010/11/29/how-obama-raised-60-million-
by-running-a-simpleexperiment

Action

그로스 해킹으로 간다

스타트업 초기의 성장 그래프를 보면 소위 죽음의 계곡이라고 불리는 구간이 있다. 비즈니스를 시작하긴 했는데, 좀처럼 성장곡선을 타지 못하고 유지되는 상황이 길어지는 기간을 말한다. 린 스타트업은 사업 초기에 여러 가지 고객 검증을 거쳐 가능한 한 죽음의 계곡 구간을 짧게 만들 수 있도록 노력한다. 대부분의 스타트업이 이 계곡을 넘어 하키스틱 형태의 성장그래프를 그리기 위해 노력하고 있다. 그리고 모든 스타트업이 그 터닝 포인트(Turning Point)를 잡기 위해 노력하고 있다.

이러한 노력에서 나온 것이 바로 '그로스 해킹(Growth Hacking)'이다. 성장(Growth)하기 위해 해킹(Hacking)을 해서라도 목표를 달성하겠다는 의지를 담은 용어이다. 이 용어는 2010년 션 엘리스(Sean Ellis)의 블로그[35]에서 처음 사용되었는데 '제품 또는 서비스의 중요한 지표를 지속적으로 파악하고 분석하여 사용자의 흐름을 최적화하는 동시에 많은 유저를 확보하는 전략적 마케팅 기법'을 의미한다고 했다. 거창해보이지만 핵심은 '중요한 지표를 파악 · 분석 · 최적화하여 많은 유저를 확보한다'는 것이다. 우리가 지금 논의하고 있는 핵심지표들이 바로 그 후보이며, 핵심지표 중에서도 고객 유치에 가장 중요한 역할을 하는 지표를 의미한다고 할 수 있다.

클라우드 저장 서비스인 드롭박스(Dropbox)의 경우 사용자가 자신이 이용하는 디바이스에 하나 이상의 파일을 드롭박스에 저장하면 활성 유저가 될 가능성이 상당히 높아진다는 것을 알게 되었다. 어떠한 경로에서든 드롭박스를 설치만 하고 이용하지 않으면 떠나가는 고객이 될 것이므로 드롭박스는 이 활동에 집중해야 했다.

페이스북의 경우 첫 사용자가 계정을 만든 지 10일 안에 친구 7명을 초대하면 활동사용자가 된다고 한다. 그렇지 않는 고객은 사용빈도가 현저히 낮아지기 때문이다. 따라서 페이스북은 첫 사용자에게 친구 추천을 하기도 하고, 기존 유저들에게 친구 추천을 요청하기도 한다. 그렇게 해야 첫 사용자가 페이스북에 정착할 수 있기 때문이다.

드롭박스와 페이스북의 그로스 해킹 지표 사례는 2012년 10월 열렸던 그로스 해킹 컨퍼런스[36]에서 해당 기업 관계자들이 발표한

---

35 http://www.startup-marketing.com/where-are-all-the-growth-hackers
36 http://www.richardprice.io/post/34652740246/growth-hacking-leading-indicatorsofengagedusers

내용이었다. 이 사례들을 보면 그로스 해킹할 지표는 상황에 따라 다르다는 점이다. 사업 발전 단계에 따라 중요하게 생각하는 핵심지표가 조금씩 달라진다는 것이다. 가령 드롭박스의 경우 처음부터 유치 고객의 활성화(드롭박스를 지속적으로 활용하게 하는 것)가 가장 중요한 지표는 아니었다. 초기에는 고객유치(드롭박스 회원 가입)가 가장 중요한 지표였다. 그러던 가운데 유치된 고객이 활성화 단계로 넘어오지 않는다는 것을 알았고, 그래서 무게 중심이 옮겨온 것이다.

결국 중요하게 다루어야 할 핵심지표는 두 개 이상의 복수일 가능성이 크다. 다만 목표가 너무 많으면 자원이 분산될 수 있으니 단계에 따라 가장 중요하게 생각하는 지표 한두 개에 집중할 필요가 있다.

사실 대부분의 웹 기반, 앱 기반 서비스 회사들은 그로스 해킹이라는 용어와 상관없이 지표관리를 하고 있다. 그런데 스타트업은 어떤 지표들이 있고, 어떤 지표를 중요하게 여겨야 하는지 등에 대해 서툴다. 특히 에릭 리스가 말한 허무지표를 구분해 내야 한다. 허무지표란 말 그대로 중요하지 않은 지표에 힘을 쏟으면 허무해진다는 것을 의미한다.

가령 어떤 회사는 앱 출시 하루 만에 다운로드 순위 1위를 했다. 그러면서 페이스북, 트위터에 감격의 글을 올린다. 카카오톡, 라인, 페이스북 같은 엄청난 앱을 눌렀다는 말을 잊지 않는다. 하지만 이런 앱들은 1년 내내 10위권을 지키고 있는 앱이다. 베스트셀러이면서도 스테디셀러인 것이다. 대부분 출시하자마자 폭발적인 인기를 끄는 앱은 짧은 시간에 다운로드 수가 많이 일어났기 때문이다. 물론 이것 역시 대단한 일이지만 이는 곧 허무지표가 될 수 있다. 다운로드는 많이 이루어졌는데, 재방문율이 제대로 나오지 않는다면 말이다.

또 어떤 회사는 자사 계정에 친구 수가 수천 명이고, 팔로워가 몇만 명이라고 발표한다. 이것도 쉬운 일은 아니다. 하지만 핵심은 메시지를 전달할 때 도달률이 어떻게 되는지가 함께 따라와야 한다. 볼 수 있는 사람이 많은 것과 실제 보고 반응하는 숫자는 다를 수 있기 때문이다. 그래서 우리는 단순 숫자가 아니라, 그 숫자가 의미하는 것, 그 이면에 있는 핵심지표를 봐야 한다.

자사만의 핵심지표를 수립하고 그것을 체크하되, 성장의 중요 포인트가 될 핵심지표를 그로스 해킹 지표로 삼아 집중하여 성장의 그래프를 그려 가자.

DO IT 31

코호트, A/B 테스트, 그로스 해킹 지표 적용 계획 수립하기

서비스다운 서비스가 시작되면 코호트 분석, A/B 테스트, 그로스 해킹 지표 등을 선정하여 반복가능하고 확장할 수 있는 비즈니스 모델이 가능한지 점검한다. 웹서비스의 경우 MVP 단계부터 시작할 수 있다. 현 시점에서 적용 가능한 방식은 무엇인가?

물리적 제품의 핵심지표 관리

웹/앱 제품의 경우 고객 역시 디지털로 접근하기 때문에 상당 부분의 데이터를 퍼널 안에 지표로 정리할 수 있다. 물리적 제품의 경우 퍼널을 그리더라도 각 항목을 지표화시키기 어려운 경우들이 있으나 불가능한 것은 아니다. 실제로 여러 가지 창의적인 방식으로 지표관리를 하고 있다. 린 스타트업 이전에도 기업에서는 핵심성과지표(KPI)를 통해 성과목표를 설정하여 진행하고 있었다.

우선 소비자를 만나 구매에 이르기까지 퍼널을 작성해본다. 회사에서 물리적 제품을 판매하기 위해 영업사원을 통한 기업 영업을 진행한다고 해보자. 기본적인 퍼널은 '제품 → 영업사원 → 판매'로 이루어진다. 영업사원의 퍼널 프로세스를 좀 더 나누어 보자. 영업사원이 고객을 만나기 전에 고객과 약속을 할 것이다. 미팅 약속이 잡히는 고객이 있고 그렇지 않은 고객이 있을 것이다. 미팅 약속을 잡을 때는 하루에 방문 가능한 고객수로 제한을 둘 것이다. 고객 미팅을 하고 나면 당일 계약이 이루어지는 경우가 있고, 그렇지 않은 경우도 있다. 영업사원의 퍼널은 〈그림 13-7〉과 같다.

〈그림 13-7〉에서 고객 미팅 사전통화, 고객 미팅, 계약 성사는 모두 수치화할 수 있다. 그 수치가 관리할 수 있는 지표가 된다.

<그림 13-7> 영업 퍼널

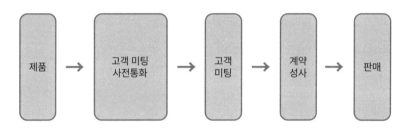

- 영업사원 한 명이 한 시간 동안 고객 미팅을 위한 통화 수

  (예: 10곳/시간)

- 방문 약속 성공률(예: 50%)

- 영업사원 한 명이 약속을 잡고 방문할 수 있는 기업 숫자

  (예: 5곳/일(100곳/월))

- 판매계약 성공률(예: 20%)

- 평균 판매상품 단가(예: 50만원)

- 영업사원 한 명당 일 평균매출(예: 50만원/일(1,000만원/월))

여기서 핵심적으로 관리할 지표가 핵심지표가 된다. 하루에 방문

하는 기업 숫자, 계약 성공률이 중요한 지표가 될 것이다. 물론 둘 중 하나를 선택하라고 하면 계약 성공률이 중요할 것이다. 중요한 지표를 설정하면 예상치 또는 목표치를 두고 실전에서 테스트해본다. 테스트를 통해 기대한 대로 수치가 나온다면 영업사원을 대거 충원하여 본격적인 영업을 진행할 수 있다.

물리적 제품도 웹/앱이 아니기 때문에 지표관리가 불가능 할 것이라고 생각하지 말고 자사의 제품이 고객에게 제공되는 퍼널을 그려 보고 그 안에서 반복가능하고 확장가능성을 만들기 위한 지표를 찾는 노력을 해야 한다. 그래야 비즈니스 모델을 검증할 수 있기 때문이다.

린 스타트업에서 피봇(Pivot)이란 말을 많이 사용한다는데,
왜 피봇에 대한 설명은 없나요?

린 스타트업 전략을 통해 유행어가 된 단어 중 하나가 바로 '피봇
(Pivot)'이다. 고객 검증과정을 통해 계속해서 바뀌어 나가는 것을 피봇
이라고 한다. 피봇의 범위가 정확히 구분된 것은 아니다. 제품 기능을 변
경하는 것도 피봇이고, 비즈니스 모델을 바꾸는 것도 피봇이다. 중요한
것은 고객이 있는 곳을 정확히 바라볼 수 있는 피봇 방향이 중요하다.

에릭 리스는 그의 책《린 스타트업》에서 피봇에 대해 한 챕터 이상을 할
애하며 많은 이야기를 했다. 사실 그의 책에서는 피봇의 범위를 넘어선
것도 피봇으로 보고 있었다. 예를 들어 폿 밸리 샌드위치의 피봇 모델이
다. 폿 밸리 샌드위치는 원래 고가구점이었다. 가구점이 손님을 모으기
위해 가게 앞에서 샌드위치를 팔았고, 이 샌드위치가 인기를 끌자, 샌드
위치 체인점으로 피봇했다는 것이다. 피봇의 이미지를 그려보자. 한쪽 발
은 고정시켜 축으로 만들고, 우리 팀에게 공을 패스하기 위해서 나머지
발로 방향을 전환하는 것이다. 비즈니스 자체를 바꾼 경우도 피봇팅했다
고 말한다면 굳이 피봇이라는 용어를 쓸 필요가 있었을까?

우리는 이미 린 보드를 그리고 고객 검증을 하는 과정에서 여러 번 피봇
했을 것이다. 우리는 사업 자체를 바꾼 것이 아니라, 고객을 향해서 방향
을 잡아 나가는 진정한 피봇을 진행한 것이다. 그래서 피봇을 별도로 다
루지 않았다.

토론해봅시다

1. 당신의 회사에서 현재 가장 중요하게 여기는 핵심지표가 있습니까?
   있다면 어떤 것들인가요?

2. 당신 회사의 핵심지표들은 정기적이고 꾸준히 관리되고 있습니까?
   그 중요성에 대해 전 구성원들이 실질적으로 공유하고 있습니까?

3. 핵심지표 측정과 관련하여 퍼널, 해적지표, 코호트 분석, A/B 테스트,
   그로스 해킹 등 비교적 새로운 용어에 대해 충분히 이해하고 있습니
   까? 자사에 활용할 수 있는 부분이 있던가요?

Action
14

사업계획을 피칭하라

Action

피칭의 중요성

야구에서 투수가 타자를 향해 공을 던지는 것을 '피칭(pitching)'이라고 한다. 또한 '작가들이 편성, 투자 유치, 공동 제작, 선판매 등을 목적으로 제작사, 투자사, 바이어 앞에서 기획 개발 단계의 프로젝트를 공개하고 설명하는 일종의 투자설명회'라는 의미도 있다. 그래서 스타트업 피칭이라고 하면 투자자들 앞에서 자금조달을 목적으로 자신의 사업을 설명하는 것을 의미한다. 흔히 '엘리베이터 피칭'이라고도 하는데, 투자자를 만나는 것조차 어려운 창업자가 우연한 기회에 투자자와 함께 엘리베이터를 탔을 때, 짧은 시간에 자신의 사업을 효과적으로 설명하는 것이다. 수많은 사업 계획을 검토하고 있는 투자자들에게 짧은 시간에 핵심을 전달해야 하는 것이 창업자에게 주어진 역할이다. 사업 피칭은 최소한 투수가 타자에게 공을 던지는 시간보다는 길다.

이러한 피칭은 엘리베이터에 탄 1분도 안 되는 시간 동안 사업을 소개한다든지, 5분, 10분, 15분, 30분식으로 주어지는 시간 동안 효과적으로 사업을 소개해야 하는 것이 포인트이다. 짧은 시간인만큼 상대에게 핵심을 효과적으로 전달하여 인상을 남기는 게 중요하다. 실제 투자 검토단계가 아닌 상황에서 사업계획 전체를 세세하게 듣고 싶어 하는 사람은 별로 없다. 일단 핵심을 전달하고 흥미를 가진다면 추가로 이야기를 나누면 된다.

실제로 피칭 시간이 주어지면 많은 창업자들이 자신의 제품소개부터 시작하여 기술이 얼마나 뛰어난지, 시장이 얼마나 큰지를 이야기하는 데 많은 시간을 할애한다. 하지만 투자자는 제품이 정말 우수한지 알기 어렵고, 제품 자체가 우수하다고 해서 사업이 잘되는 것이 아님을 알고 있다. 제품이 우수하다는 것은 제품 구매자인 고객이 우수하다고 생각해야 하는 것이지, 창업자 혼자 우수하다고 말하는 것은 그냥 주장일 뿐이다. 스타트업을 바라보는 투자자들은 제품이 시장에 꼭 필요한지, 고객들에게 충분한 가치를 제공하는지를 더 궁금해 한다. 제품 설명이 아니라, 왜 이 제품이 필요한지 알고싶은 것이다. 그다음 투자자들은 제품 성능, 창업팀, 유통채널, 마케팅 방법, 매출 계획에 대해 자세히 물어볼 것이다. 주어진 시간에 맞춰 사업계획의 핵심만 이야기하고, 그다음 관심 가질 사항들을 피칭하면 된다.

Action

NABC 방법

가장 짧은 시간에 사업소개를 할 수 있는 엘리베이터 피칭으로 NABC 방법이 있다. NABC는 각각 Need(수요, 필요성), Approach(문제해결 접근방식, 솔루션), Benefit(고객 효용), Competition(경쟁사, 경쟁우위, 경쟁사가 못하는 이유)이다. 이 항목에 맞추어 사업 소개를 하면 된다.

- 고객 수요(Need): 목표고객(시장)이 필요로 하는 것은 무엇인가?
- 접근 솔루션(Approach): 고객에게 어떠한 솔루션을 제공할 것인가?
- 고객 효용(Benefit): 고객은 어떤 효용을 얻는가?
- 경쟁우위(Competition): 경쟁자보다 나은 이유는 무엇인가?

앞의 렌털 서비스의 예를 들어 NABC 방법으로 사업소개를 피칭해보자.

렌털 서비스 이용자와 제공업체를 대상으로 합니다. 이용자들은 주로 웹 검색을 하는데 최선의 선택을 하기 어려워합니다. 제공 업체는 고객을 만날 방법이 없어서 키워드 광고에 의존합니다(Need). 이들을 위해 렌털 역경매 서비스를 제공하려고 합니다. 이용자는 원하는 제품을 등록하기만 하면 제공업체들이 가격을 제안하는 방식입니다(Approach). 이용자는 서비스가 좋고 가격이 경제적인 업체 제품을 선택할 수 있고, 업체는 쉽게 고객을 만날 수 있습니다(Benefit). 아직 유사 서비스가 없어서 신속히 시작하여 규모의 경제를 달성할 계획입니다(Competition).

Action

한 문장으로 표현하기

가장 짧은 시간에 사업 소개를 할 수 있는 또 하나의 방법으로 한 문장으로 표현하는 방법이 있다.《캐즘 마케팅》의 저자 제프리 무어가 제시한 내용으로 기본 구성은 다음과 같다.

For (target customer), who has (customer need), The (product name) is a (market category) that (one key benefit) unlike (cometition), the product (unique differentiation).

(고객 니즈)를 가진 (타깃 고객)을 위한 (제품명)입니다. (제품명)은 (경쟁제품)과 달리 (핵심 효용)을 제공하는 (차별화)된 (시장 분류)의 제품(또는 서비스)입니다.

정수기, 비데, 복합기 등을 렌털하고 싶지만 시간이 걸리고, 어떤 제품을 선택해야 할지 모르겠고, 가장 합리적인 가격인지 불확실해하는 기업 고객들을 대상으로 렌털옥션이라는 서비스를 제공하려고 합니다. 렌털옥션은 검색엔진에서 매번 찾고, 비교하고, 전화해야 하는 기존의 방식과 달리 단지 렌털 요청을 하면 역경매 방식으로 가격을 제안받아 만족스러운 가격에 빠른 선택을 할 수 있도록 해 주는 렌털 역경매 서비스입니다.

이 정도면 1분 만에 사업소개가 가능한 피칭이 된다.

린 보드로 피칭하기

앞의 방법처럼 피칭 순서를 외워서 하는 경우도 있지만, 더 쉬운 방법이 있다. 우리는 지금까지 린 보드를 작성하고 수정하고 보완해왔다. 지금쯤 되면 여러분 머릿속에는 린 보드에 작성했던 사업내용이 이미지로 형상화되어 있을 것이다. 고객군에 무엇을 적었는지, 문제 항목에 뭐라고 적었는지 충분히 기억하고 있을 것이다. 린 보드를 떠올리며 '대상 고객 → 고객 문제 → 문제 대안 → 고유가치 제안 → 솔루션' 순서로 말하면 외우려고 노력하지 않아도 최신의 사업내용을 말할 수 있는 기초가 될 것이다.

혹시 가정이나 회사에서 렌털 서비스를 이용해보셨나요? 막상 렌털 서비스를 이용하려고 하면 아는 곳이 없어서 인터넷 검색을 하게 됩니다. 그런데 검색결과가 너무 많이 나와요. 그러면 일일이 사이트에 들어가 봐야 하고, 어떤 제품이 적합한지 찾아야 합니다. 다 찾고 나면 가격을 확인해야 하는데, 보통 시간 걸리는 일이 아니에요. 무엇보다 가장 좋은 가격에 렌털 서비스를 계약했는지가 늘 찜찜하다고 합니다. 그래서 저희가 이런 불편을 해결해 드리려고 합니다. 바로 빠르고 경제적인 렌털 역경매 서비스, 렌털옥션입니다. 저희는 렌털 역경매를 통해 고객이 필요한 제품을 사이트에 등록하기만 하면 인근의 렌털업체들이 제품 소개와 함께 가격 제안을 하게 됩니다. 소비자는 업체의 평판과 함께 가격을 비교하여 선택하기만 하면 손쉽게 렌털 서비스를 이용할 수 있습니다.

이러한 방식의 피칭은 그 구성이 기존에 많이 이용했던 'What(제품소개)' 중심에서 탈피해 'Why(왜 만들었는지, 필요성)'부터 시작하는 것이 가장 큰 차이점이다. 사람들은 제품소개 자체보다 어떤 문제 상황에서 만들었는지를 더 궁금해한다. 왜냐하면 제품소개는 답부터 듣는 것이고, 문제 상황을 듣는 것은 문제부터 듣게 되는 것이다. 답보다 문제부터 들어야 답이 무엇인지 궁금해지는 것 아니겠는가.

린 보드를 이용하면 머릿속에 이미지가 그려져 있기 때문에 그것을 연결해서 이야기로 만들면 된다. 여기까지 말하고 나서 투자자가 무엇인가 질문한다면 린 보드에 있는 적당한 항목을 상기하여 대답하면 된다. 기본적인 질문은 린 보드에 정리되어 있기 때문이다.

Action

린 보드 기반 사업계획
발표 시나리오

일반적으로 사업계획 발표는 듣는 사람으로 하여금 창업자의 사업에 공감할 수 있도록 하여 목적한 바를 이루는 것이라고 할 수 있다. 듣는 사람이 투자자라면 사업계획을 듣고 사업성이 있다고 판단하여 좀 더 구체적인 논의를 하게 하는 것이다. 듣는 사람이 창업멤버로 함께할 사람이라면 사업계획을 듣고 비전과 실현 가능성에 공감되도록 하여 함께할 사람으로 만들어야 한다. 듣는 사람이 예비 직원이라면 이를 통해 창업자 회사에 입사할 수 있도록 마음을 움직여야 한다.

보통 공개 행사에서 창업자가 사업계획 발표를 하는 경우는 대부분 투자나 지원을 받기 위해서일 것이다. 이 경우 포함되어야 할 주요 항목은 고객 문제, 문제 대안, 솔루션, 고객 가치 제안, 시장 크기, 수익 모델, 핵심지표, 팀 구성, 재무 계획이라 할 수 있다. 각 항목을 보면 대부분 린 보드에 적어서 고객 검증을 진행했던 부분들이다. 린 스타트업에서 언급하지 않은 부분이 있다면 팀 구성에 대한 것인데, 이 부분은 우리 팀이 이 사업을 성공적으로 이끌어갈 수밖에 없는 이유를 제시한다. 해당 분야의 경험, 경력, 역량, 기술, 유대감 등이 될 것이다. 이러한 뼈대 위에 사업 내용에 따라 특정 항목을 가감할 수 있다. 항목별 순서의 경우 린 보드 스토리텔링 순서를 염두에 두되 결국 설득력을 높일 수 있는 스토리 구성을 어떻게 할 것인지는 각자의 사업 내용을 기반으로 재구성해야 한다.

발표 시작에 앞서 청중 또는 심사위원들은 이번에는 좀 더 사업성 있는 내용을 기대하며 당신의 발표를 기다리고 있다. 다음 내용은 렌털옥션 비즈니스로의 초기 단계 피칭 시나리오다. 핵심지표가 나온 상태가 아니라서 퍼널 지표는 포함하지 않았다. 대신 고객 문제가 있고 솔루션을 제공할 것이라는 점을 설득시키기 위해 고객 문제 검증과 솔루션 검증 내용을 제시했다.

- 사업계획 발표의 목적을 분명히 하라.
  → 목적에 따라 전략이 다르다.
- 정확한 발표시간을 확인한다.
  → 발표시간을 안배해야 핵심을 제대로 전달할 수 있다.
- 사업계획서와 사업계획 발표는 다르다
  → 사업계획서는 해당 내용을 자세히 기술하겠지만 사업계획 발표의 핵심은 설득이다.

순서(목적)	도입(사업내용과 관련하여 청중의 주의를 환기시킴. 청중들도 관심이 있는지 한번 물어봄)
발표 내용	여러분은 혹시 직장이나 집에서 정수기, 비데, 복합기 같은 제품을 렌털해 보신 적이 있으신가요?
청중 반응	"우리 집 정수기 렌털 중인데… 무슨 이야기를 하려는 걸까?"
순서(목적)	사업동기 설명(자신의 이야기를 간단히 함. 사업에 대한 진정성을 보여주는 대목).
발표 내용	저희 회사 총무팀에서 복합기 렌털하는 것을 지켜본 적이 있었습니다. 그런데 가만 보니 이게 …(간략 설명)… 불편하더군요.
청중 반응	긍정적 청중: "아… 맞아. 그랬던 것 같아." 부정적 청중: "글쎄… 그게 가장 큰 문제였나? 아닌 것 같은데."
순서(목적)	시장 규모(사업을 해볼 만한 시장, 해결해볼 만한 가치가 있는 시장임을 인지시킴. 시장 규모는 근거 있는 자료 인용하면 좋음)
발표 내용	이런 문제가 해결해볼 만한 가치가 있는지 알아보았습니다. 그래서 확인을 좀 해 봤는데, 우리나라 렌털 시장의 규모가 2011년 19.5조원인데, 2016년에는 25.9조원으로 성장할 것이라고 KT경제경영연구소가 발표했더군요. 많은 사람들이 이용하고 있다는 것을 알 수 있었습니다
청중 반응	"아, 시장이 생각보다 크네?" 또는 "시장에 들어가 볼 만하겠네?"
순서(목적)	대상 고객 및 고객 문제 제시
발표 내용	그래서 다른 사람들은 어떻게 이용하고 있는지 좀 더 살펴봤습니다. 제 생각에는 이런 저런 문제(고객 문제 제시)가 있는 것 같았습니다. 그래서 사람들은 이런 문제를 해결하기 위해 이렇게 저렇게(문제 대안 제시) 하고 있고요.
청중 반응	긍정적 청중: "흠. 그렇겠는데." 부정적 청중: "흠. 그건 당신 생각인 것 같은데…."
순서(목적)	고객 문제 검증 제시
발표 내용	제 생각이 맞는지 대상 고객 43명을 만나서 이야기를 들었습니다. 설문이 아닌 직접 만난 이유는 제가 생각하는 것 외에 또 다른 문제가 있나 싶어서였습니다. 그 결과 제가 세운 가설 중… (생략), 그리고 제가 생각지 못했던 부분들…(생략)이 중요한 문제라는 것을 파악할 수 있었습니다. 그리고 고객이 가진 문제 대안들도 이런저런 이유로 최선의 대안이 되기는 어려웠습니다.
청중 반응	긍정적 청중: "역시 다들 그렇게 생각하는군." 부정적 청중: "그런가? 내가 잘못 생각했나 보군."(설득력 있는 데이터일수록 부정적 청중이 긍정화됨)
순서(목적)	고객가치 제안
발표 내용	저희는 고객이 가진 이러저러한 문제(고객의 핵심 문제)를 렌털 역경매 서비스로 해결해 드리겠습니다.
청중 반응	"오, 어떻게 해결하려고 하지?(궁금한데)"

순서(목적)	솔루션 제시
발표 내용	저희는 이렇게 저렇게 해결하려고 합니다.
청중 반응	긍정적 청중 : "오, 맞아. 저거네…." 부정적 청중 : "에이, 그래도 저건 아닌 것 같은데…."
순서(목적)	솔루션 검증 결과 제시
발표 내용	제가 말씀드린 해결방법이 적합한지에 대해 32명의 고객과 다시 인터뷰를 진행했습니다. 그리고 000이라는 가격을 제시했습니다. 이 중 19명은 그런 상품이 지금 있다면 이 자리에서 구매하겠다고 했고, 11명은 제품화되면 꼭 알려달라고 했습니다(솔루션에 대해 청중이 이해하지 못할 것 같으면 다른 산업의 유사한 서비스를 보여주는 것도 방법).
청중 반응	긍정적 청중 : "오, 맞아 맞아. 좋은 방법이네", "그럼, 수익은 어떻게 내려는 걸까?" 부정적 청중 : "음 그렇군~", "수익은 어떻게 내려는 걸까?"
순서(목적)	수익 모델과 채널 제시
발표 내용	그래서 저희는 이런(수익 모델) 방식을 바탕으로 고객에게 이렇게(채널) 접근하고자 합니다.
청중 반응	"음. 그렇군. 그럴 수 있겠네. 그러면 이 사업의 매출 규모는 어느 정도…?"
순서(목적)	손익분기점과 3년간 추정 매출
발표 내용	저희가 생각하는 성장속도는 이렇습니다(손익분기점과 3년간 추정 매출액 제시). ※ 서비스가 출시된 상황이라면 퍼널지표 현황을 제시하여 성장하고 있다는 것을 보여주는 것이 대단히 중요함.
청중 반응	"음. 괜찮네. 그런데 창업팀이 할 수 있는 건가?"
순서(목적)	창업팀 소개
발표 내용	이런 일들을 저희가 할 수 있는 이유는 저희 팀이 이렇게 구성되어 있기 때문입니다. CEO는 어떤 경력을 가진….
청중 반응	"이 정도면 괜찮겠는데… 저 팀을 만나서 좀 자세히 이야기해봐야겠다…."
순서(목적)	마무리
발표 내용	이 문제, 저희가 풀어가겠습니다(고객가치 제안 또는 창업팀의 의지로 마무리 멘트).
청중 반응	"흠. 역시."

- 발표할 때는 큰 글씨 중심으로 한다

  → 사업계획 발표는 물 흐르듯 스토리를 전달하는 것이다. 많은 글자를 넣지 말아야 한다. 근거를 위해 많은 내용이 들어가는 장면이 있더라도 핵심 문구로 요약하여 전달한다.

- 주장의 근거를 함께 제시한다.

  → 근거를 제시해야 설득력을 높일 수 있다. 각종 자료에는 반드시 출처를 기재한다.

- 근거 데이터는 미리 준비하라

  → 발표하지 않더라도 근거 데이터나 자료가 있다면 일단 지참하라. 해당 질문을 받으면 가지고 간 자료를 흔들며 자신 있게 대답한다.

- 듣는 사람의 호기심을 유발시킨다.

  → 이를 위해 스토리텔링이 필요하고, What보다 Why를 먼저 이야기하는 방식을 활용한다.

- 자신감 있는 표정과 손짓이 필요하다.

  → 발표를 잘하는 사람을 관찰하고, 그를 따라해본다.

- 인상 깊은 마무리 멘트를 마련한다.

  → 조금 어색하고 민망해도 상대방에게 명확한 인상을 남길 수 있도록 인상적인 마무리 멘트를 마련한다. 고유가치 제안을 크게 외쳐도 좋다.

- 린 보드를 머릿속에 넣어둔다.

  → 언제 어디서나 최신 사업계획을 스토리텔링으로 말할 수 있

게 된다.

어쩌면 어디서나 볼 수 있는 조언이라고 할 수 있다. 하지만 어디서든 지켜지지는 않는다. 최소한의 조언이니 체크해 놓도록 하자.

DO IT 32

사업계획 발표하기

　본문에 제시된 대로 자사 비즈니스에 대해 주어진 시간에 맞춘 발표 전략을 세우고 연습해본다. 린 보드의 최종본을 머릿속에 넣고 있으면 어디서든 그 순서에 맞추어 이야기할 수 있을 것이다.

토론해봅시다

1. 대부분의 창업자들이 사업계획서를 발표할 때 제품이나 서비스 소개 또는 시장 규모를 앞에서 설명합니다. 고객과 고객 문제부터 출발하는 발표와 어떤 차이가 있습니까?

2. 사업계획서 발표 시 스스로 생각하는 장단점이 무엇인지 이야기 해봅시다. 어떻게 하면 개선할 수 있을까요?

3. 다른 회사의 사업계획서 발표에서 인상 깊었던 회사 또는 제품을 떠올려 봅시다. 어떤 점이 가장 인상 깊고 배울 만했었는지 공유해 봅시다.

스타트업의 목표는 반복가능하고 확장할 수 있는 비즈니스 모델을 만들어 나가는 것이다. 린 스타트업은 이런 목표를 신속하게 검증하는 방법을 제시하고 있다. 검증할 내용의 핵심은 크게 세 가지이다.

    1. 이 문제는 해결할 만한 가치가 있는 것인가?

       – 문제/솔루션 검증

    2. 창업자가 제시하는 솔루션이 적합한 것인가?

       – 제품/서비스 검증

    3. 지속가능하고 성장할 수 있는 사업으로 가능한 것인가?

       – 비즈니스 모델 검증

문제를 검증하려면 가설을 세워야 한다. 스타트업 비즈니스의 핵심 가설을 린 보드에 기재한다. 이렇게 작성한 내용들을 '만들기-측정-학습' 모델에 대입하여 신속히 검증해 나가는 것이다.

이러한 방식은 제품이 출시되었을 때 최소한 고객이 원하지 않는 제품을 만들어 내는 위험을 줄일 수 있다.

창업자는 단지 자신이 좋아하는 일이라서 창업을 한 것이어서는 안 된다. 고객 문제를 이해하고 최고의 솔루션을 제공하기 위한 창업을 해야 한다. 단지 좋아서 하는 일이라면 취미로 하거나 예술활동을 하는 것이 더 나을 것이다.

하지만 여전히 주위에는 많은 사람들이 원할 것이라는 가설을 가지고 제품부터 만들고 보는 창업자들이 있다. 물론 그런 방법이 잘되는 경우도 있다. 하지만 굳이 위험을 감수하며 투자할 필요는 없지 않겠는가.

스타트업은 고객을 관찰하고, 고객에게 물어보고, 고객에게 확인하여 고객이 '와우'할 수 있는 제품을 만들어야 한다. 이런 것을 만들어낼 수 없다면 무엇을 위해 이 소중한 시간을 낭비하고 있단 말인가.

실패하자. 고객이 정말 필요로 하는 것을 찾을 때까지.

실패하자. 고객이 '와우'할 때까지.

실패하자. 비즈니스 모델이 제대로 돌아갈 때까지.

무엇이 잘못되었는지, 어떻게 가설을 수정하면 되는지 학습하자. 그것을 통해 새로운 가설을 세워나가자.

한 가지, 비즈니스 모델이 제대로 돌아가기 전까지 규모를 키우지 않는 것만 주의하자. 아주 현실적으로 이야기하자면 과도한 대출을 받거나 직원 수를 늘리는 일을 하지 말자. 그래야 실패하더라도 다시 일어날 수 있다.

스타트업은 비즈니스 모델 검증에 온 힘을 기울여야 한다. 이것이 린 스타트업 전략의 핵심이다.

'커넥티드 닷(Connected dot).' 스티브 잡스가 스탠퍼드 대학 졸업 축사를 할 때 나왔던 단어다. 과거의 개별적인 모든 경험들이 오늘의 자신을 만든, 모든 것은 연결되어 있다는 의미이다. 오늘의 모든 경험들이 더 나은 삶을 만드는 점(dot)이 될 것이라 믿는다. 더 나은 세상을 만들고자 하는 기업가들을 진심으로 응원한다.

읽을거리

3-4장
- 에릭 리스, 이창수, 송우일 공역,《린 스타트업(The Lean Startup)》, 인사이트, 2012
- 애시 모리아, 위선주 옮김, 최환진 감수,《린 스타트업(Running Lean)》, 한빛 미디어, 2012
- 스티브 블랭크, 밥 도프 공저, 김일영, 박찬, 김태형 공역,《기업 창업가 매뉴얼》, 에이콘출판사, 2014
- 스티브 블랭크 홈페이지 http://www.steveblank.com
- 비즈니스 모델 제너레이션 http://www.businessmodelgeneration.com
- 조성주, 이상명, 박병진,《린 스타트업 : 창업 초기기업의 실패 최소화 전략》, 벤처창업연구, 제9권 제4호.

5-8장
- 하마구치 다카노리, 무라오 류스케, 이동희 옮김,《삼성도 넘볼 수 없는 작은 회사의 브랜드 파워》, 전나무숲, 2009
- 김상훈,《하이테크 마케팅》, 박영사, 2013
- 밀랜드 M. 레레, 권성희 옮김, 이상건 감수,《독점의 기술》, 흐름출판, 2006
- 김재영,《히트 상품은 어떻게 만들어지는가》, 한스미디어, 2014
- 제프리 A. 무어, 유승삼, 김기원 옮김,《캐즘 마케팅》, 세종서적, 2002
- 2제프리 A. 무어, 유승삼, 김영태 옮김,《토네이도 마케팅》, 세종서적, 2001

9-11장
- 스티브 크룩, 이지현, 이춘희 옮김,《스티브 크룩의 사용성 평가, 이렇게 하라!》, 위키북스, 2010
- 제프 고델프, 조시 세이던, 김수영 옮김, 김창준 감수,《린 UX》, 한빛미디어, 2013
- 킴 굿윈, 송유미 옮김,《인간 중심 UX 디자인》, 에이콘출판사, 2013
- 사울 J. 버먼, 김성순 옮김,《Not For Free 낫 포 프리》, 다산북스, 2012

- 크리스 앤더슨, 정준희 옮김,《FREE 프리》, 랜덤하우스코리아, 2009
- 크리스 앤더슨, 이노무브그룹 옮김,《롱테일 경제학》, 랜덤하우스코리아, 2006
- 클레이튼 M. 크리스텐슨, 이진원 옮김,《혁신기업의 딜레마》, 세종서적, 2009
- 에이드리언 J. 슬라이워츠키, 데이비드 J. 모리슨, 밥 앤델만, 이상욱 옮김, 《수익지대》, 세종연구원, 2005
- 티엔 추오, 게이브 와이저트, 박선령 옮김,《구독과 좋아요의 경제학》, 부키, 2019
- 수닐 굽타, 김수진 옮김,《루이비통도 넷플릭스처럼》, 프리렉, 2019
- 탈레스 S. 테이셰이라, 김인수 옮김, ≪디커플링≫, 인플루엔셜, 2019
- 라피 모하메드, 엄성수 옮김,《가격 결정의 기술》, 지식노마드, 2014
- 레오나드 로디시 외, 박치관 옮김,《이노비즈 마케팅INNO-BIZ Marketing》, 북코리아, 2003

12-14장
- 앨리스테어 크롤, 벤저민 요스코비츠, 위선주 옮김,《린 분석》, 한빛미디어, 2014
- 하용호, '스타트업은 데이터를 어떻게 바라봐야 할까?', http://www.slideshare.net/yongho/ss-32267675
- 권정혁(레진코믹스), '린 애널리틱스', http://www.slideshare.net/xguru/with-lean-analytics-withlezhincomics
- 양승화(이음소시어스), '실전, 스타트업 베이터분석', http://www.slideshare.net/leoyang991/ss-32644623
- 조민희(프리스톤스), '그로스해킹 적용사례', http://www.slideshare.net/pristones/growth-hacking-34983761
- 헨릭 크니버그, 마티아스 스카린 지음, 심우곤, 인범진 옮김,《칸반과 스크럼》, 인사이트, 2013

No. _____ 작성일 _____

고객 문제	솔루션	고유가치 제안	수익 모델	대상 고객
	핵심지표	카테고리	채널	최우선 거점 고객
문제 대안				

손익분기 계획	3년간 손익계획